Hans-Georg Beckmann

NEUE SPANISCHE GRAMMATIK

Classic Edition

dnf-Verlag

NEUE SPANISCHE GRAMMATIK, Classic Edition

von

Hans-Georg Beckmann

unter der Leitung
der Verlagsredaktion Sprachen, dnf-Verlag DAS NEUE FACHBUCH GmbH.

ISBN 978-3-89831-316-2

2. Auflage 11 | 10

Vorwort

Die **Neue Spanische Grammatik, Classic Edition** ist ein **lehrbuchunabhängiges** und ausführliches Lern- und Nachschlagewerk zur spanischen Grammatik. Sie richtet sich an Studenten, fortgeschrittene Selbstlerner, Schüler und fortgeschrittene Volkshochschüler.

Besonderer Wert wurde auf einen **übersichtlichen Aufbau** gelegt, denn Übersichtlichkeit erleichtert das Lernen erheblich. So wurde stets darauf geachtet, dass die Einsparung von ein paar wenigen Seiten im Endeffekt nicht auf Kosten der Übersichtlichkeit ging.

Jeder Regel und ihrer Erklärung sind die entsprechenden **Beispiele** gegenübergestellt. So ist die Anwendung der Regel unmittelbar anhand der Beispiele nachvollziehbar. Die **deutsche Übersetzung** ist überall dort angegeben, wo Verständnisschwierigkeiten auftreten können.
Durch die Gegenüberstellung von Sachverhalten in **Tabellen** sind Unterschiede bzw. Parallelen sofort zu erkennen und leichter zu verstehen.
Komplexe Sachverhalte sind in ansprechend gestalteten **Übersichten** zusammengefasst. Diese kann man sich somit besser einprägen und verstehen.
Zu jedem Sachverhalt ist am rechten bzw. linken Seitenrand das entsprechende **Stichwort** gegeben. Man muss sich so nur das Stichwort merken und dieses dann mit dem entsprechenden Sachverhalt assoziieren.
Inhaltlich zusammengehörende Sachverhalte sind zusammen abgehandelt. Es konnte daher auf Querverweise und Fußnoten verzichtet und die damit verbundene Sucherei verhindert werden.
Alles Wesentliche ist farbig hervorgehoben. Auf **Fehlerquellen und Besonderheiten** wird durch ein Ausrufezeichen mit der entsprechenden Erklärung aufmerksam gemacht.

Umfangreiche **Übungen** am Ende eines Kapitels bieten ausführliche Möglichkeiten zu überprüfen, ob man das Gelernte verstanden hat. Zu jedem Übungssatz sind zwei Kontrollfelder zum Ankreuzen gegeben, die den Überbick über den eigenen Kenntnisstand ermöglichen. Ein Lösungsteil am Schluss des Buches stellt die **Lösungen zu jedem einzelnen Übungssatz** dar.

Alle **grammatischen Fachausdrücke mit** ihrer **spanischen Bedeutung** und nicht zuletzt dem entsprechenden **deutschen Begriff** (z. B. Tunwort) sind stets an Ort und Stelle und in einer ausführlichen Liste zum Nachschlagen erläutert.

Verfasser und Verlag

Inhaltsverzeichnis

Abkürzungen

Adj.	Adjektiv
adv. Best.	adverbiale Bestimmung
afirm.	afirmativo
Art.	Artikel
best.	bestimmt
Best.	Bestimmung
bzw.	beziehungsweise
C. P.	condicional perfecto
Con.	condicional
d. h.	das heißt
de-Ergänz.	de-Ergänzung
dir.	direkt
etc.	etcetera
etw.	etwas
F. P.	futuro perfecto
fem.	feminin
ff.	fortfolgende
Fut.	Futur, futuro
Gen.	Genus
Ger.	gerundio
Imp.	Imperativ, imperativo
Imper.	imperfecto
Imperf.	imperfecto
Ind.	Indikativ, indicativo
indir.	indirekt
Inf.	Infinitiv, infinitivo
Int.pron.	Interrogativpronomen
jm.	jemandem
jn.	jemanden
Kon.	Konsonant
mask.	maskulin
Mod.	Modus
negat.	negativo
neutr.	neutrum
Nu.	Numerus
Obj.	Objekt
Obj.pr.	Objektpronomen
Obj.pron.	Objektpronomen
P.	Plural
P. A.	pretérito anterior
Part.	Partizip, participio
P. C.	pluscuamperfecto
Perf.	Perfekt, perfecto
Pers.	Person
P. I.	pretérito indefinido
Pl.	Plural
Plur.	Plural
pluscuam.	pluscuamperfecto
P. P.	pretérito perfecto
Präd.	Prädikat
präd.	prädikativ
Pres.	presente
Pret.	pretérito
Pron.	Pronomen
Rel.pron.	Relativpronomen
regelm.	regelmäßig
S.	Singular
Sg.	Singular
Sing.	Singular
Sub.	subjuntivo
Subj.	Subjekt
Subj.pron.	Subjektpronomen
Subjektpron.	Subjektpronomen
unbest.	unbestimmt
unregelm.	unregelmäßig
VG	Verbgruppe
vgl.	vergleiche
z. B.	zum Beispiel

Das Alphabet (el alfabeto)

Buchstabe	Aussprache	Spanisch	International
a	[a]	Antonio	Amsterdam
b	[be]	Barcelona	Baltimore
c	[θe]	Carmen	Casablanca
ch	[tʃe]	Chocolate	-
d	[de]	Dolores	Danemark
e	[e]	Enrique	Edison
f	[efe]	Francia	Florida
g	[xe]	Gerona	Gallipoli
h	[atʃe]	Historia	Havana
i	[i]	Inés	Italia
j	[xota]	José	Jérusalem
k	[ka]	Kilo	Kilogramme
l	[ele]	Lorenzo	Liverpool
ll	[eʎe]	Llobregat	-
m	[eme]	Madrid	Madagaskar
n	[ene]	Navarra	New York
ñ	[eɲe]	Ñoño	-
o	[o]	Oviedo	Oslo
p	[pe]	París	Paris
q	[ku]	Querido	Québec
r	[erre]	Ramón	Roma
s	[ese]	Sábado	Santiago
t	[te]	Tarragona	Tripoli
u	[u]	Ulises	Uppsala
v	[uƀe]	Valencia	Valencia
w	[uƀe doƀle]	Washington	Washington
x	[ekis]	Xiquena	Xanthippe
y	[igrjega]	Yagüe	Yokohama
z	[θeta]	Zaragoza	Zürich

Die obigen Zeichen der internationalen Lautschrift werden wie folgt ausgesprochen:
[θ] stimmloses, gelispeltes -s wie das englische -th,
[ʃ] stimmloses (scharfes) -sch (ähnlich dem deutschen -sch),
[x] -ch
[ʎ] mouilliertes -l, das aus der Verschmelzung von -l und -j entsteht
[ɲ] Verschmelzung von -n und -j
[ƀ] stimmhafter mit beiden Lippen geformter Reibelaut aus -b und -v,
[g] stimmhafter Reibelaut (wie in *Hagel*).

Die Betonung (la acentuación)

Die folgenden Ausführungen stellen die Grundregeln der spanischen Betonung dar. Bei Abweichungen von diesen Grundregeln muss der so genannte Akut, der einzige Akzent, den es im Spanischen gibt, auf die zu betonende Silbe gesetzt werden.

Betonung auf der vorletzten Silbe

Auf Vokal, auf einsilbig gesprochenen Diphthong (Verbindungen von -i, -u mit -e, -a, -o), auf -n (Verbendung der 3. Person Plural) oder -s (Pluralendung) endende Wörter werden in der Regel auf der vorletzten Silbe betont.

- ca-**rro**-za
- **pa**-tria
- i-**ma**-gen
- cua-**der**-nos
- com-**pren**-des

Wörter auf Vokal, einsilbigen Diphthong, -n, -s

Bei zweisilbig gesprochenen Enddiphthongen (Verbindungen von -a, -e, -o) wird der vorletzte Vokal betont.

- tr**a**e
- distr**a**e
- corr**o**e

Wörter auf zweisilbigen Diphthong

Betonung auf der letzten Silbe

Auf Konsonant (außer -n und -s) und auf halbvokalisches -y (-ay, -ey, -oy und -uy) endende Wörter werden auf der letzten Silbe betont.

- a-**mor**
- mer-**ced**
- re-**loj**
- ca-**rey**

Wörter auf Konsonant, halbvokalisches -y

Betonung auf dem mittleren Vokal

Verbindungen aus drei Vokalen (Triphthonge) sind zweisilbig, sie tragen die Betonung auf dem mittleren Vokal.
Trägt ein Vokal den Akzent, wird dieser betont.

- b**uey**
- Parag**uay**
- com**íai**s

Triphthonge

Die Aussprache (la pronunciación)

Die folgenden Ausführungen stellen die Grundregeln der spanischen Aussprache dar. Sie sollen mithelfen von der Aussprache auf die richtige Schreibung schließen zu können. Besondere Ausspracheweisen des mittel- und südamerikanischen Raumes und einzelner Regionen wurden dabei nicht oder nur in wichtigen Einzelfällen berücksichtigt.
Die Zeichen der internationalen Lautschrift (in eckigen Klammern) sind in den danebenstehenden Beschreibungen erläutert.

a	[a]	Reines, offenes -a.	▪ parte ▪ padre
ae ao aí aú		Bei Vokalverbindungen aus tonstarken Vokalen (-a, -e, -o) oder aus tonstarken Vokalen und betonten, tonschwachen Vokalen (-í, -ú) wird jeder einzelne Vokal ausgesprochen.	▪ maestro ▪ Bilbao ▪ caí ▪ aún
ai au		Vokalverbindungen aus tonstarken Vokalen (-a, -e, -o) und tonschwachen Vokalen (-i, -u) sind einsilbig, d. h. die Betonung liegt auf dem tonstarken Vokal, der tonschwache Vokal klingt ganz kurz an. Soll jeder einzelne Vokal ausgesprochen werden, muss der tonschwache Vokal den Akut erhalten (aí, aú).	▪ aire ▪ causa ▪ caí ▪ aún
b	[b]	Es wird am Satzanfang, nach Sprechpausen, in alleinstehenden Wörtern (z. B. Interjektionen) nach -m und -n wie das deutsche -b gesprochen.	▪ ¡basta! ▪ también ▪ con binóculo
	[ƀ]	Es ist, besonders zwischen Vokalen, ein stimmhafter, mit beiden Lippen geformter Reibelaut.	▪ caber ▪ cubrir ▪ doble ▪ escribir
c	[k]	Es wird vor -a, -o, -u und vor Konsonant wie -k ausgesprochen.	▪ caro ▪ cosa ▪ Cuba
	[θ]	Soll es vor -a, -o, -u wie ein Lispellaut ausgesprochen werden, wird das -c zu -z.	▪ esparzo (von esparcir) ▪ venzo (von vencer) ▪ venzamos

	[θ]	Vor -e und -i ist es ein stimmloser Lispellaut, der durch Anlegen der Zungenspitze an die Rückwand der oberen Schneidezähne erzeugt wird. In Lateinamerika und Andalusien wird dieses -c wie -s ausgesprochen.	▪ acentuación ▪ cercar ▪ civil ▪ esparcir ▪ pronunciación
	[k]	Soll es vor -e und -i wie -k ausgesprochen werden, so muss das -c in -qu umgewandelt werden.	▪ toqué (von tocar) ▪ toquemos ▪ Quito
cc	[kθ]	Verbindungen aus -cc werden wie -k und stimmloser Lispellaut ausgesprochen.	▪ acción ▪ accidente ▪ diccionario
ch	[tʃ]	Es wird vor Vokal wie stimmloses -tsch ausgesprochen.	▪ machete ▪ chocolate

+	-a	-e	-i	-o	-u	Kon.
c-	**[ka]**	**[θe]**	**[θi]**	**[ko]**	**[ku]**	**[k...]**
qu-	**[ka]**	**[ke]**	**[ki]**	**[ko]**	**[ku]**	**[k...]**
z-	**[θa]**	**[θe]**	**[θi]**	**[θo]**	**[θu]**	
ch-	**[tʃa]**	**[tʃe]**	**[tʃi]**	**[tʃo]**	**[tʃu]**	

d	[d]	Es wird am Satzanfang, nach -n und -l wie das deutsche -d ausgesprochen.	▪ día ▪ endivia ▪ falda
	[đ]	In allen anderen Fällen ist es ein Reibelaut, mit unvollkommenem Verschluss zwischen Zungenspitze und Oberzähnen, ähnlich dem stimmhaften englischen -th.	▪ nada ▪ nadie ▪ padre
	[-]	Am Wortende und in der Umgangssprache in den Endungen -ado, -edo, -ido, -odo und -udo ist es (fast) stumm.	▪ verdad ▪ colorado ▪ dejado
e	[e]	Kurzes, halboffenes -e wie in *essen.*	▪ meseta ▪ petate
	[ɛ]	Kurzes, offenes -e wie in *ändern.*	▪ perla ▪ perro

ea eo eí eú		Bei Vokalverbindungen aus tonstarken Vokalen (-e, -a, -o) oder aus tonstarken Vokalen und betonten, tonschwachen Vokalen (-í, -ú) wird jeder einzelne Vokal ausgesprochen.	▪ ralea ▪ creo ▪ creí ▪ reúno
ei eu		Vokalverbindungen aus tonstarken Vokalen (-a, -e, -o) und tonschwachen Vokalen (-i, -u) sind einsilbig, d. h. die Betonung liegt auf dem tonstarken Vokal, der tonschwache Vokal klingt ganz kurz an. Soll jeder einzelne Vokal ausgesprochen werden, muss der tonschwache Vokal den Akut erhalten (-eí, -eú).	▪ seis ▪ seudo ▪ reír ▪ reúno
ee	[ee]	Verbindungen aus zwei gleichen Vokalen werden zweisilbig ausgesprochen. In der gesprochenen Sprache werden sie häufig einsilbig ausgesprochen.	▪ creer ▪ leer ▪ poseer
f	[f]	Es wird wie das deutsche -f ausgesprochen.	▪ frase ▪ fruto
g	[ɡ]	Vor -a, -o, -u ist es ein stimmhafter Reibelaut ähnlich wie in *Hagel.*	▪ gustar ▪ lago ▪ daga
	[g]	Es wird vor -a, -o, -u und vor Konsonant wie -g ausgesprochen.	▪ gafas ▪ gobernar ▪ gracias
	[x]	Soll es vor -a, -o, -u wie -ch ausgesprochen werden, muss das -g in -j umgewandelt werden.	▪ cojo (von coger) ▪ coja (von coger)
	[x]	Vor -e und -i wird es wie -ch ausgesprochen.	▪ gemelo ▪ girar
gu	[g]	Soll -g vor -e und -i wie -g ausgesprochen werden, wird nach dem -g ein -u eingefügt. Soll dieses -u ausgesprochen werden, erhält es ein Trema (ü).	▪ guerra ▪ guía ▪ guitarra ▪ vergüenza

	-a	-e	-i	-o	-u	Kon.
g-	[ga]	[xe]	[xi]	[go]	[gu]	[g...]
gu-		[ge]	[gi]			
gü-		[gue]	[gui]			
j-	[xa]			[xo]	[xu]	

h	[-]	Bleibt stets stumm (unausgesprochen).	haber ahora
i	[i]	Reines, geschlossenes -i.	sentirás vida
ia ie io iu		Vokalverbindungen aus tonschwachen Vokalen (-i, -u) oder aus tonschwachen und tonstarken Vokalen (-a, -e, -o) sind einsilbig, d. h. die Betonung liegt auf dem tonstarken Vokal, der tonschwache Vokal klingt ganz kurz an. Soll jeder einzelne Vokal ausgesprochen werden, muss der tonschwache Vokal den Akut erhalten (-ía, -íe, -ío, -íu).	pie ciudad caí creí guío
ie	[ie]	Ist das -i der Stammvokal eines Verbs, wird -ie zweisilbig ausgesprochen.	fri-ese ri-eron
j	[x]	Es wird wie -ch ausgesprochen, jedoch ganz hinten, nie ganz vorne artikuliert.	Juan mujer naranja
k	[k]	Es wird wie das deutsche -k ausgesprochen und kommt lediglich in einigen Fremdwörtern vor.	kilogramo kilómetro kiosco
l	[l]	Es wird wie das deutsche -l ausgesprochen.	calcular cielo
ll	[ʎ]	Mouilliertes -l, das aus der Verschmelzung von -l und -j entsteht.	calle llover hallar
m	[m]	Es wird wie das deutsche -m ausgesprochen.	madre mantequilla

n	[n]	Es wird wie das deutsche -n ausgesprochen.	▪ nada ▪ canoa
	[m]	Vor -b, -v und -p wird es wie -m ausgesprochen.	▪ tranvía ▪ tan poco
nc ng nk nqu nj	[ŋk] [ŋg] [ŋk] [ŋk] [ŋx]	Vor -c, -k, -qu, -g und -j wird es wie -gn nasaliert ausgesprochen.	▪ cinco ▪ ponga ▪ esponja
ñ	[ɲ]	Es wird wie -gn (in Champagner) ausgesprochen.	▪ niña ▪ señor
o	[ɔ]	Kurzes, offenes -o.	▪ ojo ▪ torre
	[o]	Kurzes, halboffenes -o.	▪ modo ▪ oficina
oa oe oí oú		Bei Verbindungen aus tonstarken Vokalen (-o, -a, -e) oder aus tonstarken Vokalen und betonten, tonschwachen Vokalen (-í, -ú) wird jeder einzelne Vokal ausgesprochen.	▪ boa ▪ héroe ▪ oíste
oi ou		Verbindungen aus tonstarken Vokalen (-a, -e, -o) und tonschwachen Vokalen (-i, -u) sind einsilbig, d. h. die Betonung liegt auf dem tonstarken Vokal, der tonschwache Vokal klingt ganz kurz an. Soll jeder einzelne Vokal ausgesprochen werden, muss der tonschwache Vokal den Akut erhalten (-oí, -oú).	▪ oigo ▪ Port Bou ▪ oíste
p	[p]	Es wird wie das deutsche -p ausgesprochen.	▪ padre ▪ palabra
q	[k]	Es wird wie das deutsche -k ausgesprochen.	▪ queja ▪ querer
r	[r]	Zwischen Vokalen, am Silben- oder Wortende ist es ein einfaches Zungen-r, bei dem die Zungenspitze kurz die oberen Schneidezähne berührt.	▪ cara ▪ porto ▪ pagar

	[rr]	Am Wort- oder Silbenanfang, nach -n, -l, -s oder in -rr ist es ein mehrfach gerolltes -r.	río honra alrededor carro
s	[s]	Stimmloses, scharfes -s mit leichtem Anklang an das deutsche -sch.	casa signo saco
	[z]	Vor -b, -d, -l, -m, -n, -r, -v ist es ein stimmhaftes -s.	desde mismo
	[-]	Vor -c, -d, -r oder am Wortende ist es oft fast unhörbar.	ascender los ricos
t	[t]	Es wird wie das deutsche -t ausgesprochen.	tener tío
u		Reines, geschlossenes -u.	puro seguro
ui ua ue uo		Verbindungen aus tonschwachen Vokalen (-i, -u) oder tonschwachen und tonstarken Vokalen (-a, -e, -o) sind einsilbig, d. h. die Betonung liegt auf dem tonstarken Vokal, der tonschwache Vokal klingt ganz kurz an. Soll jeder einzelne Vokal ausgesprochen werden, muss der tonschwache Vokal den Akut erhalten (-úa, -úe, -úo, -úi).	ruido casualidad cuestión cuota púa puntúo
v	[ƀ]	Stimmhafter, mit beiden Lippen geformter Reibelaut zwischen -b und -v.	cavar vamos
w	[w, b]	Es wird wie das deutsche -w oder aus der Mundstellung für -u heraus ausgesprochen und kommt nur in Fremdwörtern vor.	water-polo western Wilfredo
x	[gs] [ks]	Verbindung aus -g bzw. -k und stimmlosem -s.	examen máximo
	[s]	Vor Konsonant wird es wie ein stimmloses -s ausgesprochen.	extranjero mixto texto

y	[j]	Vor Vokalen wird es wie das deutsche -j ausgesprochen.	▪ **y**acer ▪ **y**o
	[i]	Nach tonstarken Vokalen (-a, -e, -o) ist es ein schwach betontes -i.	▪ ha**y** ▪ re**y** ▪ ho**y**
z	[θ]	Stimmloser Lispellaut, der durch Anlegen der Zungenspitze an die Rückwand der oberen Schneidezähne erzeugt wird.	▪ a**z**úcar ▪ mo**z**o ▪ **Z**aragoz**a**
	[ð]	Stimmhafter Lispellaut.	▪ ju**z**gado ▪ lu**z**

Verbformen und Verbarten (los verbos y sus formas)

Das Verb ist ein unentbehrlicher Teil eines Satzes. Es drückt einen Zustand oder Vorgang, eine Tätigkeit oder Handlung aus (Zeitwort, Tätigkeitswort, Tunwort).

Finite Verbformen (las formas personales del verbo)

Finite Verben sind konjugierte Verbformen. Sie ändern ihre Form nach Person (1., 2., 3. Person etc.), Zahl (Singular oder Plural), Zeit (Präsens, Futur etc.) und Modus (Indikativ, *subjuntivo* etc.).

- **Compro** un libro.
  (Indikativ Präsens, 1. Person Singular)
- **Hemos leído** este libro.
- Pedro **abrió** la puerta.
- **Escribíais** una carta.

Infinite Verbformen (las formas no personales del verbo)

Infinite Verben sind nicht konjugierte Verbformen. Hierzu zählen der Infinitiv, das Partizip und das *gerundio*.

- **comprar**
- **comprado**
- **comprando**

Transitive Verben (los verbos transitivos)

Transitive Verben sind Verben, die mit einem direkten Objekt stehen.

- **Compro** un libro.
- Esta mañana **he escrito** una carta.

Intransitive Verben (los verbos intransitivos)

Intransitive Verben sind Verben, die ohne Objekt stehen.

- **Estoy** enfermo.
- **He partido** este mediodía.

Vollverben (los verbos)

Vollverben bilden das Prädikat alleine. Hierzu zählen alle Verben außer den Hilfsverben haber, ser, estar und den Modalverben.

- **Compro** un libro.
- **Escribía** una carta.
- **Vendió** su casa.

Hilfsverben (los verbos auxiliares)

Die Hilfsverben sind haber, ser und estar. Sie werden für die Bildung der zusammengesetzten Zeiten und des Passivs benötigt.

- **He** comprado un libro.
- María **está** invitada.
- María **es** invitada por Pepe.

Modalverben (los verbos modales)

Modalverben sind Verben, die den Inhalt eines anderen Verbs abwandeln. Ihnen folgt stets ein Infinitiv. Hierzu zählen deber (de), haber de, tener que, querer, poder, hacer.

- **Debemos** hacer todo el trabajo hasta mañana.
- **Tengo que** hacerlo hoy.

Reflexive Verben (los verbos reflexivos)

Reflexive Verben werden von einem Reflexivpronomen (me, te, se etc.) begleitet. Das Reflexivpronomen bezeichnet dieselbe Person oder Sache wie das Subjekt.

- Pedro **se lava.**
  (Pedro **wäscht sich.**)
- La puerta **se abre.**
- María **se aburrió.**

Reziproke Verben (los verbos recíprocos)

Reziproke Verben drücken die Gegenseitigkeit, Wechselbeziehung aus (einander, gegenseitig). Auch sie werden von einem Reflexivpronomen begleitet.

- **Nos conocemos** desde hace mucho tiempo.
  (Wir **kennen uns/einander** seit langem.)
- María y Pedro **se quieren** mucho.

Unpersönliche Verben (los verbos impersonales)

Unpersönliche Verben werden nur in der 3. Person Singular und ohne eigenes Subjekt verwendet.

- **Es aconsejable** decir la verdad.
- **Me alegro de que** Vd. haya venido tan pronto.

Die Konjugation (la conjugación)

Konjugation (Beugung) bedeutet Abwandlung der Grundform (Infinitiv) des Verbs bezüglich Person und Zeit, d. h. der Infinitiv des Verbs z. B. amar wird in der 1. Person Singular des presente zu amo.

Die spanischen Verben lassen sich in die Verbgruppen
der Verben haber, ser und estar,
der Verben auf -AR,
der Verben auf -ER,
der Verben auf -IR,
die wiederum zahlreiche Untergruppen bilden, einteilen. Die Konjugation der einzelnen Hauptgruppen ist im Folgenden anhand jeweils eines Beispielverbs dargestellt. Die einzelnen Untergruppen und ihre Besonderheiten sind in einer Zusammenfassung im Anschluss an die Hauptgruppen dargestellt.

Neben den charakteristischen Endungen der einzelnen Verbformen gibt es einige wichtige Ableitungsregeln, mit deren Hilfe ein Großteil der Formen gebildet werden kann.

Ableitung des pretérito imperfecto

Der Verbstamm des infinitivo bildet den Verbstamm des pretérito imperfecto. Die für das pretérito imperfecto charakteristischen Endungen brauchen nun nur noch an diesen Verbstamm angehängt zu werden.

infinitivo	pretérito imperfecto
pens*ar*	**pens***aba*, **pens***abas*, **pens***aba etc.*

Ableitung des futuro und condicional

Die Verbformen des futuro und des condicional leiten sich direkt vom infinitivo ab.

infinitivo	futuro	condicional
pensar	**pensar** *é* etc.	**pensar** *ía* etc.

Ableitung des subjuntivo presente

Der Verbstamm der 1. Person Singular des presente bildet den Verbstamm des subjuntivo presente. Die für den subjuntivo presente charakteristischen Endungen brauchen nun nur noch an diesen Verbstamm angehängt zu werden.

presente
1. Pers. Sing.
piens*o* → subjuntivo presente: **piens***e*, **piens***es*, **piens***e* etc.

Ableitung des subjuntivo imperfecto

Die Verbformen des subjuntivo imperfecto leiten sich von der 3. Person Plural des pretérito indefinido ab.

pret. indef.
3. Pers. Plur.
pens*aron* → subjuntivo imperfecto: **pens***ara*, **pens***aras*, **pens***ara* etc.
pens*ase*, **pens***ases*, **pens***ase* etc.

Ableitung des subjuntivo futuro

Die Verbformen des subjuntivo futuro leiten sich von den Verbformen des subjuntivo imperfecto ab.

sub. imperf.
pens*ara* → subjuntivo futuro: **pens***are*, **pens***ares*, **pens***are* etc.

Ableitung des imperativo afirmativo

Die 3. Person Singular des indicativo presente liefert den imperativo afirmativo in der 2. Person Singular. Der imperativo afirmativo der 2. Person Plural wird direkt vom infinitivo abgeleitet, das -r der Endung wird in -d umgewandelt. Alle anderen Verbformen können direkt von den entsprechenden Verbformen des subjuntivo presente übernommen werden.

presente
3. Pers. Sing.
piensa → imperativo afirmativo, 2. Pers. Sing.: **piensa**

infinitivo
pensar → imperativo, 2. Pers. Plur.: **pensa***d*

Ableitung des imperativo negativo

Die Verbformen des subjuntivo presente werden unverändert im imperativo negativo übernommen. Die 1. Person Singular des subjuntivo presente wird dabei nicht berücksichtigt, da der imperativo nicht in der 1. Person Singular gebildet wird.

Ableitung des participio

Der Verbstamm des infinitivo bildet den Verbstamm des participio, dessen charakteristische Endung an diesen Verbstamm angehängt wird.

infinitivo	participio
pens *ar*	**pens** *ado*

Ableitung des gerundio

Das gerundio wird vom participio abgeleitet. Die Endung des participio der Verben auf -ar wird um -n, die der Verben auf -er und -ir wird jeweils um -en erweitert.

participio	gerundio
pens *ado*	**pens** *ando*
beb *ido*	**beb** *iendo*
part *ido*	**part** *iendo*

Die folgenden Tabellen stellen die vollständige Konjugation der Verben haber, ser und estar, die vollständige Konjugation der Hauptverbgruppen -AR, -ER, -IR und eine Übersicht über die Endungen der Hauptverbgruppen sowie die von der regelmäßigen Konjugation abweichenden Verbformen der wichtigsten Verbuntergruppen dar.

Die Konjugation von haber (haben)

Mod.	Zeit	1. Person Singular	2. Person Singular	3. Person Singular
Ind.	Pres.	**he**	**has**	**ha (hay)**
	Imper.	hab*ía*	hab*ías*	hab*ía*
	P. I.	**hube**	**hubiste**	**hubo**
	P. P.			*ha* hab*ido*
	P. C.			*había* hab*ido*
	P. A.			*hubo* hab*ido*
	Fut.	**habré**	**habrás**	**habrá**
	F. P.			*habrá* hab*ido*
Con.	Con.	**habría**	**habrías**	**habría**
	C. P.			*habría* hab*ido*
Sub.	Pres.	**haya**	**hayas**	**haya**
	Imper.	**hubiera** **hubiese**	**hubieras** **hubieses**	**hubiera** **hubiese**
	P. P.			*haya* hab*ido*
	P. C.			*hubiera* hab*ido* *hubiese* hab*ido*
	Fut.	**hubiere**	**hubieres**	**hubiere**
	F. P.			*hubiere* hab*ido*
Imp.	afirm.	-	**he**	**haya**
	negat.	-	no **hayas**	no **haya**
Inf.	Pres.	hab*er*		
	Perf.	*haber* hab*ido*		
Part.		hab*ido*		
Ger.	Pres.	hab*iendo*		
	Perf.	*habiendo* hab*ido*		

Als Hilfsverb dient haber zur Bildung der zusammengesetzten Zeiten aller Verben. lar in unpersönlicher Bedeutung verwendet. In der Bedeutung *haben, besitzen* wird die unpersönliche Verbform mit der Bedeutung *es gibt.*

1. Person Plural	2. Person Plural	3. Person Plural
hemos	hab*éis*	**han**
hab*íamos*	hab*íais*	hab*ían*
hubimos	**hubisteis**	**hubieron**
habremos	**habréis**	**habrán**
habríamos	**habríais**	**habrían**
hayamos	**hayáis**	**hayan**
hubiéramos **hubiésemos**	**hubierais** **hubieseis**	**hubieran** **hubiesen**
hubiéremos	**hubiereis**	**hubieren**
hayamos	hab*ed*	**hayan**
no **hayamos**	no **hayáis**	no **hayan**

in den zusammengesetzten Zeiten gibt es haber als Vollverb nur in der 3. Person Singular

Als Vollverb wird es in den zusammengesetzten Zeiten nur in der 3. Person Singu-
als Vollverb tener verwendet (he tenido un libro (ich habe ein Buch gehabt)). Hay ist

Die Konjugation von ser (sein)

Mod.	Zeit	1. Person Singular	2. Person Singular	3. Person Singular
Ind.	Pres.	soy	eres	es
	Imper.	era	eras	era
	P. I.	fui	fuiste	fue
	P. P.	*he* sido	*has* sido	*ha* sido
	P. C.	*había* sido	*habías* sido	*había* sido
	P. A.	*hube* sido	*hubiste* sido	*hubo* sido
	Fut.	seré	serás	será
	F. P.	*habré* sido	*habrás* sido	*habrá* sido
Con.	Con.	sería	serías	sería
	C. P.	*habría* sido	*habrías* sido	*habría* sido
Sub.	Pres.	sea	seas	sea
	Imper.	fuera fuese	fueras fueses	fuera fuese
	P. P.	*haya* sido	*hayas* sido	*haya* sido
	P. C.	*hubiera* sido *hubiese* sido	*hubieras* sido *hubieses* sido	*hubiera* sido *hubiese* sido
	Fut.	fuere	fueres	fuere
	F. P.	*hubiere* sido	*hubieres* sido	*hubiere* sido
Imp.	afirm.	-	sé	sea
	negat.	-	no seas	no sea
Inf.	Pres.	ser		
	Perf.	*haber* sido		
Part.		sido		
Ger.	Pres.	siendo		
	Perf.	*habiendo* sido		

1. Person Plural		2. Person Plural		3. Person Plural	
	somos		**sois**		**son**
	éramos		**erais**		**eran**
	fuimos		**fuisteis**		**fueron**
hemos	sido	*habéis*	sido	*han*	sido
habíamos	sido	*habíais*	sido	*habían*	sido
hubimos	sido	*hubisteis*	sido	*hubieron*	sido
	seremos		seréis		serán
habremos	sido	*habréis*	sido	*habrán*	sido
	seríamos		seríais		serían
habríamos	sido	*habríais*	sido	*habrían*	sido
	seamos		**seáis**		**sean**
	fuéramos **fuésemos**		**fuerais** **fueseis**		**fueran** **fuesen**
hayamos	sido	*hayáis*	sido	*hayan*	sido
hubiéramos *hubiésemos*	sido sido	*hubierais* *hubieseis*	sido sido	*hubieran* *hubiesen*	sido sido
	fuéremos		**fuereis**		**fueren**
hubiéremos	sido	*hubiereis*	sido	*hubieren*	sido
	seamos		sed		**sean**
no	**seamos**	no	**seáis**	no	**sean**

Die Konjugation von estar (sein)

Mod.	Zeit	1. Person Singular		2. Person Singular		3. Person Singular	
Ind.	Pres.		**estoy**		est*ás*		est*á*
	Imper.		est*aba*		est*abas*		est*aba*
	P. I.		**estuve**		**estuviste**		**estuvo**
	P. P.	*he*	est*ado*	*has*	est*ado*	*ha*	est*ado*
	P. C.	*había*	est*ado*	*habías*	est*ado*	*había*	est*ado*
	P. A.	*hube*	est*ado*	*hubiste*	est*ado*	*hubo*	est*ado*
	Fut.		estar*é*		estar*ás*		estar*á*
	F. P.	*habré*	est*ado*	*habrás*	est*ado*	*habrá*	est*ado*
Con.	Con.		estar*ía*		estar*ías*		estar*ía*
	C. P.	*habría*	est*ado*	*habrías*	est*ado*	*habría*	est*ado*
Sub.	Pres.		est*é*		est*és*		est*é*
	Imper.		**estuviera** **estuviese**		**estuvieras** **estuvieses**		**estuviera** **estuviese**
	P. P.	*haya*	est*ado*	*hayas*	est*ado*	*haya*	est*ado*
	P. C.	*hubiera* *hubiese*	est*ado* est*ado*	*hubieras* *hubieses*	est*ado* est*ado*	*hubiera* *hubiese*	est*ado* est*ado*
	Fut.		**estuviere**		**estuvieres**		**estuviere**
	F. P.	*hubiere*	est*ado*	*hubieres*	est*ado*	*hubiere*	est*ado*
Imp.	afirm.		-		est*á*		est*é*
	negat.		-	no	est*és*	no	est*é*
Inf.	Pres.		est*ar*				
	Perf.	*haber*	est*ado*				
Part.			est*ado*				
Ger.	Pres.		est*ando*				
	Perf.	*habiendo*	est*ado*				

1. Person Plural		2. Person Plural		3. Person Plural	
	est*amos*		est*áis*		est*án*
	est*ábamos*		est*abais*		est*aban*
	estuvimos		**estuvisteis**		**estuvieron**
hemos	est*ado*	*habéis*	est*ado*	*han*	est*ado*
habíamos	est*ado*	*habíais*	est*ado*	*habían*	est*ado*
hubimos	est*ado*	*hubisteis*	est*ado*	*hubieron*	est*ado*
	est*aremos*		est*aréis*		est*arán*
habremos	est*ado*	*habréis*	est*ado*	*habrán*	est*ado*
	est*aríamos*		est*aríais*		est*arían*
habríamos	est*ado*	*habríais*	est*ado*	*habrían*	est*ado*
	est*emos*		est*éis*		est*én*
	estuviéramos **estuviésemos**		**estuvierais** **estuvieseis**		**estuvieran** **estuviesen**
hayamos	est*ado*	*hayáis*	est*ado*	*hayan*	est*ado*
hubiéramos *hubiésemos*	est*ado* est*ado*	*hubierais* *hubieseis*	est*ado* est*ado*	*hubieran* *hubiesen*	est*ado* est*ado*
	estuviéremos		**estuviereis**		**estuvieren**
hubiéremos	est*ado*	*hubiereis*	est*ado*	*hubieren*	est*ado*
	est*emos*		est*ad*		est*én*
no	est*emos*	no	est*éis*	no	est*én*

Übersicht über die Endungen der Hauptverbgruppen (-AR, -ER

Mod.	Zeit	1. Person Singular			2. Person Singular			3. Person Singular		
Ind.	Pres.	-o	-o	-o	-as	-es	-es	-a	-e	-e
	Imper.	-aba	-ía	-ía	-abas	-ías	-ías	-aba	-ía	-ía
	P. I.	é	-í	-í	-aste	-iste	-iste	-ó	-ió	-ió
	P. P.	-ado	-ido	-ido	-ado	-ido	-ido	-ado	-ido	-ido
	P. C.	-ado	-ido	-ido	-ado	-ido	-ido	-ado	-ido	-ido
	P. A.	-ado	-ido	-ido	-ado	-ido	-ido	-ado	-ido	-ido
	Fut.	-aré	-eré	-iré	-arás	-erás	-irás	-ará	-erá	-irá
	F. P.	-ado	-ido	-ido	-ado	-ido	-ido	-ado	-ido	-ido
Con.	Con.	-aría	-ería	-iría	-arías	-erías	-irías	-aría	-ería	-iría
	C. P.	-ado	-ido	-ido	-ado	-ido	-ido	-ado	-ido	-ido
Sub.	Pres.	-e	-a	-a	-es	-as	-as	-e	-a	-a
	Imper.	-ara -ase	-iera -iese	-iera -iese	-aras -ases	-ieras -ieses	-ieras -ieses	-ara -ase	-iera -iese	-iera -iese
	P. P.	-ado	-ido	-ido	-ado	-ido	-ido	-ado	-ido	-ido
	P. C.	-ado	-ido	-ido	-ado	-ido	-ido	-ado	-ido	-ido
	Fut.	-are	-iere	-iere	-ares	-ieres	-ieres	-are	-iere	-iere
	F. P.	-ado	-ido	-ido	-ado	-ido	-ido	-ado	-ido	-ido
Imp.	afirm.	-	-	-	-a	-e	-e	-e	-a	-a
	negat.	-	-	-	-es	-as	-as	-e	-a	-a
Inf.	Pres.	-ar	-er	-ir						
	Perf.	-ado	-ido	-ido						
Part.		-ado	-ido	-ido						
Ger.	Pres.	-ando	-iendo	-iendo						
	Perf.	-ado	-ido	-ido						

Die Übersicht stellt die Endungen der 3 Hauptverbgruppen -AR, -ER, -IR dar. Dabei jeweils 2. Spalte (mittelblau) stellt die Endungen der Hauptgruppe -ER und die je-

und -IR)

1. Person Plural			2. Person Plural			3. Person Plural		
-amos	-emos	-imos	-áis	-éis	-ís	-an	-en	-en
-ábamos	-íamos	-íamos	-abais	-íais	-íais	-aban	-ían	-ían
-amos	-imos	-imos	-asteis	-isteis	-isteis	-aron	-ieron	-ieron
-ado	-ido	-ido	-ado	-ido	-ido	-ado	-ido	-ido
-ado	-ido	-ido	-ado	-ido	-ido	-ado	-ido	-ido
-ado	-ido	-ido	-ado	-ido	-ido	-ado	-ido	-ido
-aremos	-eremos	-iremos	-aréis	-eréis	-iréis	-arán	-erán	-irán
-ado	-ido	-ido	-ado	-ido	-ido	-ado	-ido	-ido
-aríamos	-eríamos	-iríamos	-aríais	-eríais	-iríais	-arían	-erían	-irían
-ado	-ido	-ido	-ado	-ido	-ido	-ado	-ido	-ido
-emos	-amos	-amos	-éis	-áis	-áis	-en	-an	-an
-áramos -ásemos	-iéramos -iésemos	-iéramos -iésemos	-arais -aseis	-ierais -ieseis	-ierais -ieseis	-aran -asen	-ieran -iesen	-ieran -iesen
-ado	-ido	-ido	-ado	-ido	-ido	-ado	-ido	-ido
-ado	-ido	-ido	-ado	-ido	-ido	-ado	-ido	-ido
-áremos	-iéremos	-iéremos	-areis	-iereis	-iereis	-aren	-ieren	-ieren
-ado	-ido	-ido	-ado	-ido	-ido	-ado	-ido	-ido
-emos	-amos	-amos	-ad	-ed	-id	-en	-an	-an
-emos	-amos	-amos	-éis	-áis	-áis	-en	-an	-an

stellt die jeweils 1. Spalte (hellblau) die Endungen der Hauptgruppe -AR dar. Die weils 3. Spalte (dunkelblau) stellt die Endungen der Hauptgruppe -IR dar.

Die Konjugation der Verben auf -AR

Mod.	Zeit	1. Person Singular		2. Person Singular		3. Person Singular	
Ind.	Pres.		amo		amas		ama
	Imper.		amaba		amabas		amaba
	P. I.		amé		amaste		amó
	P. P.	*he*	amado	*has*	amado	*ha*	amado
	P. C.	*había*	amado	*habías*	amado	*había*	amado
	P. A.	*hube*	amado	*hubiste*	amado	*hubo*	amado
	Fut.		amaré		amarás		amará
	F. P.	*habré*	amado	*habrás*	amado	*habrá*	amado
Con.	Con.		amaría		amarías		amaría
	C. P.	*habría*	amado	*habrías*	amado	*habría*	amado
Sub.	Pres.		ame		ames		ame
	Imper.		amara amase		amaras amases		amara amase
	P. P.	*haya*	amado	*hayas*	amado	*haya*	amado
	P. C.	*hubiera* *hubiese*	amado amado	*hubieras* *hubieses*	amado amado	*hubiera* *hubiese*	amado amado
	Fut.		amare		amares		amare
	F. P.	*hubiere*	amado	*hubieres*	amado	*hubiere*	amado
Imp.	afirm.		-		ama		ame
	negat.		-	no	ames	no	ame
Inf.	Pres.		amar				
	Perf.	*haber*	amado				
Part.			amado				
Ger.	Pres.		amando				
	Perf.	*habiendo*	amado				

1. Person Plural		2. Person Plural		3. Person Plural	
	am**amos**		am**áis**		am**an**
	am**ábamos**		am**abais**		am**aban**
	am**amos**		am**asteis**		am**aron**
hemos	am**ado**	*habéis*	am**ado**	*han*	am**ado**
habíamos	am**ado**	*habíais*	am**ado**	*habían*	am**ado**
hubimos	am**ado**	*hubisteis*	am**ado**	*hubieron*	am**ado**
	am**aremos**		am**aréis**		am**arán**
habremos	am**ado**	*habréis*	am**ado**	*habrán*	am**ado**
	am**aríamos**		am**aríais**		am**arían**
habríamos	am**ado**	*habríais*	am**ado**	*habrían*	am**ado**
	am**emos**		am**éis**		am**en**
	am**áramos** am**ásemos**		am**arais** am**aseis**		am**aran** am**asen**
hayamos	am**ado**	*hayáis*	am**ado**	*hayan*	am**ado**
hubiéramos *hubiésemos*	am**ado** am**ado**	*hubierais* *hubieseis*	am**ado** am**ado**	*hubieran* *hubiesen*	am**ado** am**ado**
	am**áremos**		am**areis**		am**aren**
hubiéremos	am**ado**	*hubiereis*	am**ado**	*hubieren*	am**ado**
	am**emos**		am**ad**		am**en**
no	am**emos**	no	am**éis**	no	am**en**

Die Konjugation der Verben auf -ER

Mod.	Zeit	1. Person Singular		2. Person Singular		3. Person Singular	
Ind.	Pres.		bebo		bebes		bebe
	Imper.		bebía		bebías		bebía
	P. I.		bebí		bebiste		bebió
	P. P.	*he*	bebido	*has*	bebido	*ha*	bebido
	P. C.	*había*	bebido	*habías*	bebido	*había*	bebido
	P. A.	*hube*	bebido	*hubiste*	bebido	*hubo*	bebido
	Fut.		beberé		beberás		beberá
	F. P.	*habré*	bebido	*habrás*	bebido	*habrá*	bebido
Con.	Con.		bebería		beberías		bebería
	C. P.	*habría*	bebido	*habrías*	bebido	*habría*	bebido
Sub.	Pres.		beba		bebas		beba
	Imper.		bebiera bebiese		bebieras bebieses		bebiera bebiese
	P. P.	*haya*	bebido	*hayas*	bebido	*haya*	bebido
	P. C.	*hubiera* *hubiese*	bebido bebido	*hubieras* *hubieses*	bebido bebido	*hubiera* *hubiese*	bebido bebido
	Fut.		bebiere		bebieres		bebiere
	F. P.	*hubiere*	bebido	*hubieres*	bebido	*hubiere*	bebido
Imp.	afirm.		-		bebe		beba
	negat.		-	no	bebas	no	beba
Inf.	Pres.		beber				
	Perf.	*haber*	bebido				
Part.			bebido				
Ger.	Pres.		bebiendo				
	Perf.	*habiendo*	bebido				

1. Person Plural		2. Person Plural		3. Person Plural	
	beb*emos*		beb*éis*		beb*en*
	beb*íamos*		beb*íais*		beb*ían*
	beb*imos*		beb*isteis*		beb*ieron*
hemos	beb*ido*	*habéis*	beb*ido*	*han*	beb*ido*
habíamos	beb*ido*	*habíais*	beb*ido*	*habían*	beb*ido*
hubimos	beb*ido*	*hubisteis*	beb*ido*	*hubieron*	beb*ido*
	beb*eremos*		beb*eréis*		beb*erán*
habremos	beb*ido*	*habréis*	beb*ido*	*habrán*	beb*ido*
	beb*eríamos*		beb*eríais*		beb*erían*
habríamos	beb*ido*	*habríais*	beb*ido*	*habrían*	beb*ido*
	beb*amos*		beb*áis*		beb*an*
	beb*iéramos* beb*iésemos*		beb*ierais* beb*ieseis*		beb*ieran* beb*iesen*
hayamos	beb*ido*	*hayáis*	beb*ido*	*hayan*	beb*ido*
hubiéramos *hubiésemos*	beb*ido* beb*ido*	*hubierais* *hubieseis*	beb*ido* beb*ido*	*hubieran* *hubiesen*	beb*ido* beb*ido*
	beb*iéremos*		beb*iereis*		beb*ieren*
hubiéremos	beb*ido*	*hubiereis*	beb*ido*	*hubieren*	beb*ido*
	beb*amos*		beb*ed*		beb*an*
no	beb*amos*	no	beb*áis*	no	beb*an*

Die Konjugation der Verben auf -IR

Mod.	Zeit	1. Person Singular		2. Person Singular		3. Person Singular	
Ind.	Pres.		part***o***		part***es***		part***e***
	Imper.		part***ía***		part***ías***		part***ía***
	P. I.		part***í***		part***iste***		part***ió***
	P. P.	*he*	part***ido***	*has*	part***ido***	*ha*	part***ido***
	P. C.	*había*	part***ido***	*habías*	part***ido***	*había*	part***ido***
	P. A.	*hube*	part***ido***	*hubiste*	part***ido***	*hubo*	part***ido***
	Fut.		part***iré***		part***irás***		part***irá***
	F. P.	*habré*	part***ido***	*habrás*	part***ido***	*habrá*	part***ido***
Con.	Con.		part***iría***		part***irías***		part***iría***
	C. P.	*habría*	part***ido***	*habrías*	part***ido***	*habría*	part***ido***
Sub.	Pres.		part***a***		part***as***		part***a***
	Imper.		part***iera*** part***iese***		part***ieras*** part***ieses***		part***iera*** part***iese***
	P. P.	*haya*	part***ido***	*hayas*	part***ido***	*haya*	part***ido***
	P. C.	*hubiera* *hubiese*	part***ido*** part***ido***	*hubieras* *hubieses*	part***ido*** part***ido***	*hubiera* *hubiese*	part***ido*** part***ido***
	Fut.		part***iere***		part***ieres***		part***iere***
	F. P.	*hubiere*	part***ido***	*hubieres*	part***ido***	*hubiere*	part***ido***
Imp.	afirm.		-		part***e***		part***a***
	negat.		-	no	part***as***	no	part***a***
Inf.	Pres.		part***ir***				
	Perf.	*haber*	part***ido***				
Part.			part***ido***				
Ger.	Pres.		part***iendo***				
	Perf.	*habiendo*	part***ido***				

1. Person Plural		2. Person Plural		3. Person Plural	
	part*imos*		part*ís*		part*en*
	part*íamos*		part*íais*		part*ían*
	part*imos*		part*isteis*		part*ieron*
hemos	part*ido*	*habéis*	part*ido*	*han*	part*ido*
habíamos	part*ido*	*habíais*	part*ido*	*habían*	part*ido*
hubimos	part*ido*	*hubisteis*	part*ido*	*hubieron*	part*ido*
	part*iremos*		part*iréis*		part*irán*
habremos	part*ido*	*habréis*	part*ido*	*habrán*	part*ido*
	part*iríamos*		part*iríais*		part*irían*
habríamos	part*ido*	*habríais*	part*ido*	*habrían*	part*ido*
	part*amos*		part*áis*		part*an*
	part*iéramos* part*iésemos*		part*ierais* part*ieseis*		part*ieran* part*iesen*
hayamos	part*ido*	*hayáis*	part*ido*	*hayan*	part*ido*
hubiéramos *hubiésemos*	part*ido* part*ido*	*hubierais* *hubieseis*	part*ido* part*ido*	*hubieran* *hubiesen*	part*ido* part*ido*
	part*iéremos*		part*iereis*		part*ieren*
hubiéremos	part*ido*	*hubiereis*	part*ido*	*hubieren*	part*ido*
	part*amos*		part*id*		part*an*
no	part*amos*	no	part*áis*	no	part*an*

Übersicht über die wichtigsten Verbuntergruppen

Im Folgenden ist die Konjugation der Verbuntergruppen dargestellt. Es sind nur die hintereinander regelmäßig konjugiert, ist die erste regelmäßige Verbform dargestellt. eine unregelmäßige Verbform anzeigt, dass die folgenden Verbformen unregelmä Personen aufweisen oder die in allen Personen regelmäßig sind, sind nur in der je

Die Verben auf -AR

Infinitivo	Presente	Imperfecto	P. I.	Futuro	Condicional
bus**c***ar* (suchen)	busco	busc*aba*	bus**qu***é* busc*aste*	busc*aré*	busc*aría*
pa**g***ar* (bezahlen)	pago	pag*aba*	pa**gu***é* pag*aste*	pag*aré*	pag*aría*
frag**u***ar* (schmieden)	fraguo	fragu*aba*	frag**ü***é* fragu*aste*	fragu*aré*	fragu*aría*
cru**z***ar* (kreuzen)	cruzo	cruz*aba*	cru**c***é* cruz*aste*	cruz*aré*	cruz*aría*
p**e**ns*ar* (denken)	p**ie**nso pens*amos* p**ie**ns*an*	pens*aba*	pens*é*	pens*aré*	pens*aría*
m**o**str*ar* (zeigen)	m**ue**stro mostr*amos* m**ue**str*an*	mostr*aba*	mostr*é*	mostr*aré*	mostr*aría*
ag**o**r*ar* (voraussagen)	ag**üe**ro agor*amos* ag**üe**r*an*	agor*aba*	agor*é*	agor*aré*	agor*aría*
des**o**sor*ar* (entbeinen; entsteinen)	des**hue**so desos*amos* des**hue**s*an*	desos*aba*	desos*é*	desos*aré*	desos*aría*
cr**i***ar* ((er)schaffen)	cr**í**o cri*amos* cr**í***an*	cri*aba*	cri*é*	cri*aré*	cri*aría*
contin**u***ar* (fortsetzen, weitermachen)	contin**ú**o continu*amos* contin**ú***an*	continu*aba*	continu*é*	continu*aré*	continu*aría*
err*ar* ((sich) irren)	**y**erro err*amos* **y**err*an*	err*aba*	err*é*	err*aré*	err*aría*

Verbformen dargestellt, die Besonderheiten aufweisen. Werden mehrere Verbformen
Alle folgenden Verbformen sind ebenfalls regelmäßig zu konjugieren, solange bis
ßig zu konjugieren sind. Verbformen, die eine Änderung in einer Zeit durch alle
weils 1. Person Singular dargestellt.

Sub. Pres.	Sub. Imperf.	Imp. afirm.	Participio, Gerundio
busqu*e*	busc*ara/-ase*	busc*a* busqu*e* busc*ad* busqu*en*	busc*ado* busc*ando*
pagu*e*	pag*ara/-ase*	pag*a* pagu*e* pag*ad* pagu*en*	pag*ado* pag*ando*
fragü*e*	fragu*ara/-ase*	fragua fragü*e* fragu*ad* fragü*en*	fragu*ado* fragu*ando*
cruc*e*	cruz*ara/-ase*	cruza cruc*e* cruz*ad* cruc*en*	cruz*ado* cruz*ando*
piense pens*emos* piens*en*	pens*ara/-ase*	piensa pens*emos* piens*en*	pens*ado* pens*ando*
muestre mostr*emos* muestr*en*	mostr*ara/-ase*	muestra mostr*emos* muestr*en*	mostr*ado* mostr*ando*
agüe*re* agor*emos* agüe*ren*	agor*ara/-ase*	agüe*ra* agor*emos* agüe*ren*	agor*ado* agor*ando*
deshuese desos*emos* deshues*en*	desos*ara/-ase*	deshuesa desos*emos* deshues*en*	desos*ado* desos*ando*
crí*e* cri*emos* crí*en*	cri*ara/-ase*	crí*a* cri*emos* crí*en*	cri*ado* cri*ando*
continú*e* continu*emos* continú*en*	continu*ara/-ase*	continú*a* continu*emos* continú*en*	continu*ado* continu*ando*
yerre err*emos* yerr*en*	err*ara/-ase*	yerra err*emos* yerr*en*	err*ado* err*ando*

Infinitivo	Presente	Imperfecto	P. I.	Futuro	Condicional
neg*ar* (verneinen)	n**ie**go neg*amos* n**ie**g*an*	neg*aba*	ne**gu***é* neg*aste*	neg*aré*	neg*aría*
com**enz***ar* (beginnen)	com**ie**nzo comenz*amos* com**ie**nz*an*	comenz*aba*	comen**c***é* comenz*aste*	comenz*aré*	comenz*aría*
tr**oc***ar* (tauschen)	tr**ue**co troc*amos* tr**ue**c*an*	troc*aba*	tro**qu***é* troc*aste*	troc*aré*	troc*aría*
r**og***ar* (bitten)	r**ue**go rog*amos* r**ue**g*an*	rog*aba*	ro**gu***é* rog*aste*	rog*aré*	rog*aría*
f**orz***ar* (zwingen)	f**ue**rzo forz*amos* f**ue**rz*an*	forz*aba*	for**c***é* forz*aste*	forz*aré*	forz*aría*
averg**o**nz*ar* (beschämen)	averg**ü**enzo avergonz*amos* averg**üe**nz*an*	avergonz*aba*	avergon**c***é* avergonz*aste*	avergonz*aré*	avergonz*aría*
jug*ar* (spielen)	j**ue**go jug*amos* j**ue**g*an*	jug*aba*	ju**gu***é* jug*aste*	jug*aré*	jug*aría*
and*ar* (gehen)	ando	and*aba*	**anduve** **anduv*iste*** **anduvo** **anduv*imos***	and*aré*	and*aría*
d*ar* (geben)	d***oy*** das d***ais*** dan	d*aba*	d***i*** d***iste*** d***io*** d***imos***	d*aré*	d*aría*

Sub. Pres.	Sub. Imperf.	Imp. afirm.	Participio, Gerundio
niegue neguemos nieguen	negara/-ase	niega niegue neguemos negad nieguen	negado negando
comience comencemos comiencen	comenzara/-ase	comienza comience comencemos comenzad comiencen	comenzado comenzando
trueque troquemos truequen	trocara/-ase	trueca trueque troquemos trocad truequen	trocado trocando
ruegue roguemos rueguen	rogara/-ase	ruega ruegue roguemos rogad rueguen	rogado rogando
fuerce forcemos fuercen	forzara/-ase	fuerza fuerce forcemos forzad fuercen	forzado forzando
avergüence avergoncemos avergüencen	avergonzara/-ase	avergüenza avergüence avergoncemos avergonzad avergüencen	avergonzado avergonzando
juegue juguemos jueguen	jugara/-ase	juega juegue juguemos jugad jueguen	jugado jugando
ande	**anduviera/-iese**	anda	andado andando
dé des dé demos deis den	**diera/-iese**	da dé demos	dado dando

Die Verben auf -ER

Infinitivo	Presente	Imperfecto	P. I.	Futuro	Condicional
vencer ((be)siegen)	venzo vences	vencía	vencí	venceré	vencería
conocer (kennen)	conozco conoces	conocía	conocí	conoceré	conocería
yacer (liegen, sich befinden)	yazco/yaz-go/yago yaces	yacía	yací	yaceré	yacería
placer (gefallen)	plazco places	placía	plací placiste plació/plugó placimos placieron/ pluguieron	placeré	placería
coger (ergreifen, nehmen)	cojo coges	cogía	cogí	cogeré	cogería
perder (verlieren)	pierdo perdemos pierden	perdía	perdí	perderé	perdería
moler (mahlen)	muelo molemos muelen	molía	molí	moleré	molería
volver (zurückkehren; umdrehen)	vuelvo volvemos vuelven	volvía	volví	volveré	volvería
oler (riechen)	huelo olemos huelen	olía	olí	oleré	olería
valer (gelten, wert sein)	valgo vales	valía	valí	valdré	valdría
leer (lesen)	leo lees	leía	leí leíste leyó leímos leyeron	leeré	leería

Sub. Pres.	Sub. Imperf.	Imp. afirm.	Participio, Gerundio
venza	venciera/-iese	vence venza venced venzan	vencido venciendo
conozca	conociera/-iese	conoce conozca conoced conozcan	conocido conociendo
yazca/yazga/yaga	yaciera/-iese	yace/yaz yazca/yazga/yaga yaced yazcan/yazgan/ya- gan	yacido yaciendo
plazca plazcas plazca/**plegue** plazcamos	placiera/-iese placiera/-iese/**plu- guiera/-iese** placiéramos	place plazca placed plazcan	placido placiendo
coja	cogiera/-iese	coge coja coged cojan	cogido cogiendo
pierda perdamos pierdan	perdiera/-iese	pierde perdamos pierdan	perdido perdiendo
muela molamos muelan	moliera/-iese	muele molamos muelan	molido moliendo
vuelva volvamos vuelvan	volviera/-iese	vuelve volvamos vuelvan	**vuelto** volviendo
huela olamos **hue**lan	oliera/-iese	**hue**le olamos **hue**lan	olido oliendo
valga	valiera/-iese	**val, vale** valga valed valgan	valido valiendo
lea	leyera/-yese	lee	leído leyendo

Infinitivo	Presente	Imperfecto	P. I.	Futuro	Condicional
caer (fallen)	caigo caes	caía	caí caíste cayó caímos cayeron	caeré	caería
traer (bringen)	traigo traes	traía	traje trajiste trajo trajimos trajeron	traeré	traería
tañer (spielen (Instrument))	taño	tañía	tañí tañó tañimos tañeron	tañeré	tañería
cocer (kochen)	cuezo cueces cocemos cuecen	cocía	cocí	coceré	cocería
caber (Platz haben)	quepo cabes	cabía	cupe cupiste cupo cupimos	cabré	cabría
hacer (machen)	hago haces	hacía	hice hiciste hizo hicimos	haré	haría
poder (können)	puedo podemos pueden	podía	pude pudiste pudo pudimos	podré	podría
poner (setzen, legen, stellen)	pongo pones	ponía	puse pusiste puso pusimos	pondré	pondría
querer (wollen; mögen)	quiero queremos quieren	quería	quise quisiste quiso quisimos	querré	querría
saber (wissen)	sé sabes	sabía	supe supiste supo supimos	sabré	sabría

Sub. Pres.	Sub. Imperf.	Imp. afirm.	Participio, Gerundio
caiga	cayera/-ese	cae caiga caed caigan	caído cayendo
traiga	trajera/-ese	trae traiga traed traigan	traído trayendo
taña	tañera/-ese	tañe	tañido tañendo
cueza cozamos cuezan	cociera/-iese	cuece cueza cozamos coced cuezan	cocido cociendo
quepa	cupiera/-iese	cabe quepa cabed quepan	cabido cabiendo
haga	hiciera/-iese	haz haga haced hagan	hecho haciendo
pueda podamos puedan	pudiera/-iese	puede podamos puedan	podido pudiendo
ponga	pusiera/-iese	pon ponga poned pongan	puesto poniendo
quiera queramos quieran	quisiera/-iese	quiere queramos quieran	querido queriendo
sepa	supiera/-iese	sabe sepa sabed sepan	sabido sabiendo

Infinitivo	Presente	Imperfecto	P. I.	Futuro	Condicional
tener (haben)	tengo tienes tenemos tienen	tenía	tuve tuviste tuvo tuvimos	tendré	tendría
ver (sehen)	veo ves veis ven	veía	vi viste vio vimos	veré	vería

Die Verben auf -IR

Infinitivo	Presente	Imperfecto	P. I.	Futuro	Condicional
zurcir (flicken)	zurzo zurces	zurcía	zurcí	zurciré	zurciría
lucir (leuchten)	luzco luces	lucía	lucí	luciré	luciría
conducir (führen; fahren)	conduzco conduces	conducía	conduje condujiste condujo condujimos condujeron	conduciré	conduciría
dirigir (führen, leiten)	dirijo diriges	dirigía	dirigí	dirigiré	dirigiría
distinguir (unterscheiden)	distingo distingues	distinguía	distinguí	distinguiré	distinguiría
delinquir (straffällig werden)	delinco delinques	delinquía	delinquí	delinquiré	delinquiría
discernir (unterscheiden)	discierno discernimos disciernen	discernía	discerní	discerniré	discerniría
sentir (fühlen)	siento sentimos sienten	sentía	sentí sintió sentimos sintieron	sentiré	sentiría
medir (messen)	mido medimos miden	medía	medí midió medimos midieron	mediré	mediría

Sub. Pres.	Sub. Imperf.	Imp. afirm.	Participio, Gerundio
ten*ga*	tuv*iera/-iese*	ten ten*ga* ten*ed* ten*gan*	ten*ido* ten*iendo*
v*ea*	v*iera/-iese*	ve v*ea* v*ed* v*ean*	visto v*iendo*
zurz*a*	zurc*iera/-iese*	zurce zurz*a* zurc*id* zurz*an*	zurc*ido* zurc*iendo*
luzc*a*	luc*iera/-iese*	luce luzc*a* luc*id* luzc*an*	luc*ido* luc*iendo*
conduzc*a*	condu*jera/-ese*	conduce conduzc*a* conduc*id* conduzc*an*	conduc*ido* conduc*iendo*
dirij*a*	dirig*iera/-iese*	dirige dirij*a* dirig*id* dirij*an*	dirig*ido* dirig*iendo*
disting*a*	distingu*iera/-iese*	distingue disting*a* distingu*id* disting*an*	distingu*ido* distingu*iendo*
delinc*a*	delinqu*iera/-iese*	delinque delinc*a* delinqu*id* delinc*an*	delinqu*ido* delinqu*iendo*
discierna discern*amos* disciern*an*	discern*iera/-iese*	discierne discern*amos* disciern*an*	discern*ido* discern*iendo*
sient*a* sint*amos* sient*an*	sint*iera/-iese*	siente sint*amos* sent*id* sient*an*	sent*ido* sint*iendo*
mid*a*	mid*iera/-iese*	mide med*id* mid*an*	med*ido* mid*iendo*

Infinitivo	Presente	Imperfecto	P. I.	Futuro	Condicional
prohib*ir* (verbieten)	prohíb*o* prohib*imos* prohíb*en*	prohib*ía*	prohib*í*	prohib*iré*	prohib*iría*
re*ir* (lachen)	rí*o* re*ímos* re*ís* r*íen*	re*ía*	re*í* re*íste* r*ió* re*ímos* r*ieron*	reiré	rei*ría*
teñ*ir* (färben)	tiñ*o* teñ*imos* tiñ*en*	teñ*ía*	teñ*í* tiñ*ó* teñ*imos* tiñ*eron*	teñ*iré*	teñ*iría*
bruñ*ir* (polieren)	bruñ*o*	bruñ*ía*	bruñ*í* bruñ*ó* bruñ*imos* bruñ*eron*	bruñ*iré*	bruñ*iría*
adquir*ir* (erwerben)	adquier*o* adquir*imos* adquier*en*	adquir*ía*	adquir*í*	adquir*iré*	adquir*iría*
dorm*ir* (schlafen)	duerm*o* dorm*imos* duerm*en*	dorm*ía*	dorm*í* durm*ió* dorm*imos* durm*ieron*	dorm*iré*	dorm*iría*
podr*ir*, pudr*ir*, (faulen)	pudr*o*	pudr*ía*	pudr*í*/podr*í*	pudr*iré*/ podr*iré*	pudr*iría*/ podr*iría*
reun*ir* (vereinigen)	reún*o* reun*imos* reún*en*	reun*ía*	reun*í*	reun*iré*	reun*iría*
as*ir* (ergreifen)	asg*o* as*es*	as*ía*	as*í*	as*iré*	as*iría*
sal*ir* ((hin)ausgehen)	salg*o* sal*es*	sal*ía*	sal*í*	sal*dré*	sal*dría*
o*ír* (hören)	oig*o* oy*es* o*ímos* o*ís* oy*en*	o*ía*	o*í* o*íste* o*yó* o*ímos* o*yeron*	o*iré*	o*iría*
hu*ir* (fliehen)	huy*o* hu*imos* huy*en*	hu*ía*	hu*í* hu*yó* hu*imos* hu*yeron*	hu*iré*	hu*iría*

Sub. Pres.	Sub. Imperf.	Imp. afirm.	Participio, Gerundio
prohíba prohibamos prohíban	prohibiera/-iese	prohíbe prohibamos prohíban	prohibido prohibiendo
ría riamos rían	riera/-iese	ríe riamos reíd rían	reído riendo
tiña	tiñera/-ese	tiñe teñid tiñan	teñido tiñendo
bruña	bruñera/-ese	bruñe	bruñido bruñendo
adquiera adquiramos adquieran	adquiriera/-iese	adquiere adquiramos adquieran	adquirido adquiriendo
duerma durmamos duerman	durmiera/-iese	duerme durmamos dormid duerman	dormido durmiendo
pudra	pudriera/-iese	pudre pudrid/podrid pudran	podrido pudriendo
reúna reunamos reúnan	reuniera/-iese	reúne reunamos reúnan	reunido reuniendo
asga	asiera/-iese	ase asga asid asgan	asido asiendo
salga	saliera/-iese	sal salga salid salgan	salido saliendo
oiga	oyera/-yese	oye oiga oíd oigan	oído oyendo
huya	huyera/-yese	huye huid huyan	huido huyendo

Infinitivo	Presente	Imperfecto	P. I.	Futuro	Condicional
reg*ir* (regieren)	r**ij***o* r**i**g*es* reg*imos* r**i**g*en*	reg*ía*	reg*í* r**i**g*ió* reg*imos* r**i**g*ieron*	reg*iré*	reg*iría*
s**egu***ir* ((ver)folgen)	s**ig***o* s**i**gu*es* segu*imos* s**i**gu*en*	segu*ía*	segu*í* s**i**gu*ió* segu*imos* s**i**gu*ieron*	segu*iré*	segu*iría*
erg**u***ir* (aufrichten)	**ir**g*o*/**y**er**g***o* **i**rgu*es*/ **y**ergu*es* ergu*imos* **i**rgu*en*/ **y**ergu*en*	ergu*ía*	ergu*í* **i**rgu*ió* ergu*imos* **i**rgu*ieron*	ergu*iré*	ergu*iría*
d**ec***ir* (sagen)	d**ig***o* d**i**c*es* dec*imos* d**i**c*en*	dec*ía*	d**ije** d**ij***iste* d**ijo** d**ij***imos* d**ij*****eron***	**d***iré*	**d***iría*
ir (gehen)	**voy** **vas** **va** **vamos** **vais** **van**	**iba** **ibas** **iba** **íbamos** **ibais** **iban**	**fui** **fuiste** **fue** **fuimos** **fuisteis** **fueron**	*iré*	*iría*
v**e**n*ir* (kommen)	ven**g***o* v**ie**n*es* ven*imos* v**ie**n*en*	ven*ía*	v**i**n**e** v**i**n*iste* v**i**n**o** v**i**n*imos*	ven***dré***	ven***dría***

Sub. Pres.	Sub. Imperf.	Imp. afirm.	Participio, Gerundio
rija	rigiera/-iese	rige rija regid rijan	regido rigiendo
siga	siguiera/-iese	sigue siga seguid sigan	seguido siguiendo
irga/yerga	irguiera/-iese	irgue/yergue irga/yerga erguid irgan/yergan	erguido irguiendo
diga	dijera/-ese	di diga decid digan	dicho diciendo
vaya	fuera/-ese	ve vaya vayamos id vayan	ido yendo
venga	viniera/-iese	ven venga venid vengan	venido viniendo

Verben mit einem unregelmäßigem Partizip

Einige Verben weichen nur im Partizip von der Konjugation ihrer Verbgruppe ab.

Verb	Partizip	VG	Bedeutung
romper	**roto**	-ER	brechen
abrir	**abierto**	-IR	öffnen
entreabrir	**entreabierto**	-IR	halb, ein wenig öffnen
reabrir	**reabierto**	-IR	wieder öffnen
cubrir	**cubierto**	-IR	bedecken
descubrir	**descubierto**	-IR	auf-, entdecken
encubrir	**encubierto**	-IR	verbergen, -heimlichen
recubrir	**recubierto**	-IR	nochmals bedecken
adscribir	**adscrito**	-IR	zuschreiben
circunscribir	**circunscrito**	-IR	umschreiben
describir	**descrito**	-IR	beschreiben
escribir	**escrito**	-IR	schreiben
inscribir	**inscrito**	-IR	einschreiben
prescribir	**prescrito**	-IR	vorschreiben
proscribir	**proscrito**	-IR	verbannen
su(b)scribir	**su(b)scrito**	-IR	unterschreiben
transcribir	**transcrito**	-IR	umschreiben
morir	**muerto**	dormir	sterben

Verben mit regelmäßigem und unregelmäßigem Partizip

Einige Verben haben neben einem regelmäßigen auch ein unregelmäßiges Partizip. Meist wird das unregelmäßige Partizip als Adjektiv verwendet, zur Bildung der zusammengesetzten Zeiten wird das regelmäßige Partizip verwendet.

Verb	Regelm. Part.	Unregelm. Part.	VG	Bedeutung
circuncidar	circuncidado	circunciso	-AR	beschneiden
expresar	expresado	expreso	-AR	ausdrücken
hartar	hartado	harto	-AR	übersättigen, -häufen
insertar	insertado	inserto	-AR	einfügen
salvar	salvado	salvo	-AR	retten
sepultar	sepultado	sepulto	-AR	begraben
sujetar	sujetado	sujeto	-AR	unterwerfen
soltar	soltado	suelto	mostrar	losbinden, -lassen

Verb	Regelm. Part.	Unregelm. Part.	VG	Bedeutung
compeler	compelido	compulso	-ER	nötigen, zwingen
expeler	expelido	expulso	-ER	verjagen
corromper	corrompido	corrupto	-ER	verunstalten; bestechen
prender	prendido	preso	-ER	nehmen
propender	propendido	propenso	-ER	hinneigen
suspender	suspendido	suspenso	-ER	aufhängen; aufschieben
convencer	convencido	convicto	vencer	überzeugen
nacer	nacido	nato	conocer	geboren werden
extender	extendido	extenso	perder	ausdehnen
proveer	proveído	provisto	leer	vorhersehen
poseer	poseído	poseso	leer	besitzen
torcer	torcido	tuerto	cocer	(ver)drehen
comprimir	comprimido	compreso	-IR	zusammenpressen
confundir	confundido	confuso	-IR	verwechseln, -wirren
difundir	difundido	difuso	-IR	aus-, verbreiten
dividir	dividido	diviso	-IR	teilen; dividieren
imprimir	imprimido	impreso	-IR	drucken
oprimir	oprimido	opreso	-IR	unterdrücken
consumir	consumido	consunto	-IR	auf-, verbrauchen
presumir	presumido	presunto	-IR	annehmen, vermuten
sepelir	sepelido	sepulto	-IR	begraben
afligir	afligido	aflicto	dirigir	betrüben, -kümmern
extinguir	extinguido	extinto	distinguir	auslöschen
convertir	convertido	converso	sentir	umwandeln
freír	freído	frito	reír	braten, frittieren
teñir	teñido	tinto	teñir	färben
concluir	concluido	concluso	huir	abschließen, beenden
excluir	excluido	excluso	huir	ausschließen
incluir	incluido	incluso	huir	einschließen
recluir	recluido	recluso	huir	einschließen, -sperren
su(b)stituir	su(b)stituido	su(b)stituto	huir	ersetzen
corregir	corregido	correcto	regir	korrigieren
elegir	elegido	electo	regir	wählen (durch Abstimmung)
maldecir	maldecido	maldito	decir	verfluchen, -wünschen

Übungen zur Konjugation

1. Fügen Sie die fehlenden Verbformen ein und benutzen Sie das angege-

	Infinitivo	Presente	Imperfecto	Pret. Indef.	Futuro
1.		yo critico			
2.			yo cargaba		
3.					yo cazaré
4.					
5.			yo consolaba		
6.				él confió	
7.					yo empezaré
8.			yo almorzaba		
9.					
10.					
11.		tú escribes			
12.			yo aparecía		
13.					
14.			él entendía		
15.				tú demoliste	
16.					yo resolveré
17.			tú olías		
18.					él leerá
19.		tú caes			
20.			tú traías		
21.			yo hacía		

bene Personalpronomen.

Condicional	Sub. Pres.	Imperativo	Participio	Gerundio		
tú sentarías						
yo jugaría						
yo daría						
yo escogería						
					richtig	falsch

Infinitivo	Presente	Imperfecto	Pret. Indef.	Futuro
22.		yo podía		
23.		yo ponía		
24.		él quería		
25.		yo sabía		
26.		tú tenías		
27.				yo reveré
28.	él introduce			
29.			yo exigí	
30.				
31.				
32.			yo prohibí	
33.				
34.		él dormía		
35.		yo salía		
36.				tú oirás
37.				
38.		yo decía		
39.				yo iré
40.		él venía		

Die entsprechenden Lösungen befinden sich auf Seite 356 ff.

Conditional	Sub. Pres.	Imperativo	Participio	Gerundio		
él mentiría						
yo mediría						
tú reirías						
él destruiría						
					richtig	falsch

Die Hilfsverben (los verbos auxiliares)

Die Hilfsverben haber, ser und estar dienen zur Bildung der zusammengesetzten Zeiten und des Passivs. Neben ihrer Funktion als Hilfsverb können sie auch in der Funktion eines Vollverbs stehen.

	Haber	Ser	Estar
zusammengesetzte Zeiten, Passiv ! Angleichung des Partizips bei ser und estar ! in der Bedeutung von *besitzen* steht tener	Haber dient zur Bildung der zusammengesetzten Zeiten. Das Partizip ist dabei stets unveränderlich. Es ist zu beachten, dass *haben* im Sinne von *besitzen* mit tener wiedergegeben werden muss. Tener ist immer Vollverb, es kann nie als Hilfsverb verwendet werden.	Ser dient zur Bildung des Passivs und zwar des Vorgangspassivs. Das Partizip richtet sich in Geschlecht und Zahl nach dem Subjekt.	Estar dient zur Bildung des Passivs und zwar des Zustandspassivs. Das Partizip richtet sich in Geschlecht und Zahl nach dem Subjekt.
	▪ Todavía no **he** escrito la carta a mi amigo Pepe. (Ich **habe** den Brief an meinen Freund Pepe noch nicht **geschrieben.)** ▪ No **tengo** dinero. (Ich **habe** kein Geld.) ▪ No he **tenido** dinero. (Ich habe kein Geld **gehabt**.)	▪ Pepe **es** invitado por María. (Pepe wird von María eingeladen.) ▪ María **es** invitada por Pepe.	▪ María **está** invitada. (María ist eingeladen.) ▪ La ventana **estaba** abierta. (Das Fenster war geöffnet.)

	Ser	Estar
Definition, Identifikation	Zur Definition, Identifikation von Personen und Dingen (wer oder was jemand oder etwas ist).	
	▪ El señor Garrote **es** médico desde hace 20 años. ▪ El calcio **es** un elemento químico.	
Beruf	Zur Bezeichnung des Berufes, wenn sich die Person mit diesem identifiziert.	Zur Bezeichnung des Berufes, wenn sich die Person nicht mit diesem identifiziert, diesen

Ser	Estar
	zum Beispiel nur vorübergehend oder aushilfsweise ausübt. Hierfür kann auch trabajar de und estar allí de verwendet werden.
▪ El señor Garrote **es** médico desde hace 20 años. (Herr Garrote **ist** seit 20 Jahren Arzt.) ▪ Juan ha acabado la carrera y ya **es** ingeniero.	▪ Mi amigo Pepe es ingeniero pero de momento está parado. Por eso **está** de botones/trabaja en el hotel 'Palacio'. (... Deshalb **ist** er im Hotel „Palacio" als Page.)
Zur Bezeichnung der allgemein gegebenen Eigenschaft steht ser + Adjektiv. Es ist zu beachten, dass einige Partizipien in der Funktion eines Adjektivs stehen, sie bilden dann kein Passiv. Häufig liegt zu den mit estar verbundenen Adjektiven ein Unterschied in der Bedeutung vor.	Zur Bezeichnung der Eigenschaft kann estar + Adjektiv stehen, wenn ausgedrückt werden soll, dass die Eigenschaft nur unter bestimmten Umständen oder zu einer bestimmten Zeit gegeben ist. Es ist zu beachten, dass einige Partizipien in der Funktion eines Adjektivs stehen, sie bilden dann kein Passiv. Häufig liegt zu den mit ser verbundenen Adjektiven ein Unterschied in der Bedeutung vor.
▪ ser alegre ein fröhlicher Mensch sein ▪ ser bueno brav sein ▪ ser cansado ermüdend sein ▪ ser débil schwach sein ▪ ser decidido energisch sein ▪ ser distraído zerstreut sein ▪ ser joven/viejo jung/alt sein	▪ estar alegre gut gelaunt/angeheitert sein ▪ estar bien sich gut fühlen, gut gehen ▪ estar cansado müde sein, es leid sein ▪ estar débil geschwächt sein ▪ estar decidido entschlossen sein ▪ estar distraído abgelenkt sein ▪ estar joven/viejo jung/alt für sein Alter sein

allgemeine/ unter bestimmten Umständen gegebene Eigenschaft

Bedeutungsunterschied !

	Ser	Estar
	■ ser malo böse sein; qualitativ schlecht sein ■ ser moreno dunkelhaarig, -häutig sein ■ ser nuevo fabrikneu sein	■ estar malo sich schlecht fühlen; verdorben sein (Speisen) ■ estar moreno braun gebrannt sein ■ estar nuevo neuwertig sein
	■ Las casas en este barrio **son** caras. (Die Häuser in diesem Viertel sind sehr teuer.) ■ Juan **es** aburrido. (Juan ist langweilig.) ■ Pepe **es** un chico muy bueno. (Pepe ist ein sehr braves Kind.	■ ¡Qué **caras están** las casas en este barrio! (Wie teuer die Häuser in diesem Viertel doch sind!) ■ Juan **está** aburrido. (Juan langweilt sich.) ■ Pepe **está** muy bien. (Pepe geht es sehr gut.)
feliz, probre, rico, claro	Die Adjektive feliz, pobre, rico (reich sein) und claro que stehen mit ser.	Das Adjektiv rico (gut schmecken) kann auch mit estar stehen. Wird claro nachgestellt, steht es mit estar.
	■ **Es** claro que viene. (Es ist klar, dass er kommt.)	■ ¡Claro **está!** (Natürlich!, Klar!)
Zustand		Zur Bezeichnung des Zustands steht estar + Adjektiv. Die Dauer des Zustands spielt dabei keine Rolle.
		■ ¿Cómo **estás**? **Estoy** muy bien. (Wie **geht es Dir**? **Mir geht es** sehr gut.)
Situation, Lage	Zur Bezeichnung der allgemeinen Lebenssituation einer Person.	Zur Bezeichnung der Stellung, Lage.
	■ ¿Qué **ha sido** de Pepe? (Was **ist** aus Pepe **geworden**?)	■ Su padre **está** en una situación desesperada.

	Ser	Estar	Haber
Ort	Zur genaueren Definition eines bestimmten Ortes.	Zur Bezeichnung des Ortes allgemein. Ist das Subjekt mit dem	Hay ist die unpersönliche Verbform von haber und steht in der

Ser	Estar	Haber
	bestimmten Artikel verbunden, steht meist estar.	Bedeutung *es gibt*. Zur Bezeichnung des Ortes steht meist hay, wenn das Subjekt des Satzes mit dem unbestimmten Artikel verbunden ist.
■ Mira este hotel. **Es** ahí donde Pepe ha pernoctado durante sus vacaciones en España.	■ Cerca de la estación **está** el hotel 'Corona'. ■ El hotel que busca **está** enfrente de la estación.	■ **Hay** dos posibilidades para resolver este problema. ■ **Hay** un hotel pequeño cerca de la estación.

Herkunft, Zugehörigkeit, Besitz

Anzahl

Ser	Estar
Zur Bezeichnung der Herkunft, der Zugehörigkeit, des Besitzes, des Materials etc. mit der Präposition de steht ser in der Bedeutung *gehören*.	
■ Pepe **es** de una familia muy rica. ■ Esta mesa **es** de cristal. ■ Este libro **es** de María. (Dieses Buch **gehört** María.)	
Zur Bezeichnung einer bestimmten Anzahl von Personen und Dingen kann ser mit und ohne Zahlwort stehen.	Zur Bezeichnung einer bestimmten Anzahl von Personen und Dingen kann estar nur stehen, wenn diese auch wirklich anwesend, vorhanden sind.
■ ¿Cuántas personas vienen? No lo sé, pero **son** muchas. ■ ¿Cuántas personas vienen? **Son** treinta. (... **es sind/kommen** 30.)	■ ¿Cuántas personas vienen? No lo sé exactamente, pero de momento **están** treinta. (... momentan **sind** 30 **da.**)

Übungen zu den Hilfsverben

1. Ergänzen Sie die folgenden Sätze durch die entsprechende Verbform von ser oder estar im presente.

1. Su nombre ... Juan Antonio Garrote.
2. Estas flores... muy bonitas.
3. Garrote no ... filólogo ni tampoco le entusiasman los crucigramas.
4. ... de acuerdo.
5. Eso ... mucho peor.
6. Me gustaría ... (infinitivo) presidente del Gobierno.
7. Los excesos de velocidad y de alcohol ... causa de una buena parte de los accidentes.
8. El hambre ... la más mortífera arma de destrucción masiva.
9. Hemos perdido, y lo que tenemos que hacer... retirarnos.
10. España ya supera los 43 millones de habitantes. De ellos, algo más de tres millones ... extranjeros.
11. Iberia impondrá un recargo al precio del billete, que ... (futuro) de siete euros para vuelos europeos.
12. La petición no ... justificada.
13. La subida de los precios del 3,42 % del segundo trimestre del 2003 ... inferior a la del 3,73 % registrada en junio del 2004.
14. El presidente declaró su consideración de que la guerra ... un "gravísimo error, algo que no tiene que ocurrir".
15. Yo ... (condicional) encantado de que este asunto se arreglara.

richtig falsch

2. Ergänzen Sie die folgenden Sätze durch die entsprechende Verbform von ser oder estar im presente.

1. El Real Madrid ... un equipo que ... en forma.
2. Lo primero que cabe decir de la medida adoptada por el Gobierno ... que ya ... (imperfecto) hora.

3. La futura ley de seguridad vial ha pasado por el Consejo de Ministros y ya ... en vigor.

4. Lo que decía él ... (imperfecto) como si lo dijera Dios.

5. Su objetivo principal ... el de conseguir que la capital de España sea designada sede de los Juegos Olímpicos del 2012.

6. Para María eso ... una gran oportunidad, pero también una pesada responsabilidad.

7. Defendamos sobre todo lo que nos ... (subjuntivo presente) útil.

8. Me someto a la justicia, como ... mi deber de ciudadano.

9. Reconozco que no ... lo ideal.

10. El buque ... (imperfecto) muy cerca de la costa.

11. De hecho, Mozambique ... uno de los países con mayor prevalencia de la enfermedad de malaria.

12. Para el segundo menú, el cocinero ha seleccionado los platos típicos de una comida encargada a domicilio, como ... la pizza, el pollo y el arroz.

13. El precio, como todos los demás con pantalla, teclado y ratón incluidos, ... de 200 euros.

14. No puede ... (infinitivo) que aquí se estén pagando estos precios.

15. Como ... habitual en él, Juan ha decidido coger el toro por los cuernos.

richtig falsch

Die entsprechenden Lösungen befinden sich auf Seite 358.

Die Modalverben (los verbos modales)

Die Modalverben wandeln den Inhalt eines anderen Verbs ab. Ihnen folgt ein Infinitiv eines anderen Verbs (ohne Präposition).

Notwendigkeit

Deber

Zum Ausdruck einer nicht durch äußeren Zwang, durch äußere Umstände gegebenen Notwendigkeit. Statt im condicional steht deber häufig im imperfecto.

- **Debemos** terminar este trabajo para mañana.
- Habiendo estudado tanto, **deberías/debías** saberlo.
  (Nachdem du so viel studiert hast, **solltest** du es eigentlich wissen.)

Deber + de

Zum Ausdruck der Notwendigkeit als Schlussfolgerung aus einer Tatsache.
In der Umgangssprache steht hier meist nur deber.

- El tren llega a la una por lo que **debemos (de)** partir a tiempo.

Notwendigkeit

Haber + de

Zum Ausdruck der Notwendigkeit, die der Sprecher sieht.
Weder äußerer Zwang, noch moralische Verpflichtung sind hier maßgebend.
Mit haber + de wird auch häufig eine für die Zukunft geltende Notwendigkeit ausgedrückt (wird müssen).

- **Habremos de** aprender mucho si queremos aprobar el examen.
- Ha trabajado mal. **Ha de** hacer todo de nuevo.

Tener + que

Zum Ausdruck einer durch äußeren Zwang gegebenen Notwendigkeit.
Statt tener que steht hier häufiger die unpersönliche Verbform von haber, hay que (man muss).

- **Tengo que** trabajar durante las vacaciones.
- No **tienes que** hacerlo.
- No **hay que** preocuparse.

Wille, Wunsch; Erlaubnis

Querer

Zum Ausdruck des Willens, Wunsches.
Formulierungen mit quisiera, querría klingen sehr höflich, wobei querría selten verwendet wird.

- **Quiero/quisiera** pasar las vacaciones en España.
  (Ich **möchte** die Ferien in Spanien verbringen.)

Poder

Zum Ausdruck der Erlaubnis, Zustimmung (dürfen).

- **Puedes** fumar aquí.
- **Puedes** salir esta noche.

Fähigkeit

Zum Ausdruck einer körperlichen oder geistigen Fähigkeit.

Querer

Poder

- ¿**Puedes** ayudarme?
- ¿**Puedes** venir hoy?

Hacer

Zum Ausdruck des Lassens, Veranlassens.
Zum Ausdruck des Lassens, Zulassens (nicht Veranlassens) steht dejar.

- Me **haré** cortar el pelo.
  (Ich **werde** mir die Haare schneiden **lassen**.)
- **Déja**me terminar este trabajo.
  (**Lass** mich diese Arbeit beenden.)

Ir + a

Lassen, Veranlassen

Zum Ausdruck des Lassens, Veranlassens kann statt des Modalverbs hacer auch ir + a verwendet werden.

- Me **voy a** cortar el pelo.
  (Ich **werde** mir die Haare schneiden **lassen**.)
- **Voy a** terminar este trabajo lo más pronto posible.

Übungen zu den Modalverben

1. Setzen Sie die entsprechende Verbform von tener que, deber, haber de oder hay que im presente ein.

1. Ahora ... esperar mucho más tiempo.
2. La ley... ser ratificada por el Consejo de Ministros.
3. Si se va a hacer, no ... decirlo.
4. Los lectores ... rellenarla con los cupones que EL PERIÓDICO publicará de lunes a sábado en su portada.
5. Ellos ... dar las explicaciones necesarias.
6. Cuando he llegado, la segunda moto no estaba preparada y ... (pretérito perfecto) esperar un rato.
7. Miguel Ibarz fue un pintor vocacional que ... (pretérito anterior) superar los males estéticos del arte oficialista.
8. La historia de mi vida se ... (futuro) contar de distintas maneras.
9. No ... olvidar que se trata de un proceso difícil/lento.
10. ... tratar este tema con mucha responsabilidad.

richtig falsch

2. Setzen Sie die entsprechende Verbform von querer oder poder im presente ein.

1. El rey ha ... dejar claro por qué el asunto le apasiona tanto.
2. ... dejar claro que no voy a cambiar mis convicciones.
3. Debemos acostumbrarnos a que ... haber discrepancias en algunos temas.
4. A todos los que he ... ofender, pido perdón.
5. A medianoche no ... ponernos a servir cenas.
6. Se ... haber hecho de otra forma.

7. En Barcelona hay tiendas donde ... comprar a cualquier hora.

8. Cada ciudad ... tener un edificio de este arquitecto.

9. Yo no ... ser reconocido.

10. Cristina ... estudiar turismo y ganarse la vida con ello.

richtig falsch

3. Setzen Sie die entsprechende Verbform von hacer oder ir a im presente ein.

1. El presidente ... abandonar la política.

2. El viernes por la noche, Juan y María ... (pretérito indefinido) cenar al restaurante Cantina Machito.

3. Fue una manifestación que ... crecer la inquietud en la sociedad.

4. Hay algo dentro de mí que me ... rechazar.

5. Hemos tenido mucho tiempo para charlar, ... ver unos a otros la situación que tenemos y la manera de salir de ella.

6. La empresa ... echar a 10.000 de sus 30.000 empleados.

7. La torre Agbar es el primer edificio de una larga serie de nuevos emblemas urbanos que ... construir en pocos años.

8. Las diferencias con Europa ... mantenerse.

9. Para ... reír hay que empezar riéndose de uno mismo.

10. Las estadísticas sociales nos ... ver que esto no es así.

richtig falsch

Die entsprechenden Lösungen befinden sich auf Seite 358.

Die reflexiven Verben (los verbos reflexivos)

Reflexive Verben werden von einem Reflexivpronomen (rückbezüglichen Fürwort) (me, te, se etc.) begleitet. Reflexivpronomen und Subjekt bezeichnen dieselbe Person.

reflexive Verben im Deutschen sind im Spanischen nicht automatisch reflexiv

Es ist zu beachten, dass nicht jedes Verb, das im Deutschen reflexiv verwendet wird auch im Spanischen reflexiv verwendet werden kann und umgekehrt.

Nur reflexiv gebrauchte Verben

Ausschließlich reflexiv verwendete Verben sind im Spanischen weniger häufig.

- Pedro **se queja** siempre de su esposa.
  (Pedro **beklagt sich** immer über seine Frau.)

Sowohl reflexiv als auch nicht reflexiv gebrauchte Verben

Einige Verben werden sowohl reflexiv als auch nicht reflexiv verwendet. Die reflexiv verwendeten Verben drücken häufig die Anteilnahme aus. Diese Ausdrucksweise ist besonders in der Umgangssprache beliebt.

Bedeutungsunterschied

Es ist zu beachten, dass die reflexiv verwendeten Verben gelegentlich eine andere Bedeutung haben als die nicht reflexiv verwendeten Verben.

- **Acostumbro** a pasar las vacaciones en España.
  (Ich verbringe die Ferien **gewöhnlich** in Spanien.)
- Espero que ella **se acostumbre** a este trabajo.
  (Ich hoffe, dass sie **sich** an diese Arbeit **gewöhnt.**)

abrir	öffnen	abrirse	sich öffnen, aufgehen
acercar	nähern, näher bringen	acercarse	sich nähern
acordar	vereinbaren	acordarse de	sich erinnern an
acostumbrar	gewohnt sein, pflegen	acostumbrarse a	sich gewöhnen an
alejar	entfernen, wegschicken	alejarse	sich entfernen, weggehen
burlar	verspotten, auslachen	burlarse de	sich lustig machen über
cansar	ermüden	cansarse	müde werden; satt haben
citar	zitieren; vorladen	citarse	sich verabreden
convertir	umändern-, wandeln	convertirse en	werden zu
creer	glauben	creerse	sich halten (für)
decidir	entscheiden	decidirse a	sich entschließen zu
detener	zurückhalten	detenerse	stehen bleiben
dirigir	leiten, führen	dirigirse a	sich wenden an
divertir	unterhalten, ablenken	divertirse	sich amüsieren
dormir	schlafen	dormirse	einschlafen
encontrar	jm. begegnen	encontrarse	sich begegnen; sich befinden
enterar	jn. benachrichtigen	enterarse	etw. erfahren
equivocar	verwechseln	equivocarse	sich irren
figurar	bilden, gestalten	figurarse	sich einbilden, sich vorstellen
fijar	befestigen	fijarse	aufpassen, merken
hallar	finden, antreffen	hallarse	sich befinden; fühlen
ir	gehen	irse	weggehen

▪ levantar	aufheben	▪ levantarse	aufstehen
▪ llamar	rufen	▪ llamarse	heißen
▪ marchar	marschieren	▪ marcharse	weggehen
▪ negar	verneinen, ableugnen	▪ negarse	sich weigern
▪ ocupar	besetzen	▪ ocuparse de	sich beschäftigen mit
▪ parar	auf-, anhalten	▪ pararse	stehen bleiben
▪ parecer	scheinen	▪ parecerse a	ähneln
▪ perder	verlieren	▪ perderse	verloren gehen; verpassen
▪ preocupar	beunruhigen	▪ preocuparse	sich Sorgen machen
▪ producir	produzieren, herstellen	▪ producirse	sich ereignen, geschehen
▪ quedar	übrig bleiben, verbleiben	▪ quedarse	bleiben
▪ referir	erzählen, berichten	▪ referirse a	sich beziehen auf
▪ tratar	handhaben, behandeln	▪ tratarse de	sich handeln um

Reflexivkonstruktionen sind im Spanischen ein sehr beliebtes Stilmittel zur Vermeidung des Passivs und zur Umschreibung eines unbestimmten Subjekts. Im Deutschen wird dies mit einem Aktivsatz oder *man* übersetzt. Ist das direkte Objekt eine Sache und steht es im Plural, so muss auch das reflexive Verb im Plural stehen, ist das direkte Objekt eine Person, so steht das reflexive Verb im Singular.

- Esta casa **se vende** bien.
  (Dieses Haus **verkauft sich** gut.)
- Aquí **se ensancha** la calle.
  (Hier **wird** die Straße **verbreitert**.)
- Aquí **se ensanchan** las calles.
  (Hier **werden** die Straßen **verbreitert**.)
- Aquí **se puede** encontrar a todos los amigos.
  (Hier **kann man** alle Freunde treffen.)
- **Me muero** de hambre
  (Ich **sterbe** vor Hunger.)

! bei direktem Personenobjekt steht das reflexive Verb im Singular

Nicht reflexiv gebrauchte Verben

Viele Verben, die im Deutschen meist reflexiv sind, sind im Spanischen nicht reflexiv.

- **Tengo vergüenza de** haber olvidado pagar la cuenta.
  (Ich **schäme mich,** dass ich vergessen habe, die Rechnung zu bezahlen.)

▪ acontecer	sich ereignen	▪ reposar	sich erholen
▪ ascender a	sich belaufen auf	▪ solicitar de	sich bewerben um
▪ ocurrir	sich ereignen	▪ suceder	sich ereignen
▪ permanecer	sich aufhalten	▪ tener vergüenza de	sich schämen
▪ recordar	sich erinnern		

Die reziproken Verben (los verbos recíprocos)

Reziproke Verben drücken die Gegenseitigkeit aus (einander, gegenseitig). Auch sie werden von einem Reflexivpronomen begleitet und nur im Plural verwendet.
Die Gegenseitigkeit kann durch uno a otro, el uno al otro oder mutuamente verdeutlicht werden.

- **Nos conocemos** desde hace mucho tiempo.
  (Wir **kennen einander/uns** seit langem.)
- María y Pepe **se quieren** mucho.
- Ellos **se quieren el uno al otro.**
- María y Pepe **se ayudan mutuamente.**

Die Konjugation der reflexiven Verben

Mod.	Zeit	1. Person Singular	2. Person Singular	3. Person Singular
Ind.	Pres.	me lavo	te lavas	se lava
	Imper.	me lavaba	te lavabas	se lavaba
	P. I.	me lavé	te lavaste	se lavó
	P. P.	me *he* lavado	te *has* lavado	se *ha* lavado
	P. C.	me *había* lavado	te *habías* lavado	se *había* lavado
	P. A.	me *hube* lavado	te *hubiste* lavado	se *hubo* lavado
	Fut.	me lavaré	te lavarás	se lavará
	F. P.	me *habré* lavado	te *habrás* lavado	se *habrá* lavado
Con.	Con.	me lavaría	te lavarías	se lavaría
	C. P.	me *habría* lavado	te *habrías* lavado	se *habría* lavado
Sub.	Pres.	me lave	te laves	se lave
	Imper.	me lavara me lavase	te lavaras te lavases	se lavara se lavase
	P. P.	me *haya* lavado	te *hayas* lavado	se *haya* lavado
	P. C.	me *hubiera* lavado me *hubiese* lavado	te *hubieras* lavado te *hubieses* lavado	se *hubiera* lavado se *hubiese* lavado
	Fut.	me lavare	te lavares	se lavare
	F. P.	me *hubiere* lavado	te *hubieres* lavado	se *hubiere* lavado
Imp.	afirm.		lávate	lávese
	negat.		no te laves	no se lave
Inf.	Pres.	lavarse		
	Perf.	*haberse* lavado		
Part.		-		
Ger.	Pres.	lavándose		
	Perf.	*habiéndose* lavado		

1. Person Plural			2. Person Plural			3. Person Plural		
nos		lavamos	os		laváis	se		lavan
nos		lavábamos	os		lavabais	se		lavaban
nos		lavamos	os		lavasteis	se		lavaron
nos	*hemos*	lavado	os	*habéis*	lavado	se	*han*	lavado
nos	*habíamos*	lavado	os	*habíais*	lavado	se	*habían*	lavado
nos	*hubimos*	lavado	os	*hubisteis*	lavado	se	*hubieron*	lavado
nos		lavaremos	os		lavaréis	se		lavarán
nos	*habremos*	lavado	os	*habréis*	lavado	se	*habrán*	lavado
nos		lavaríamos	os		lavaríais	se		lavarían
nos	*habríamos*	lavado	os	*habríais*	lavado	se	*habrían*	lavado
nos		lavemos	os		lavéis	se		laven
nos		laváramos	os		lavarais	se		lavaran
nos		lavásemos	os		lavaseis	se		lavasen
nos	*hayamos*	lavado	os	*hayáis*	lavado	se	*hayan*	lavado
nos	*hubiéramos*	lavado	os	*hubierais*	lavado	se	*hubieran*	lavado
nos	*hubiésemos*	lavado	os	*hubieseis*	lavado	se	*hubiesen*	lavado
nos		laváremos	os		lavareis	se		lavaren
nos	*hubiéremos*	lavado	os	*hubiereis*	lavado	se	*hubieren*	lavado
		lavémonos			lavaos			lávense
	no	nos lavemos		no	os lavéis		no	se laven

Übungen zu den reflexiven Verben

1. Setzen Sie das entsprechende Reflexivpronomen ein.

1. Bajé a la playa con mi mujer y mis hijos y ... senté en la arena a leer el periódico como otros años.
2. Cada noche ... acostabas con temor por lo que te esperaría por la mañana.
3. El presidente ... refería a los sectores de la sociedad vasca.
4. Está hecha con humor y ... ríes mucho.
5. Estaba un poco harto de todo y ... salió con muy mala leche.
6. Internet une a personas con las mismas aficiones e intereses por lejos que ... encuentren.
7. Los barceloneses ... han acostumbrado a no fumar en los hospitales y a apagar sus cigarrillos cuando entran en el metro y en el autobús.
8. No me sigáis ciegamente, ... tenéis a vosotros mismos.
9. Si hacemos una predicción y ... equivocamos, que es posible, no lo hacemos con intención.
10. Tampoco ... engañemos.

richtig falsch

2. Setzen Sie das Reflexivpronomen ein wo erforderlich.

1. Cuando era joven, ... creía la mejor pianista del mundo.
2. Hay que verlo para ... creerlo.
3. Ambos ... acordaron tratar el asunto en los próximos meses.
4. ¿... acordarás de ellas?
5. Acordaron citar ... de nuevo para escuchar los discos de cada uno.
6. Me permite citar ... un poema de Pavese que siempre me emocionó.
7. El primer atentado ... produjo cerca de la academia de policía.

8. Esta fábrica ... produce unas 150.000 botellas de vino.

9. Las chicas, con alguna excepción, ... acostumbran a vivir solamente cinco años en la misma ciudad.

10. Los nuevos paladares ... acostumbran a comer cocodrilo porque tiene la textura del pescado.

11. Quiero convertir... la tienda en un espacio para el arte.

12. El asunto ... ha convertido en problema.

13. Ellos tienen unas horas libres antes de coger un avión y ... decidirán pasar la tarde juntos.

14. Entonces ... decidió consultar a una celebridad médica.

15. El Gobierno ... ha propuesto reducir de forma drástica el número de accidentes de circulación.

16. El presidente va a proponer ... al Gobierno la puesta en marcha de un plan de medidas especiales de tráfico.

17. En caso de equivocar..., puede acarrear serios problemas.

18. ... he equivocado de camino.

19. No recuerdo muy bien cómo él ... llamaba.

20. ... has llamado a Isabel de Toledo?

richtig falsch

3. Ersetzen Sie die blau gedruckten Passiv- oder unpersönlichen Konstruktionen durch eine Reflexivkonstruktion.

1. Los aplausos estallan antes de que **el resultado es anunciado.**

2. **Eso puede ser entendido** por sí mismo.

3. Es una ocasión única para contemplar esta colección que **es exhibida en el CAC Málaga.**

4. Las dos calles **no pueden ser cortadas** al mismo tiempo.

5. El autobús turístico llega al muelle de Belfast donde **el Titanic fue construido.**

richtig falsch

Die entsprechenden Lösungen befinden sich auf Seite 358.

Die unpersönlichen Verben (los verbos impersonales)

Unpersönliche Verben kommen nur in der 3. Person Singular vor und stehen nicht mit einem persönlichen Subjekt (Subjekt, das eine Person bezeichnet, z. B. yo etc.)
Viele unpersönliche Verben und Ausdrücke stehen mit dem subjuntivo. Diese sind im Folgenden mit * gekennzeichnet.

einige unpersönliche Verben stehen mit subjuntivo

- **Es aconsejable** decir la verdad.
- **Es cierto** que viene.
- **Es indudable** que viene.
- **Es inútil** que no digas la verdad.
- **Es lógico que** Pedro vaya a estudiar a Madrid.

es aconsejable	es ist ratsam
basta con	es genügt
es bueno	es ist gut
es cierto	es ist sicher
es conveniente	es ist angebracht
es estupendo	es ist erstaunlich
es evidente	es ist offensichtlich
es extraño	es ist seltsam
hay	es gibt
hay que	man muss
no hay que	man braucht/soll nicht
importa	es ist wichtig
es importante	es ist wichtig
es de importancia	es ist wichtig
no importa que	egal ob
es imposible	es ist unmöglich
es imprescindible	es ist unumgänglich
es indudable	zweifellos
es inútil	es hat keinen Zweck
es una lástima	es ist schade
es lógico	es ist logisch
es mejor	es ist besser
es menester	man muss
es natural	natürlich
es necesario	es ist notwendig
me da pena	es tut mir leid
es posible	es ist möglich
es probable	es ist wahrscheinlich
puede (ser)	es kann sein
es seguro	es ist sicher
no tiene sentido	es hat keinen Sinn
lo siento	es tut mir leid
se trata de	es handelt sich um
es urgente	es ist dringend

Das Verb und seine Ergänzungen (los complementos del verbo)

Die Verben können eine oder mehrere der folgenden Ergänzungen, d. h. Objekte, prädikative Ergänzungen oder adverbiale Bestimmungen bei sich haben.

Verben mit direktem Objekt (verbos con objeto directo)

Das direkte Objekt wird im Spanischen mit der Präposition a an das Verb angeschlossen, wenn es Personen bezeichnet oder wenn es Tiere, zu denen ein persönliches Verhältnis besteht, bezeichnet oder wenn es sonstige personifizierte Begriffe bezeichnet.
Ohne Präposition stehen direkte Objekte, die eine Person bezeichnen, die jedoch nicht (genau) bekannt ist. Dies ist vor allem der Fall, wenn diese mit dem unbestimmten Artikel verwendet werden.
Die meisten Verben, die im Deutschen mit direktem Objekt stehen, schließen im Spanischen auch ein direktes Objekt an.
Verben mit direktem Objekt heißen transitive Verben (verbos transitivos).

- ¿**Conoces** al señor Garrote?
- ¿**Conoces** un tal señor Garrote?
- **Buscamos** a nuestro gato Sultán.
- **Buscamos** un animal doméstico para mi hermana pequeña.
- ¿Has **visto** esta mañana a María en la escuela?
- ¿Has **visto** ese señor con los pantalones rasgados?

Verben mit indirektem Objekt (verbos con objeto indirecto)

Das indirekte Objekt wird im Spanischen mit der Präposition a an das Verb angeschlossen.

- **Daré** este libro a María.
  (Ich **gebe** Maria dieses Buch.)

Verben mit präpositionalem Objekt (verbos con objeto preposicional)

Präpositionale Objekte werden mit einer Präposition an das Verb angeschlossen. Welche Präposition das ist, hängt davon ab, welche Präposition das Verb verlangt.

- He **hablado** con Pedro esta mañana.
  (hablar con)
- Si viene o no **depende** de su padre.
  (depender de)

Verben ohne Objekt (verbos intransitivos)

Verben, die keine Objektergänzung haben heißen intransitive Verben (verbos intransitivos).

- **Estoy** enfermo.
- **He partido** este mediodía.

Verben mit prädikativen Ergänzungen (verbos con complementos predicativos)

Angleichung der prädikativen Ergänzung an ihr Bezugswort

Die prädikative Ergänzung kann ein Adjektiv oder Substantiv sein und bezieht sich entweder auf das Subjekt oder Objekt.
Als Adjektiv richtet sie sich in Geschlecht und Zahl nach ihrem Bezugswort.

- María es muy **inteligente.**
  (Bezug auf das Subjekt María)
- Te doy dos libros muy **interesantes.**
  (Bezug auf das Objekt libros)

Verben mit adverbialen Bestimmungen (verbos con complementos circunstanciales)

Adverbiale Bestimmungen (Umstandsbestimmungen) geben die Zeit (complementos temporales), den Ort (complementos locales), die Art und Weise (complementos de modo), den Grund, die Ursache (complementos de causa) an.

- Partimos la **próxima semana**.
- Han llegado **esta mañana**.
- Ha llegado **al aeropuerto**.
- Le encontramos **en la estación**.
- Estamos **tranquilos**.
- Marchamos **lentamente**.
- Estaba loca **de alegría**.
- Lloraba **de rabia.**

Übungen zu den Ergänzungen zum Verb

1. Setzen Sie a ein wo nötig.

1. Hacemos un llamamiento ... los periodistas para que informen ... la opinión pública de esta realidad.
2. Citando ... Hemingway anunció ayer Alberto Ruiz-Gallardón, alcalde de Madrid, su renuncia.
3. El juez Juan del Olmo encargó ... la Guardia Civil la investigación sobre el origen de los explosivos.
4. Alberto acusó ... Juan de tener las manos manchadas de sangre.
5. La Guardia Civil llamó ... los habitantes a abandonar ... las casas.
6. Los bombardeos de la noche y la mañana mataron ... cinco personas.
7. La explosión acabó con la vida de diez personas e hirió ... cuatro policías.
8. Ambos acordaron tratar ... el asunto en los próximos meses.
9. Tras dos semanas sin fútbol, Montjuic abre sus puertas para recibir ... dos equipos que están en alza.
10. Mark David Chapman asesinó ... John Lennon a las puertas del edificio Dakota, en Nueva York.
11. El programa de TVE-1 se emite los jueves y atrae ... un millón y medio de espectadores.
12. El carnet por puntos ayudará ... la prevención de accidentes de tráfico.
13. Para conservar el carnet y poder circular, bastará con atenerse ... una regla muy sencilla: no cometer infracciones.
14. Espiés es uno de los pocos políticos que no esconden ... su ambición de llegar a ser presidente del Gobierno.
15. Una victoria no va a cambiar ... el problema.
16. La confirmación oficial de que la empresa va a echar ... 10.000 empleados ha provocado ... profundas reflexiones.

17. Cuando cae la noche, las familias musulmanas celebran ... el Ramadán con una copiosa cena.

18. La Comisión de Derechos Humanos está investigando ya ... cientos de estas acusaciones.

19. El presidente ha invitado ... los ministros a reunirse con él mañana domingo en su residencia oficial.

20. Los tribunales han empezado a investigar ... las denuncias sobre manipulación de las listas electorales.

richtig falsch

Die entsprechenden Lösungen befinden sich auf Seite 359.

Übereinstimmung von Verb und Subjekt (la concordancia de sujeto y verbo)

Grundsätzlich richtet sich das Verb in Person und Zahl nach dem Wort, auf das es sich bezieht, d. h. steht das Subjekt zum Beispiel in der 3. Person Singular, so muss auch das Verb in der 3. Person Singular stehen.
Die folgenden Erläuterungen geben über Person und Zahl des Verbs Auskunft, wenn es sich auf ein bzw. mehrere Bezugswörter im Singular oder Plural bezieht.

Verb im Singular	Verb im Plural	
Nach einem Subjekt im Singular.	Nach mehreren Subjekten im Singular.	ein, mehrere Subjekte im Singular
▪ María **es** inteligente. ▪ Este libro **es** interesante.	▪ María y Pedro **son** muy amables. ▪ Estos libros **son** interesantes.	
	Nach einem bzw. mehreren Subjekten im Plural.	ein, mehrere Subjekte im Plural
	▪ Estas casas **son** muy caras. ▪ Estas casas y estos coches **son** muy caros.	
	Einige Substantive, vor allem solche, die Werkzeuge und Kleidungsstücke bezeichnen, die aus zwei Teilen bestehen, kommen nur im Plural vor. Das zugehörige Verb steht daher auch im Plural, auch wenn mit dem Substantiv nur eine Sache bezeichnet wird.	Kleidungsstücke, Werkzeuge
	▪ las afueras – die Umgebung ▪ los alicates – die Flachzange ▪ los anales – die Annalen ▪ las cosquillas – der Kitzel ▪ los escombros – die Trümmer ▪ las gafas – die Brille ▪ los gemelos – die Zwillinge ▪ los lentes – die Brille ▪ los modales – das Benehmen ▪ las nupcias – die Hochzeit ▪ los pantalones – die Hose ▪ las pinzas – die Pinzette ▪ las tenazas – die Beißzange ▪ las tijeras – die Schere	
	▪ Las afueras de Madrid **son** muy bonitas. (Die Umgebung von Madrid **ist** sehr schön.) ▪ Los pantalones de Pedro **están** desgarrados.	

	Verb im Singular	Verb im Plural
		(Die Hose von Pedro **ist** zerrissen.) ▪ Estas tijeras **están** sin filo. (Diese Schere **ist** stumpf.)
la gente	La gente bezeichnet zwar den Plural, ist jedoch ein Sammelname und gilt daher als Substantiv im Singular. Das zugehörige Verb steht daher auch im Singular.	
	▪ La gente **ha llegado** hace unos minutos. (Die Leute **sind** vor einigen Minuten **angekommen.**)	
Mengenausdrücke	Nach den folgenden Mengenausdrücken, die mit dem bestimmten oder unbestimmtem Artikel stehen. ▪ una (gran) cantidad de ▪ una masa de ▪ la mayoría de ▪ una multitud de ▪ un (gran) número de ▪ una turba de	Nach den folgenden Mengenadverbien steht das Verb im Plural, wenn das Substantiv auch im Plural steht. ▪ cuánto ▪ demasiado ▪ mucho ▪ poco
	▪ Un gran número de proyectos **ha sido aprobado.** ▪ Una multitud de turistas **ha llegado** al aeropuerto.	▪ ¡Cuántos turistas **han llegado** al aeropuerto! (Cuánta agua **hay** en el cubo.) ▪ Hay demasiados niños en el mundo que **son** muy pobres.
Bruchzahlen	Nach den Bruchzahlen + de + Substantiv im Plural, wenn der Zähler 1 ist.	
	▪ La mitad (1/2) de los estudiantes **ha pasado** el examen.	
Prozentzahlen	Nach den Prozentzahlen.	
	▪ El 75 % de los estudiantes **ha pasado** el examen.	
ein Pronomen	Nach einem Pronomen im Singular.	Nach einem Pronomen im Plural.
	▪ Ella **ha llegado.** ▪ Yo **he leído** este libro.	▪ Ellas **han llegado.** ▪ Nosotros **hemos leído** este libro.
mehrere Pronomen		Nach mehreren Pronomen im Singular oder Plural. Nach mehreren Pronomen unter-

Verb im Singular	Verb im Plural	
	schiedlicher Person steht das Verb in der 1. Person Plural, wenn eines der Pronomen yo oder nosotros ist. Vor dem Verb kann nosotros eingefügt werden. Ist eines der Pronomen tú oder vosotros und ist sonst kein Pronomen der 1. Person darunter, steht das Verb in der 2. Person Plural. Vor dem Verb kann vosotros eingefügt werden.	
	▪ Yo, tú y ella (nosotros) **vamos** a partir en seguida. ▪ Vosotros y ellos (vosotros) **partiréis** una hora más tarde.	
Reflexiv verwendete Verben stehen im Singular, wenn sie in Verbindung mit einem direkten Objekt stehen, das eine Person ist.	Reflexiv verwendete Verben stehen im Plural, wenn sie in Verbindung mit einem direkten Objekt im Plural stehen, das eine Sache ist.	reflexive Verben
▪ Aquí **se puede** encontrar a todos los amigos.	▪ En esta región **se hablan** dos idiomas.	

Die Zeiten (los tiempos)

Mit Hilfe der Zeiten werden bestimmte Vorgänge oder Zustände der Vergangenheit, Gegenwart oder Zukunft zugeordnet.

Einfache Zeiten (los tiempos simples)

Die einfachen Zeiten werden ohne Hilfsverb gebildet.

- **Escribo** una carta.
- **Escribía** una carta.

Zusammengesetzte Zeiten (los tiempos compuestos)

Die zusammengesetzten Zeiten können nicht ohne Hilfsverb (haber) gebildet werden.

- **He** escrito una carta.
- **Había** escrito una carta.
- **Habré** escrito una carta.

deutsche Zeit ist nicht automatisch ins Spanische übertragbar

Es ist zu beachten, dass die deutschen Zeiten nicht einfach ins Spanische übertragen werden können, d. h. wenn im Deutschen z. B. das Präteritum steht, ist dies im Spanischen nicht automatisch mit dem pretérito indefinido zu übersetzen. Die Auswahl der Zeiten im Spanischen ist vielmehr danach zu treffen, welcher Sachverhalt (z. B. Vorgang, der in die Gegenwart reicht etc.) ausgedrückt werden soll.

Gegenwart

Presente

Zum Ausdruck gegenwärtiger Vorgänge und Zustände, allgemeingültiger Aussagen und Tatsachen.

- **Escribo** una carta.
- **Leo** un libro.

Vergangenheit, abgeschlossene Vorgänge

Pretérito Indefinido	Pretérito Perfecto
Zum Ausdruck eines völlig abgeschlossenen Vorgangs. Die Dauer der Handlung spielt dabei keine Rolle.	Zum Ausdruck eines abgeschlossenen Vorgangs, dessen Folgen für die Gegenwart jedoch noch von Bedeutung sind. Es steht häufig mit Zeitangaben, die auf einen bis in die Gegenwart reichenden Zeitraum weisen (hoy, esta

Pretérito Indefinido

- Colón **descubrió** América en 1492.
- Ayer **encontré** a su madre en la estación.

Pretérito Perfecto

mañana, esta semana, en mi vida etc.).

- Esta mañana **he escrito** una carta.
- **Hemos esperado** durante una hora.

Vorvergangenheit

Pluscuamperfecto

Zum Ausdruck der Vorvergangenheit, d. h. eines Vorgangs, der beendet war, bevor ein anderer einsetzte.

- **Había terminado** mi trabajo cuando mi madre entró.
(Ich **hatte** meine Arbeit **beendet**, als meine Mutter hereinkam.)
(Das Beenden der Arbeit fand vor dem Hereinkommen der Mutter statt)

Pretérito Anterior

Zum Ausdruck der Vorvergangenheit, d. h. eines Vorgangs, der unmittelbar vor Einsetzen eines anderen Vorgangs beendet war.
In der modernen Sprache wird das pretérito anterior meist nur noch nach einigen temporalen Konjunktionen wie después que, no bien, en cuanto, tan pronto como eingesetzt.

- En cuanto **hube salido** de la casa sonó el teléfono.
(Sobald ich das Haus **verlassen hatte**, klingelte das Telefon.)

Zukunft

Presente

Zum Ausdruck von Vorgängen, die in der nahen Zukunft liegen.
Die nahe Zukunft wird häufig auch durch ir a + Infinitiv ausgedrückt.
Das presente steht vor allem bei Zeitangaben, die in die Zukunft weisen (mañana, la semana/el año que viene, la próxima semana etc.).

Futuro

Zum Ausdruck von Vorgängen, die in der Zukunft liegen.

Futuro Perfecto

Zum Ausdruck eines zukünftigen Vorgangs, der zu einem bestimmten Zeitpunkt in der Zukunft abgeschlossen sein wird.
Im Deutschen wird hier häufig das Perfekt verwendet.

Presente	Futuro	Futuro Perfecto
▪ La semana que viene **vamos** a Madrid. ▪ Mañana **tenemos que** empezar a trabajar lo más tarde a las seis. ▪ Mañana **vamos** a trabajar más tiempo.	▪ La semana que viene **iré** a Madrid.	▪ **Habré terminado** este trabajo para mañana. (Ich **werde** diese Arbeit bis morgen **beendet haben**; ich **habe** diese Arbeit bis morgen **beendet**.)

Condicional	Condicional Perfecto
Zum Ausdruck eines Vorgangs, der in der Gegenwart oder Zukunft stattfinden könnte.	Zum Ausdruck eines Vorgangs, der zu einem bestimmten Zeitpunkt in der Zukunft abgeschlossen sein könnte.
▪ He dicho que lo **haría** más tarde.	▪ Sabía que Pedro **habría abandonado** la oficina a las diez.

gleichzeitig verlaufende; aufeinanderfolgende Vorgänge

Imperfecto	Pretérito Indefinido
Zum Ausdruck gleichzeitig verlaufender Vorgänge der Vergangenheit.	Zum Ausdruck aufeinanderfolgender Vorgänge der Vergangenheit.
▪ Mientras yo **escribía** una carta, mi hermano **hacía** sus deberes.	▪ Me **levanté** temprano, **desayuné** un café con leche y **fui** a comprar el periódico.

noch andauernde; neu einsetzende Vorgänge

Zum Ausdruck eines noch andauernden Vorgangs, während ein anderer neu einsetzt. Der neu einsetzende Vorgang steht im *pretérito indefinido*.	Zum Ausdruck eines neu eintretenden Vorgangs, während ein anderer noch andauert. Der noch andauernde Vorgang steht im *imperfecto*.
▪ **Escribía** una carta y de repente mi madre entró.	▪ Escribía una carta y de repente mi madre **entró**.

Bedeutungsänderung

Die folgenden Verben ändern ihre Bedeutung, je nachdem ob sie einen noch andauernden Vorgang bezeichnen	Die folgenden Verben ändern ihre Bedeutung, je nachdem ob sie einen noch andauernden Vorgang bezeichnen

Imperfecto

und im imperfecto stehen oder ob sie einen neu eintretenden Vorgang bezeichnen und im pretérito indefinido stehen.

- tenía ich hatte
- conocía ich kannte
- sabía ich wusste
- iba ich war unterwegs

- Antes **tenía** un coche grande.
(Früher hatte ich ein großes Auto.)

Pretérito Indefinido

und im imperfecto stehen oder ob sie einen neu eintretenden Vorgang bezeichnen und im pretérito indefinido stehen.

- tuve ich bekam
- conocí ich lernte kennen
- supe ich erfuhr
- fui ich ging/fuhr

- Ana **tuvo** el coche grande de su padre.
(Anna **bekam** das große Auto ihres Vaters.)

Presente

In lebhaften, spannenden Erzählungen, die dem Leser das Gefühl vermitteln selbst dabei zu sein.

- La noche **es** oscura y **cae** una fina lluvia. De repente una siniestra figura **sale** de la casa.

lebhafte, spannende Erzählungen

Imperfecto

Zum Ausdruck gewohnheitsmäßiger, sich wiederholender Vorgänge der Vergangenheit.

- Cada día me **levantaba** a las seis de la mañana y me **iba** a la cama a las diez.

gewohnheitsmäßige, sich wiederholende Vorgänge

Futuro

Zum Ausdruck einer auf die Gegenwart oder Zukunft weisenden Vermutung.

Futuro Perfecto

Zum Ausdruck der Vermutung, dass ein Vorgang bereits abgeschlossen ist.

Condicional

Zum Ausdruck der Vermutung über einen vergangenen Vorgang.

Vermutung

Futuro	Futuro Perfecto	Condicional
A esta hora Pepe no **estará** en la oficina. (Um diese Uhrzeit **wird** Pepe nicht im Büro **sein.)**	No me ha venido a recoger a la estación. Se **habrá** olvidado de mí. (... Er **wird** mich wohl **vergessen haben.)**	¿A qué hora ha salido de casa? No lo sé, **serían** las dos. (... Ich weiß nicht, es **könnte** zwei Uhr **gewesen sein.)**

Befehl, drohendes Verbot

Futuro
Zum Ausdruck des Befehls, des (drohenden) Verbots.
No **saldrás** esta tarde. (Du **wirst** heute Abend nicht **ausgehen.)**

Verpflichtung in Verträgen, Verordnungen

Futuro
Zum Ausdruck der Verpflichtung steht das futuro in Verträgen, Verordnungen etc.
Las partes contratantes **se reunirán** regularmente.

empörte Ausrufe

Futuro Perfecto
In empörten Ausrufen.
¡**Se habrá visto** tal cosa! (**Hat** man so etwas schon **gesehen!)**

Übungen zu den Zeiten

1. Setzen Sie die Verben in Klammern ins presente.

1. Juan (tener) un problema.
2. Si tú (perder) la confianza ya no la (poder) recuperar.
3. Yo no lo (saber).
4. En la democracia (poder) coexistir distintas opciones que (presentarse) ante los ciudadanos, y éstos (eligir) la que más les (convence).
5. El presidente (repetir) una y otra vez que el hambre (ser) el arma de destrucción masiva más cruel.
6. Nosotros (hacer) un llamamiento a las autoridades para que traten el tema con rigor.
7. El presidente manifestó ayer que las tensiones diplomáticas no le (ir) a hacer cambiar sus convicciones ni sus decisiones.
8. Donde una puerta se (cerrar), otra se (abrir).
9. España ya (superar) los 43 millones de habitantes. De ellos, algo más de tres millones (ser) extranjeros.
10. El presidente (situarse) al frente de la lucha por la promoción del desarrollo económico, cultural y sostenible.

richtig falsch

2. Setzen Sie die Verben in Klammern ins imperfecto.

1. Yo (tener) miedo de él.
2. Yo le pregunté qué (poder) ser.
3. Los que le (oír) (decir): ¡Mirad!
4. Alguno que (estar) aquí ha hecho esta burla.
5. Para ir a la posada (haber) que pasar un arroyo que tras la abundante lluvia (ser) bastante grande.
6. Yo me (morir) de hambre.
7. Sin duda (deber) ser verdad lo que Juan (decir).

8. Yo le **(servir)** de ayuda.
9. Estuvimos hablando de las cosas que él me **(preguntar)** y a las cuales yo **(responder)** lo mejor que supe.
10. El hambre no me **(dejar)** dormir.

richtig falsch

3. Setzen Sie die Verben in Klammern ins pretérito indefinido.

1. ¿Dónde **(nacer)** él?
2. Juan me **(recibir)** en su casa.
3. Nosotros **(andar)** por la ciudad hasta las once.
4. Entonces **(entrar)** en la iglesia y yo detrás de él.
5. El Gobierno **(acordar)** ayer preparar de forma urgente una ley.
6. El instituto **(concluir)** ese trabajo el 1 de junio.
7. Tres personas **(morir)** ayer en un accidente.
8. Los científicos **(pedir)** ayer que España afronte urgentemente cambios estructurales del sistema médico.
9. El accidente se **(producir)** cerca de la academia de policía.
10. La media de infracciones penales se **(situar)** en 2003 en 46,91 delitos y faltas por cada 1.000 habitantes.

richtig falsch

4. Setzen Sie die Verben in Klammern ins pretérito perfecto.

1. Yo te **(entender)**.
2. ¿Qué **(hacer)** el vagabundo en mi casa?
3. Antes nosotros **(comer)** fuera de la casa, pero ahora vamos a hacerlo de otra manera.
4. Miguel se **(poner)** a temblar de frío.
5. Cierto es que alguno de mis amigos me **(decir)** algo de eso.
6. Yo **(traer)** vino y un paquete de cigarrillos.

7. ¿José y Mercedes **(oír)** lo que él **(decir)?**

8. En el centro de la ciudad **(surgir)** nuevas cafeterías y restaurantes.

9. El Parlamento Europeo **(dejar)** en manos del presidente la resolución de la crisis.

10. El juez **(levantar)** el secreto sobre esta investigación y **(remitir)** el informe al Congreso.

richtig falsch

5. Setzen Sie die Verben in Klammern ins pluscuamperfecto.

1. Yo **(decidir)** dejarle, como lo hice.
2. Mucha gente **(ir)** a ayudarle.
3. Me parecía que mi triste vida **(terminar).**
4. Me **(herir)** la cara y me la **(curar)** con tiritas.
5. Me preguntó cómo yo **(llegar)** a aquella famosa ciudad.
6. Todo lo que yo **(ver)** eran paredes rojas.
7. No dormí en toda la noche, puesto que aquel día tampoco **(comer).**
8. Pensaba si estaría bien decirle que comiera conmigo, pero como él **(decir)** que ya **(comer)** yo temía que no aceptara.
9. Yo les dije que mi hijo no **(volver)** todavía.
10. Nos fuimos de este lugar muy contentos con el negocio porque allí **(hacer)** buenas compras.

richtig falsch

6. Setzen Sie die Verben in Klammern ins pretérito anterior.

1. Allí estuvimos hasta que todo se acabó y hasta que la gente se **(ir).**
2. Después de que **(acabar)** el sermón, se volvió al altar.
3. Cuando Juan se **(ir),** se repetía constantemente que todo quedaba explicado.
4. Cuando **(beber)** me lo dio para que yo bebiese.

5. Cuando ella **(hablar)**, Juan respiró como si hubiera escapado de un gran peligro.

richtig falsch

7. Setzen Sie die Verben in Klammern ins futuro.

1. ¿Dónde lo **(encontrar)** yo?
2. Le aseguro que no le **(pasar)** nada.
3. Quiero saber cuándo **(llegar)** esta carta a Inglaterra.
4. No llama a la policía porque la señora ha prometido que no **(robar)** más.
5. Tu novia te **(estar)** esperando.
6. Nosotros **(depositar)** la suma como está convenido.
7. Yo **(hacer)** cuanto pueda por los niños.
8. Es una larga historia que algún día yo te **(contar)**.
9. Los conductores con menos de tres años de experiencia **(tener)** ocho puntos iniciales en el carné por puntos.
10. Iberia **(imponer)** a partir de hoy mismo un recargo al precio del billete, que **(ser)** de 5 euros para todos los vuelos.

richtig falsch

8. Setzen Sie die Verben in Klammern ins futuro perfecto.

1. Seguramente ellos **(hablar)** de mí.
2. Juan **(estar)** en casa, no **(encontrar)** a nadie y **(suponer)** que yo estaba aquí.
3. Si no has venido, **(ser)** por algún impedimento.
4. ¿Qué **(hacer)** yo para merecer tanto honor?
5. Estornudo y en seguida pienso: ¿Me **(resfriar)**?
6. Ella **(comprender)** que el dinero no da la felicidad.
7. ¿Quién **(engañar)** a esta pobre gente?
8. Sus investigaciones le **(develar)** este crimen.
9. Te prometo que para el fin de semana ya **(terminar)** todo.

10. Para el próximo fin de semana ya se **(elegir)** al candidato.

richtig falsch

9. Setzen Sie die Verben in Klammern ins condicional.

1. El Gobierno estima que, con el nuevo carné, el número de accidentes de tráfico **(poder)** reducirse en un 40%.
2. Juan respondió que lo **(hacer)** así.
3. ¿Quién **(pensar)** que un muchacho tan pequeño era tan malo?
4. Yo no la **(dar)** por nada del mundo.
5. Pensé que **(querer)** reñirme porque llegaba tan tarde.
6. Yo les **(decir)** la verdad de todo lo que quisieran preguntarme y que yo supiese.
7. Todas las mañanas, en cuanto **(abrir)** la puerta de mi dormitorio, escuchaba la voz de mi madre llamándome.
8. ¿Cuándo **(descorrer)** yo las cortinas?
9. Ana sabía que algo grave **(ocurrir)** entre sus padres.
10. Juan no **(ver)** las cosas como su hermano **(desear)** que las viera.

richtig falsch

10. Setzen Sie die Verben in Klammern ins condicional perfecto.

1. Sólo Dios sabe lo que **(suceder)** sin ti.
2. En aquel instante yo **(querer)** saber a qué atenerse.
3. Juan **(deber)** mostrar firmeza.
4. Usted no me **(reconocer)** ¿verdad?
5. Eso **(ser)** lo mejor.
6. Tal vez en su lugar yo **(proceder)** como ella.
7. Yo **(acompañar)** a su hermana a todas partes.
8. Yo no lo **(creer)**.

9. Estoy seguro de que nosotros **(ser)** amigos.

10. Yo no **(saber)** dónde encontrarlo.

richtig falsch

11. Setzen Sie die Verben in Klammern ins pretérito indefinido oder pretérito perfecto.

1. Se **(levantar)** y me **(coger)** la cabeza con sus manos.

2. ¿Tú **(oír)** lo que Juan **(decir)**?

3. Vamos a ver lo que ellos **(hacer)**.

4. Yo te **(esperar)** para comer y cuando **(ver)** que no venías, **(comer)** yo solo.

5. Ellos **(andar)** por toda la casa, la **(inspeccionar** por arriba y por abajo y la **(encontrar)** vacía, como yo **(contar)**.

6. Estaba al volante del camión, comiéndose los bocadillos que ustedes **(traer)**.

7. La multinacional del automóvil General Motors **(anunciar)** ayer en Alemania sus planes para sanear su marca europea Opel.

8. Mi nacimiento **(ser)** dentro del río Tormes por cuya causa **(tomar)** el sobrenombre Tormes.

9. Yo me **(callar)** hasta ahora.

10. En el centro de la ciudad **(surgir)** nuevas cafeterías y restaurantes.

richtig falsch

12. Setzen Sie die Verben in Klammern ins pretérito imperfecto oder pretérito indefinido.

1. Yo **(comenzar)** a probar una y otra de las llaves que Juan **(traer)** hasta que con una de ellas yo **(abrir)** la puerta.

2. Yo **(tomar)** lo poco que me **(dar)** y lo **(comer)** en dos bocados.

3. La risa de todos **(ser)** tan escandalosa que la gente que **(pasar)** por la calle **(entrar)** a ver la fiesta.

4. Me **(preguntar)** si Juan **(tener)** alguna cosa que arreglar.

5. Me **(ser)** a mi cama en la cual **(reposar)** y **(dormir)** un poco.

6. Yo no (poder) tenerme en pie del hambre que (tener).
7. Una vez que entramos, Juan (quitarse) la capa con mucho cuidado y preguntándome si yo (tener) las manos limpias.
8. Aviones de combate (bombardear) ayer la ciudad, mientras soldados (rodear) la ciudad.
9. Yo (conocer) a un hombre, este hombre (venir) algunas veces a nuestra casa.
10. Yo no (saber) nunca lo que (hacer) Dios con él, ni me (ocupar) nunca de saberlo.

richtig falsch

13. Setzen Sie die Verben in Klammern ins pluscuamperfecto, pretérito indefinido oder pretérito anterior.

1. Cuando salía a buscar el vino vi en el suelo un libro pequeño, que alguien (dejar) en el suelo.
2. Con el agua que yo (ir) a comprar para beber, me (lavar) la cara.
3. Me (preguntar) de dónde él (ser) y cómo (llegar) a aquella famosa ciudad.
4. Cuando Juan (averiguar) dónde (vivir) los Garrote, (dirigirse) al lugar en que (creer) encontrar a Mercedes.
5. Apenas (aparecer) en la sala y se (acercar) al grupo de mujeres, Mercedes fue invitada a bailar por el director.
6. Yo (sacar) unos pedazos de pan que las buenas gentes me (dar) cuando pedía limosna.
7. Apenas ella (hablar), su rostro (tomar) una expresión severa.
8. Cuando la (acostar), Juan (retirarse).
9. Después de que la policía (llegar) al lugar de los hechos, (llegar) la ambulancia.
10. En cuanto el tren (llegar), los pasajeros (bajar).

richtig falsch

14. Setzen Sie die Verben in Klammern ins presente oder futuro oder verwenden Sie ir + a + infinitivo.

1. Nosotros (ver) lo que han hecho.

2. ¿Y dónde lo **(encontrar)** yo?, me decía a mí mismo.
3. ¿Quién **(pensar)** que Juan pasó todo el día ayer con María?
4. Le aseguro que no le **(pasar)** nada.
5. Quiero saber cuándo **(llegar)** esta carta a Inglaterra.
6. No llama a la policía porque Luis ha prometido que no **(robar)** más.
7. Ahora yo te **(ir)** acompañar a casa.
8. No puedo comer tan temprano; pero **(ir)** beber algo.
9. Se preguntarán qué es lo que **(hacer)** ahora Ana.
10. Claro que mañana yo te la **(devolver)**.

richtig falsch

15. Setzen Sie die Verben in Klammern ins *futuro* oder ins *futuro perfecto*.

1. A las cuatro **(haber)** mucho tráfico.
2. ¿Qué **(hacer)** yo para merecer tanto honor?
3. Juan **(haber)** de tomar decisiones distintas.
4. No sé si **(haber)** nuevas oportunidades.
5. A día de hoy los votantes otomanos **(aumentar)** hasta un millón.
6. ¿Me **(resfriar)**? ¿**(Tener)** que llamar al doctor?
7. Hoy a las doce y media de la mañana, en el aula de cultura, **(haber)** una charla coloquio.
8. Las mesas redondas **(terminar)** cerca de las 13 horas y a continuación **(haber)** una comida con todas las asistentes.
9. Creo que su marido le **(exponer)** las razones que me obligan a romper con Juan Espies.
10. El Consejo de Ministros **(aprobar)** previsiblemente el próximo viernes la nueva ley.

richtig falsch

Die entsprechenden Lösungen befinden sich auf Seite 359 ff.

Das Passiv (la voz pasiva)

Im Passiv vollzieht sich ein Vorgang am Subjekt, d. h. das Subjekt des Satzes ist nicht selbst der Handelnde, sondern der „Leidende" (Leideform).
Im Aktiv (la voz activa) ist das Subjekt selbst der Handelnde, es führt eine Handlung selbst aus (Tätigkeits-, Tatform).

Das Passiv wird aus ser oder estar + participio gebildet, d. h. steht das Prädikat des Aktivsatzes zum Beispiel im presente, so steht ser bzw. estar im Passivsatz ebenfalls im presente und das participio des Vollverbs wird hinzugefügt.
Das direkte Objekt des Aktivsatzes wird zum Subjekt des Passivsatzes.
Der Urheber oder die Ursache der Handlung wird mit por angeschlossen. Urheber oder Ursache werden jedoch weggelassen, wenn er bzw. sie unbekannt oder irrelevant ist.

	Subjekt	Prädikat	Direktes Objekt
Aktiv	**El conserje**	**abre** (presente)	**la puerta.**
Passiv	**La puerta**	**es abierta** (es presente von ser, abierta part. von abrir	**por el conserje.**

Angleichung des participio

Das participio richtet sich in Geschlecht und Zahl nach seinem Bezugswort, d. h. bei einem männlichen Bezugswort im Singular endet das participio auf –o, bei einem männlichen Bezugswort im Plural, endet es auf –os.
Bei einem weiblichen Bezugswort im Singular endet das participio auf –a, bei einem weiblichen Bezugswort im Plural endet es auf –as.
Bei einem oder mehreren männlichen Bezugswörtern und einem oder mehreren weiblichen Bezugswörtern, endet das participio auf –os, selbst wenn nur ein männliches Bezugswort unter mehreren weiblichen ist.

	ein Bezugswort	mehrere Bezugswörter
männlich	Juan es invitado Juan está invitado	Juan y Miguel son invitados Juan y Miguel están invitados
weiblich	María es invitada María está invitada	María y Elena son invitadas María y Elena están invitadas
männlich und weiblich		Juan y María son invitados Juan y María están invitados

Das Spanische unterscheidet wie das Deutsche zwischen Zustandspassiv, das mit estar gebildet wird und Vorgangspassiv, das mit ser gebildet wird.

Zustandspassiv (pasiva con estar)

Das Zustandspassiv bezeichnet einen Zustand und wird im Spanischen mit dem Hilfsverb estar gebildet. Im Deutschen wird es mit dem Hilfsverb *sein* gebildet (sein-Passiv).

- Pepe **está invitado**.
  (Pepe **ist eingeladen**.)

Vorgangspassiv (pasiva con ser)

Das Vorgangspassiv bezeichnet einen Vorgang und wird im Spanischen mit dem Hilfsverb ser gebildet.
Im Deutschen wird es mit dem Hilfsverb *werden* gebildet (werden-Passiv).

- Pepe **es invitado** por María.
  (Pepe **wurde** von María **eingeladen**.)

Im Allgemeinen wird das Passiv im modernen Spanisch nicht so häufig verwendet. Vermieden werden kann das Passiv mit Hilfe der folgenden Möglichkeiten.

Aktiv (la voz activa)

Das Aktiv ist dem schwerfällig klingenden Passiv vorzuziehen.

- **El cliente compra el libro.**
  (El libro es comprado por el cliente.)

Aktiv mit unbestimmtem Subjekt (pasiva impersonal)

Aktivsätze mit estar + gerundio sind vor allem in der Umgangssprache ein beliebtes Stilmittel zur Vermeidung des Passivs. Dies gilt besonders dann, wenn der Urheber oder die Ursache einer Handlung unbekannt oder unwichtig ist oder wenn es sich beim Urheber der Handlung um eine Behörde oder sonstige öffentliche Institution handelt.

- Allí **están ensanchando** la carretera.
  (Da **wird** die Straße **verbreitert**.)
- **Están** siempre **subiendo** los impuestos.
  (Die Steuern **werden** immer **erhöht**.)

Reflexive Verbform (pasiva refleja)

Die reflexive Verbform wird vor allem dann eingesetzt, wenn der Urheber oder die Ursache einer Handlung unbekannt ist oder nicht genannt werden soll oder wenn das Subjekt eine Sache (Sachsubjekt) ist.
Im Deutschen wird dies oft durch einen Aktivsatz mit *man* ausgedrückt.

- Este libro **se vende** bien.
  (Dieses Buch **verkauft sich** gut.)
- Esto **se ve** raras veces.
  (Das **sieht man** nicht oft.)

Umwandlung aktiver Sätze ins Vorgangspassiv

Mod.	Zeit		Aktiv			
Ind.	Pres.	**El conserje** Der Hausmeister		**abre** öffnet	**la puerta.** die Tür.	
	Imperf.	**El conserje** Der Hausmeister		**abría** öffnete	**la puerta.** die Tür.	
	P. I.	**El conserje** Der Hausmeister		**abrió** öffnete	**la puerta.** die Tür.	
	P. P.	**El conserje** Der Hausmeister	**ha** hat	**abierto**	**la puerta.** die Tür	geöffnet.
	P. C.	**El conserje** Der Hausmeister	**había** hatte	**abierto**	**la puerta.** die Tür	geöffnet.
	P. A.	**El conserje** Der Hausmeister	**hubo** hatte	**abierto**	**la puerta.** die Tür	geöffnet.
	Fut.	**El conserje** Der Hausmeister	wird	**abrirá**	**la puerta.** die Tür	öffnen.
	F. P.	**El conserje** Der Hausmeister	**habrá** wird	**abierto**	**la puerta.** die Tür	geöffnet haben.
Con.	Pres.	**El conserje** Der Hausmeister	würde	**abriría**	**la puerta.** die Tür	öffnen.
	C. P.	**El conserje** Der Hausmeister	**habría** würde	**abierto**	**la puerta.** die Tür	geöffnet haben.
Sub.	Pres.	**El conserje** Der Hausmeister		**abra** öffne	**la puerta.** die Tür.	
	Imperf.	**El conserje** **El conserje** Der Hausmeister		**abriera** **abriese** öffnete	**la puerta.** **la puerta.** die Tür.	
	P. P.	**El conserje** Der Hausmeister	**haya** habe	**abierto**	**la puerta.** die Tür	geöffnet.
	P. C.	**El conserje** **El conserje** Der Hausmeister	**hubiera** **hubiese** hätte	**abierto** **abierto**	**la puerta.** **la puerta.** die Tür	geöffnet.

Vorgangspassiv

La puerta	**es**		**abierta**	**por el conserje.**	
Die Tür	wird			vom Hausmeister	geöffnet.
La puerta	**era**		**abierta**	**por el conserje.**	
Die Tür	wurde			vom Hausmeister	geöffnet.
La puerta	**fue**		**abierta**	**por el conserje.**	
Die Tür	wurde			vom Hausmeister	geöffnet.
La puerta	**ha**	**sido**	**abierta**	**por el conserje.**	
Die Tür	ist			vom Hausmeister	geöffnet worden.
La puerta	**había**	**sido**	**abierta**	**por el conserje.**	
Die Tür	war			vom Hausmeister	geöffnet worden.
La puerta	**hubo**	**sido**	**abierta**	**por el conserje.**	
Die Tür	war			vom Hausmeister	geöffnet worden.
La puerta	**será**		**abierta**	**por el conserje.**	
Die Tür	wird			vom Hausmeister	geöffnet werden.
La puerta	**habrá**	**sido**	**abierta**	**por el conserje.**	
Die Tür	wird			vom Hausmeister	geöffnet worden sein.
La puerta	**sería**		**abierta**	**por el conserje.**	
Die Tür	würde			vom Hausmeister	geöffnet werden.
La puerta	**habría**	**sido**	**abierta**	**por el conserje.**	
Die Tür	würde			vom Hausmeister	geöffnet worden sein.
La puerta	**sea**		**abierta**	**por el conserje.**	
Die Tür	werde			vom Hausmeister	geöffnet.
La puerta	**fuera**		**abierta**	**por el conserje.**	
La puerta	**fuese**		**abierta**	**por el conserje.**	
Die Tür	würde			vom Hausmeister	geöffnet.
La puerta	**haya**	**sido**	**abierta**	**por el conserje.**	
Die Tür	sei			vom Hausmeister	geöffnet worden.
La puerta	**hubiera**	**sido**	**abierta**	**por el conserje.**	
La puerta	**hubiese**	**sido**	**abierta**	**por el conserje.**	
Die Tür	wäre			vom Hausmeister	geöffnet worde

Umwandlung aktiver Sätze ins Zustandspassiv

Mod.	Zeit	Aktiv				
Ind.	Pres.	**El conserje** Der Hausmeister		**abre** öffnet	**la puerta.** die Tür.	
	Imperf.	**El conserje** Der Hausmeister		**abría** öffnete	**la puerta.** die Tür.	
	P. I.	**El conserje** Der Hausmeister		**abrió** öffnete	**la puerta.** die Tür.	
	P. P.	**El conserje** Der Hausmeister	**ha** hat	**abierto**	**la puerta.** die Tür	geöffnet.
	P. C.	**El conserje** Der Hausmeister	**había** hatte	**abierto**	**la puerta.** die Tür	geöffnet.
	P. A.	**El conserje** Der Hausmeister	**hubo** hatte	**abierto**	**la puerta.** die Tür	geöffnet.
	Fut.	**El conserje** Der Hausmeister	wird	**abrirá**	**la puerta.** die Tür	öffnen.
	F. P.	**El conserje** Der Hausmeister	**habrá** wird	**abierto**	**la puerta.** die Tür	geöffnet haben.
Con.	Pres.	**El conserje** Der Hausmeister	würde	**abriría**	**la puerta.** die Tür	öffnen.
	C. P.	**El conserje** Der Hausmeister	**habría** würde	**abierto**	**la puerta.** die Tür	geöffnet haben.
Sub.	Pres.	**El conserje** Der Hausmeister		**abra** öffne	**la puerta.** die Tür.	
	Imperf.	**El conserje** **El conserje** Der Hausmeister		**abriera** **abriese** öffnete	**la puerta.** **la puerta.** die Tür.	
	P. P.	**El conserje** Der Hausmeister	**haya** habe	**abierto**	**la puerta.** die Tür	geöffnet.
	P. C.	**El conserje** **El conserje** Der Hausmeister	**hubiera** **hubiese** hätte	**abierto** **abierto**	**la puerta.** **la puerta.** die Tür	geöffnet.

Zustandspassiv

La puerta	**está**		**abierta.**	
Die Tür	ist		geöffnet.	
La puerta	**estaba**		**abierta.**	
Die Tür	war		geöffnet.	
La puerta	**estuvo**		**abierta.**	
Die Tür	war		geöffnet.	
La puerta	**ha**	**estado**	**abierta.**	
Die Tür	ist		geöffnet	gewesen.
La puerta	**había**	**estado**	**abierta.**	
Die Tür	war		geöffnet	gewesen.
La puerta	**hubo**	**estado**	**abierta.**	
Die Tür	war		geöffnet	gewesen.
La puerta	**estará**		**abierta.**	
Die Tür	wird		geöffnet	sein.
La puerta	**habrá**	**estado**	**abierta.**	
Die Tür	wird		geöffnet	gewesen sein.
La puerta	**estaría**		**abierta.**	
Die Tür	würde		geöffnet	sein.
La puerta	**habría**	**estado**	**abierta.**	
Die Tür	würde		geöffnet	gewesen sein.
La puerta	**esté**		**abierta.**	
Die Tür	sei		geöffnet.	
La puerta	**estuviera**		**abierta.**	
La puerta	**estuviese**		**abierta.**	
Die Tür	wäre		geöffnet.	
La puerta	**haya**	**estado**	**abierta.**	
Die Tür	sei		geöffnet	gewesen.
La puerta	**hubiera**	**estado**	**abierta.**	
La puerta	**hubiese**	**estado**	**abierta.**	
Die Tür	wäre		geöffnet	gewesen.

Die Konjugation passiver Formen

Mod.	Zeit	1. Person Singular	2. Person Singular	3. Person Singular
Ind.	Pres.	soy amado/a estoy amado/a	eres amado/a estás amado/a	es amado/a está amado/a
	Imper.	era amado/a estaba amado/a	eras amado/a estabas amado/a	era amado/a estaba amado/a
	P. I.	fui amado/a estuve amado/a	fuiste amado/a estuviste amado/a	fue amado/a estuvo amado/a
	P. P.	*he* sido amado/a *he* estado amado/a	*has* sido amado/a *has* estado amado/a	*ha* sido amado/a *ha* estado amado/a
	P. C.	*había* sido amado/a *había* estado amado/a	*habías* sido amado/a *habías* estado amado/a	*había* sido amado/a *había* estado amado/a
	P. A.	*hube* sido amado/a *hube* estado amado/a	*hubiste* sido amado/a *hubiste* estado amado/a	*hubo* sido amado/a *hubo* estado amado/a
	Fut.	seré amado/a estaré amado/a	serás amado/a estarás amado/a	será amado/a estará amado/a
	F. P.	*habré* sido amado/a *habré* estado amado/a	*habrás* sido amado/a *habrás* estado amado/a	*habrá* sido amado/a *habrá* estado amado/a
Con.	Con.	sería amado/a estaría amado/a	serías amado/a estarías amado/a	sería amado/a estaría amado/a
	C. P.	*habría* sido amado/a *habría* estado amado/a	*habrías* sido amado/a *habrías* estado amado/a	*habría* sido amado/a *habría* estado amado/a
Sub.	Pres.	sea amado/a esté amado/a	seas amado/a estés amado/a	sea amado/a esté amado/a
	Imper.	fuera amado/a fuese amado/a estuviera amado/a estuviese amado/a	fueras amado/a fueses amado/a estuvieras amado/a estuvieses amado/a	fuera amado/a fuese amado/a estuviera amado/a estuviese amado/a
	P. P.	*haya* sido amado/a *haya* estado amado/a	*hayas* sido amado/a *hayas* estado amado/a	*haya* sido amado/a *haya* estado amado/a
	P. C.	*hubiera* sido amado/a *hubiese* sido amado/a *hubiera* estado amado/a *hubiese* estado amado/a	*hubieras* sido amado/a *hubieses* sido amado/a *hubieras* estado amado/a *hubieses* estado amado/a	*hubiera* sido amado/a *hubiese* sido amado/a *hubiera* estado amado/a *hubiese* estado amado/a
	Fut.	fuere amado/a estuviere amado/a	fueres amado/a estuvieres amado/a	fuere amado/a estuviere amado/a
	F. P.	*hubiere* sido amado/a *hubiere* estado amado/a	*hubieres* sido amado/a *hubieres* estado amado/a	*hubiere* sido amado/a *hubiere* estado amado/a
Imp.	afirm.	- -	sé amado/a está amado/a	sea amado/a esté amado/a
	negat.	- -	no seas amado/a no estés amado/a	no sea amado/a no esté amado/a
Inf.	Pres.	ser amado/a estar amado/a		
	Perf.	*haber* sido amado/a *haber* estado amado/a		
Ger.	Pres.	siendo amado/a estando amado/a		
	Perf.	*habiendo* sido amado/a *habiendo* estado amado/a		

	1. Person Plural			2. Person Plural			3. Person Plural	
	somos	amados/as		sois	amados/as		son	amados/as
	estamos	amados/as		estáis	amados/as		están	amados/as
	éramos	amados/as		erais	amados/as		eran	amados/as
	estábamos	amados/as		estabais	amados/as		estaban	amados/as
	fuimos	amados/as		fuisteis	amados/as		fueron	amados/as
	estuvimos	amados/as		estuvisteis	amados/as		estuvieron	amados/as
hemos	sido	amados/as	*habéis*	sido	amados/as	*han*	sido	amados/as
hemos	estado	amados/as	*habéis*	estado	amados/as	*han*	estado	amados/as
habíamos	sido	amados/as	*habíais*	sido	amados/as	*habían*	sido	amados/as
habíamos	estado	amados/as	*habíais*	estado	amados/as	*habían*	estado	amados/as
hubimos	sido	amados/as	*hubisteis*	sido	amados/as	*hubieron*	sido	amados/as
hubimos	estado	amados/as	*hubisteis*	estado	amados/as	*hubieron*	estado	amados/as
	seremos	amados/as		seréis	amados/as		serán	amados/as
	estaremos	amados/as		estaréis	amados/as		estarán	amados/as
habremos	sido	amados/as	*habréis*	sido	amados/as	*habrán*	sido	amados/as
habremos	estado	amados/as	*habréis*	estado	amados/as	*habrán*	estado	amados/as
	seríamos	amados/as		seríais	amados/as		serían	amados/as
	estaríamos	amados/as		estaríais	amados/as		estarían	amados/as
habríamos	sido	amados/as	*habríais*	sido	amados/as	*habrían*	sido	amados/as
habríamos	estado	amados/as	*habríais*	estado	amados/as	*habrían*	estado	amados/as
	seamos	amados/as		seáis	amados/as		sean	amados/as
	estemos	amados/as		estéis	amados/as		estén	amados/as
	fuéramos	amados/as		fuerais	amados/as		fueran	amados/as
	fuésemos	amados/as		fueseis	amados/as		fuesen	amados/as
	estuviéramos	amados/as		estuvierais	amados/as		estuvieran	amados/as
	estuviésemos	amados/as		estuvieseis	amados/as		estuviesen	amados/as
hayamos	sido	amados/as	*hayáis*	sido	amados/as	*hayan*	sido	amados/as
hayamos	estado	amados/as	*hayáis*	estado	amados/as	*hayan*	estado	amados/as
hubiéramos	sido	amados/as	*hubierais*	sido	amados/as	*hubieran*	sido	amados/as
hubiésemos	sido	amados/as	*hubieseis*	sido	amados/as	*hubiesen*	sido	amados/as
hubiéramos	estado	amados/as	*hubierais*	estado	amados/as	*hubieran*	estado	amados/as
hubiésemos	estado	amados/as	*hubieseis*	estado	amados/as	*hubiesen*	estado	amados/as
	fuéremos	amados/as		fuereis	amados/as		fueren	amados/as
	estuviéremos	amados/as		estuviereis	amados/as		estuvieren	amados/as
hubiéremos	sido	amados/as	*hubiereis*	sido	amados/as	*hubieren*	sido	amados/as
hubiéremos	estado	amados/as	*hubiereis*	estado	amados/as	*hubieren*	estado	amados/as
	seamos	amados/as		sed	amados/as		sean	amados/as
	estemos	amados/as		estad	amados/as		estén	amados/as
no	seamos	amados/as	no	seáis	amados/as	no	sean	amados/as
no	estemos	amados/as	no	estéis	amados/as	no	estén	amados/as

Endung -o bei einem männlichen Bezugswort, Endung -a bei einem weiblichen Bezugswort, Endung -os bei männlichen bzw. männlichen und weiblichen Bezugswörtern, Endung -as bei weiblichen Bezugwörtern

Übungen zum Passiv

1. Setzen Sie die Verben in Klammern ins Passiv im presente. Verwenden Sie ser oder estar.

1. Cada DVD **(editar)** en castellano.
2. El agua **(captar)** directamente del mar por una toma.
3. El almidón tiene aplicaciones industriales y también **(utilizar)** para la fabricación de papel y cartón.
4. El arroz, que una vez digerido **(transformar)** por el organismo en vitamina A.
5. El ex-alcalde Julián Muñoz **(imputar)** por los supuestos delitos de malversación de caudales públicos.
6. Esta idea **(corroborar)** por un estudio realizado en Australia, Nueva Zelanda, Sudáfrica, Suecia y Reino Unido.
7. Juan **(nombrar)** miembro de la Real Academia Española.
8. La mayoría de los niños **(vacunar)** de sarampión.
9. Las reservas **(agotar)** desde hace meses.
10. Todos los modelos **(pintar)** a mano.

richtig falsch

2. Setzen Sie die Verben in Klammern ins Passiv im imperfecto. Verwenden Sie ser oder estar.

1. La puerta **(cerrar)** con llave.
2. El auditorio que escuchaba al presidente **(formar)** por diputados de su partido.
3. El primer Rolls-Royce **(propulsar)** por un motor bicilíndrico de 1.995 centímetros cúbicos.
4. El rey **(flanquear)** por todos los presidentes de los grupos parlamentarios.
5. En la antigüedad estos pájaros **(considerar)** aves de mal agüero.
6. Juan sabía que **(engañar)** y sufría profundamente.

7. La casa de la condesa **(adornar)** con retratos y antiguas porcelanas.

8. La exposición **(presentar)** ayer por el director del Prado.

9. La torre de agua romana de la época augusta **(situar)** en la zona norte del Foro romano.

10. Las paredes **(cubrir)** de telas oscuras y el gran salón **(iluminar)** por numerosas bujías.

richtig falsch

3. Setzen Sie die Verben in Klammern ins Passiv im pretérito indefinido. Verwenden Sie ser oder estar.

1. Hace más de 80 años, los huevos imperiales de Fabergé **(dispersar)** a través del mundo.

2. Allí **(detenir)** 29 personas, mientras que otras 9 **(arrestar)** en otras operaciones.

3. Una vez que el informe **(terminar)**, Esteban Valesquez se levantó.

4. Ayer, una joven de 30 años **(trasladar)** a la clínica después de que su ciclomotor chocara con un turismo en la avenida de Gómez Laguna.

5. Don Álvarez, de 63 años, **(ingresar)** el pasado fin de semana por problemas cardíacos.

6. Durante la guerra, yo **(entregar)** en acogida a una familia muy rica de Barcelona.

7. El espectáculo **(acompañar)** de música, danza y monólogos de humor.

8. El Gobierno del ex-primer ministro británico **(marcar)** por algunos escándalos amorosos.

9. El hallazgo **(dar)** a conocer el lunes por el profesor Eduard Escrich.

10. El informe, que **(presentar)** esta semana por el rey Juan Carlos en Madrid, pone de manifiesto la gran dificultad de España para converger con Europa.

richtig falsch

4. Setzen Sie die Verben in Klammern ins Passiv im pretérito perfecto. Verwenden Sie ser oder estar.

1. Jesús Gámez (afectar) por el virus gastrointestinal.

2. El grupo (presidir) por dos intelectuales de gran prestigio.

3. El Monasterio de Santa María de Villaverde es propiedad de la Junta de Castilla y León y (abandonar) durante muchos años.

4. Todos los partidos (invitar).

5. La carne proviene de terneras que no (encerrar) en los establos sino al aire libre.

richtig falsch

5. Setzen Sie die Verben in Klammern ins Passiv im futuro oder, wo angegeben, im condicional. Verwenden Sie ser oder estar.

1. A partir del verano (elaborar) la nueva ley.

2. A partir de entonces el medicamento (consultar) (condicional) por miles de hombres que padecían problemas respiratorios.

3. El informe tiene 500 páginas y (presentar) el próximo lunes.

4. El palacio indicó ayer que Su Majestad la Reina Sofía de España (representar) (condicional) por Su Alteza Real el Príncipe Felipe.

5. El segundo robot-explorador (lanzar) el 25 de junio y su llegada se espera el 25 de enero.

6. La futura autovía (diseñar) para una velocidad de 120 km/h.

7. La mayor parte de los accidentes (provocar) por circular a una velocidad excesiva.

8. La momia (exhibir) un mes y medio en el Museo de El Cairo, antes de ser trasladada a Luxor.

9. La nieve (garantizar) gracias a la existencia de 3.372 cañones con capacidad para innivar algo más de 243.000 metros cuadrados.

10. Todo Marte (iluminar) por el Sol.

richtig falsch

6. Setzen Sie die Verben in Klammern ins Passiv im subjuntivo presente. Verwenden Sie ser oder estar.

1. La única esperanza que nos queda es que los republicanos (derrotar) en las próximas elecciones.

2. A mí me gusta que todos los jugadores **(motivar)** hasta el último momento.

3. Echarás esta carta al correo para que mañana **(llevar)** a Ana Álvarez.

4. Muy pocos pueden distinguir entre un pescado fresco y otro congelado cuando **(preparar)** por unas buenas manos.

5. La hamaca permite que el bebé **(recostar)** siempre allí donde vosotros estéis.

6. Los controles preventivos policiales han propiciado que en el último fin de semana **(retirar)** de las calles 19 vehículos por alcoholemia positiva.

7. Los que **(sancionar)** por no llevar puesto el cinturón de seguridad tendrán dos puntos menos.

8. Se trata del segundo homicidio registrado, después de que hace tres semanas un joven **(asesinar)** (subjuntivo imperfecto) en el barrio de Virgen del Remedio.

9. Su cara recuperó esa expresión insondable, como si **(cargar)** (subjuntivo imperfecto) de secretos.

10. Si alguna vez este hombre **(castigar)** (subjuntivo imperfecto) por su falsedad, vosotros podréis decir cómo yo no quiero ayudarle y cómo os he dicho todo esto aquí.

richtig falsch

7. Setzen Sie die Verben in Klammern ins Passiv im infinitivo oder gerundio, wo angegeben. Verwenden Sie ser oder estar.

1. Yo quería **(tomar)** en serio.
2. El archivo pueda **(consultar)** por los diferentes departamentos.
3. El documento podría **(redactar)** por un sacerdote.
4. El hombre sufrió una crisis nerviosa por la que tuvo que **(ingresar)** en el Hospital Psiquiátrico de Alicante.
5. El joven fallecía en la ambulancia antes de **(trasladar)** a un centro hospitalario.
6. Él quiere **(rodear)** de gente que le ponga los pies en la tierra.

7. La primera ofrenda funeraria conocida de la historia de la humanidad puede (observar) en la exposición.

8. El presidente acaba (criticar) (gerundio) desde todos los lados.

9. En una sociedad en la que la mujer está totalmente integrada en el mundo laboral, el cuidado de los pequeños suele (destinar) tradicionalmente a los abuelos.

10. Juan González, que tuvo que (ayudar) a abandonar el terreno de juego, será sometido hoy por los servicios médicos a un reconocimiento.

richtig falsch

8. Setzen Sie die folgenden Sätze ins Passiv. Verwenden Sie ser oder estar.

1. El Partido Demócrata apoya la petición.

2. La gente llama a São Paulo la ciudad de los mil pueblos.

3. Ellos anulan sólo un 4 por ciento de las sentencias tras recurso de apelación.

4. La gente considera a Leonardo da Vinci uno de los personajes más populares de todos los tiempos.

5. Ellos valoran el contrato en unos 3.100 millones de euros.

6. Ellos equipan el Queen Mary 2, el barco de crucero más grande del mundo, con motores de 140.000 caballos.

7. Una sola persona ocupaba los coches.

8. Sus amigos estimaron a Mercedes por su buen carácter y su amabilidad.

9. Ellos ingresaron al herido en la UCI del hospital Clínico.

10. El presidente, en la legislatura pasada, presentó la ley.

richtig falsch

9. Setzen Sie die folgenden Sätze ins Aktiv.

1. El presidente es acusado de crímenes contra la humanidad.

2. Los ministros de Asuntos Exteriores son interrogados por los miembros investigadores.

3. La acción está organizada por la Fundació FC Barcelona, Médicos Sin Fronteras, Televisió de Catalunya y SPORT.
4. Toda la información estaba encerrada en un pequeño bote de seis centímetros de ancho y cinco de altura.
5. Los otros dos miembros del grupo fueron arrestados en Cádiz, donde residían habitualmente.
6. El rey es admirado hasta hoy día por todos los españoles.
7. El proceso es discutido por los jueces en la corte.
8. La noticia es difundida por los medios de comunicación internacionales.
9. El nuevo museo es visitado por numerosas personas.
10. El informe de la comisión disciplinaria será presentado al ejecutivo del COI.

richtig falsch

Die entsprechenden Lösungen befinden sich auf Seite 360 ff.

Die indirekte Rede (el estilo indirecto)

In der indirekten Rede werden Aussagen einer Person A durch eine Person B an eine dritte Person C weitergegeben.

In der indirekten Rede sind, neben der unten aufgeführten Veränderung der Zeiten, noch folgende Veränderungen bei Pronomen, Adverbien etc. vorzunehmen.

	Direkte Rede	Indirekte Rede
Einleitung	Die direkte Rede wird durch Doppelpunkt eingeleitet und in Anführungszeichen gesetzt.	Die indirekte Rede wird nicht durch Doppelpunkt und Anführungszeichen gekennzeichnet. Sie wird durch ein Verb des Sagens, Denkens (decir, informar etc.) und nachfolgendes que eingeleitet. Que darf nicht weggelassen werden oder durch Komma vom einleitenden Satz abgetrennt werden.
! kein Komma vor que	▪ Dice: «Yo me voy.» ▪ Dice: «He escrito una carta.»	▪ **Dice que** se va. ▪ **Dice que** ha escrito una carta.
Personanangaben	Die Änderung von Personenangaben ist davon abhängig, wer eine Aussage an wen weitergibt. Im Allgemeinen werden Personenangaben wie in nebenstehender Spalte aufgeführt, geändert. Den Sprecher betreffende, den Angesprochenen betreffende, eine 3. Person betreffende Angaben.	Die in nebenstehender Spalte aufgeführten Personenangaben ändern sich zumeist wie folgt. 1. Person (der Sprecher gibt seine eigenen Worte wieder) 2. Person, 3. Person.
	▪ Digo: «**(Yo)** la encontraba en la iglesia.» ▪ Dice: «**(Tú)** tienes que guardar cama.» ▪ Dice: «**(Ella)** quiere encontrarle en la estación.»	▪ Dije que **(yo)** la encontraba en la iglesia. ▪ Dijo que **(tú)** tenías que guardar cama. ▪ Dijo que **(ella)** quería encontrarle en la estación.
Zeit- und Ortsangaben	Die folgenden Zeit- und Ortsangaben ändern sich wie in nebenstehender Spalte aufgeführt. ▪ hoy ▪ ayer ▪ anteayer ▪ mañana	Die in nebenstehender Spalte aufgeführten Zeit- und Ortsangaben ändern sich wie folgt. Zeitangaben, die am gleichen Tag wiedergegeben werden, bleiben unverändert. ▪ aquel día ▪ el día anterior ▪ dos días antes ▪ el día siguiente

Direkte Rede	Indirekte Rede	
▪ pasado mañana ▪ el año/mes etc. que viene ▪ el próximo año/mes etc. ▪ el año/mes etc. pasado ▪ ahora ▪ aquí	▪ dos días después ▪ el año/mes etc. siguiente ▪ el año/mes etc. siguiente ▪ el año/mes etc. anterior ▪ entonces ▪ allí	
▪ Dice: «Me voy **mañana** a Madrid.»	▪ Dijo que se iba **el día siguiente** a Madrid.	
Fragesätze in der direkten Rede (direkte Fragesätze) werden zwischen Fragezeichen gesetzt.	Fragesätze in der indirekten Rede (indirekte Fragesätze) werden mit Punkt abgeschlossen und mit einem Verb wie preguntar etc. eingeleitet.	Fragesätze
▪ Dice: «**¿**Has terminado tu trabajo**?**»	▪ **Pregunta** si he terminado mi trabajo**.**	
	In indirekten Fragesätzen mit Fragewort wird das Fragewort wiederholt.	Fragen mit Fragewort
▪ Dice: «**¿A quién** has encontrado en la estación?»	▪ Pregunta **a quién** he encontrado en la estación.	
	Entscheidungsfragen, sie werden nicht durch ein Fragewort eingeleitet, sondern erwarten eine Ja-/Nein-Antwort, werden in der indirekten Rede mit si eingeleitet.	Fragen ohne Fragewort
▪ Dice: «¿Has terminado tu trabajo?»	▪ Pregunta **si** he terminado mi trabajo.	
	Befehle und Aufforderungen werden in indirekter Rede durch Punkt abgeschlossen, durch Verben wie ordenar, pedir, recomendar etc. eingeleitet und das Verb steht im subjuntivo presente.	Befehle, Aufforderungen
▪ «**Lee** este libro.» ▪ «**Déjame** en paz.»	▪ Te ordenó que **leas** este libro. ▪ Pidió que la **dejes** en paz.	

Die Zeitenfolge in der indirekten Rede

keine Änderung der Zeit bei Einleitungssätzen in der Gegenwart

Bei der Umwandlung der direkten Rede in die indirekte Rede ändert sich ihre Zeit nur, wenn der Einführungssatz in einer Zeit der Vergangenheit (imperfecto, pretérito indefinido, pluscuamperfecto) steht. Steht der Einführungssatz in einer Zeit der Gegenwart (presente, futuro, condicional), wird in der indirekten Rede dieselbe Zeit verwendet wie in der direkten Rede.

Im Gegensatz zum Spanischen, wo der Modus keine Rolle spielt, kann im Deutschen sowohl der Indikativ als auch der Konjunktiv stehen.
Der Indikativ kann stehen, wenn die indirekte Rede mit *dass* eingeleitet wird. Er wird meist in der Umgangssprache verwendet.
Der Konjunktiv kann grundsätzlich immer verwendet werden, er muss jedoch stehen, wenn die einleitende Konjunktion *dass* fehlt. Er ist der Modus der gehobenen und geschriebenen Sprache.

In der indirekten Rede können im Deutschen immer Konjunktiv I und II verwendet werden. Normalerweise wird der Konjunktiv I verwendet.
Der Konjunktiv II wird eigentlich nur verwendet, wenn Konjunktiv I und Indikativ dieselbe Form haben und somit eine Unterscheidung nicht möglich ist.
Auch bei der Verwendung des Indikativs kann die Zeit der direkten Rede in der indirekten Rede beibehalten werden.

Außer der Verwendung von Indikativ, Konjunktiv I und Konjunktiv II besteht die Möglichkeit der Umschreibung mit der so genannten *würde-Form*. Diese Form wird häufig in der Umgangssprache verwendet und in der geschriebenen und gehobenen Sprache, wenn der Konjunktiv ungebräuchlich ist oder geziert klingen würde (z. B. beföhle, befähle).

Zu jedem Beispielsatz ist in der folgenden Tabelle die entsprechende deutsche Übersetzung gegeben, wobei in der jeweils 1. Zeile die Übersetzung mit dem Indikativ, in der jeweils 2. Zeile die Übersetzung mit dem Konjunktiv I, in der jeweils 3. Zeile die Übersetzung mit dem Konjunktiv II und in der jeweils 4. Zeile die Übersetzung mit der würde-Form gegeben ist. Bei Abweichungen ist der Modus in Klammern angegeben.

Direkte Rede	Einführung in der Vergangenheit	Indirekte Rede
Presente		**Imperfecto**
«**Compro** un libro.» „Ich **kaufe** ein Buch.“	Dijo que Er sagte, Er sagte, Er sagte, Er sagte,	**compraba** un libro. dass er ein Buch **kauft.** er **kaufe** ein Buch. er **kaufte** ein Buch. er **würde** ein Buch **kaufen**.
Imperfecto		**Imperfecto**
«**Compraba** un libro.» „Ich **kaufte** ein Buch.“	Dijo que Er sagte, Er sagte, Er sagte,	**compraba** un libro. dass er ein Buch **kaufte.** er **habe** ein Buch **gekauft.** er **hätte** ein Buch **gekauft.**
Pretérito Indefinido		**Pluscuamperfecto**
«**Compré** un libro.» „Ich **kaufte** ein Buch.“	Dijo que Er sagte, Er sagte, Er sagte,	**había comprado** un libro. dass er ein Buch **kaufte**. er **habe** ein Buch **gekauft**. er **hätte** ein Buch **gekauft**.
Pretérito Perfecto		**Pluscuamperfecto**
«**He comprado** un libro.» „Ich **habe** ein Buch **gekauft**.“	Dijo que Er sagte, Er sagte, Er sagte,	**había comprado** un libro. dass er ein Buch **gekauft hat**. er **habe** ein Buch **gekauft**. er **hätte** ein Buch **gekauft**.
Pluscuamperfecto		**Pluscuamperfecto**
«**Había comprado** un libro.» „Ich **hatte** ein Buch **gekauft**.“	Dijo que Er sagte, Er sagte, Er sagte,	**había comprado** un libro. dass er ein Buch **gekauft hatte**. er **habe** ein Buch **gekauft**. er **hätte** ein Buch **gekauft**.
Pretérito Anterior		**Pretérito Anterior**
«**Hube comprado** un libro.» „Ich **hatte** ein Buch **gekauft**.“	Dijo que Er sagte, Er sagte, Er sagte,	**hubo comprado** un libro. dass er ein Buch **gekauft hatte**. er **habe** ein Buch **gekauft**. er **hätte** ein Buch **gekauft**.
Futuro		**Condicional**
«**Compraré** un libro.» „Ich **werde** ein Buch **kaufen.**“	Dijo que Er sagte, Er sagte, Er sagte,	**compraría** un libro. dass er ein Buch **kaufen wird.** er **werde** ein Buch **kaufen.** er **würde** ein Buch **kaufen.**
Futuro Perfecto		**Condicional Perfecto**
«**Habré comprado** un libro.» „Ich **werde** ein Buch **gekauft haben**.“	Dijo que Er sagte, Er sagte, Er sagte,	**habría comprado** un libro. dass er ein Buch **gekauft haben wird**. er **werde** ein Buch **gekauft haben**. er **würde** ein Buch **gekauft haben**.

Direkte Rede		Indirekte Rede
Condicional		**Condicional**
«**Compraría** un libro.» „Ich **würde** ein Buch **kaufen**."	Dijo que Er sagte, Er sagte,	**compraría** un libro. dass er ein Buch **kaufen würde**. er **würde** ein Buch **kaufe**
Condicional Perfecto		**Condicional Perfecto**
«**Habría comprado** un libro.» „Ich **würde** ein Buch **gekauft haben**."	Dijo que Er sagte, Er sagte,	**habría comprado** un libro. dass er ein Buch **gekauft haben würde**. er **würde** ein Buch **gekauft habe.**
Subjuntivo Presente		**Subjuntivo Imperfecto**
«**Compre** un libro.» „Er **kaufe** ein Buch."	Dijo que Er sagte,	**comprara, comprase** un libro. er **kaufe** ein Buch.
Subjuntivo Imperfecto		**Subjuntivo Imperfecto**
«**Comprara/comprase** un libro.» „Er **kaufte** ein Buch."	Dijo que Er sagte, Er sagte,	**comprara/comprase** un libro. er **habe** ein Buch **gekauft.** er **hätte** ein Buch **gekauft**.
Pretérito Perfecto de Subjuntivo		**Pluscuamperfecto de Subjuntivo**
«**Haya comprado** un libro.» „Er **habe** ein Buch **gekauft**."	Dijo que Er sagte, Er sagte,	**hubiera/hubiese** comprado un libro. er **habe** ein Buch **gekauft**. er **hätte** ein Buch **gekauft**.
Pluscuamperfecto de Subjuntivo		**Pluscuamperfecto de Subjuntivo**
«**Hubiera comprado** un libro.» «**Hubiese comprado** un libro.» „Er **hätte** ein Buch **gekauft**."	Dijo que Dijo que Er sagte, Er sagte,	**hubiera comprado** un libro. **hubiese comprado** un libro. er **habe** ein Buch **gekauft**. er **hätte** ein Buch **gekauft**.
Imperativo (afirmativo)		**Subjuntivo Presente**
«**Compra** el libro.» „**Kauf** das Buch!"	Dijo que Er sagte, Er sagte, Er sagte,	**compre** el libro. ich **möge/möchte** ein Buch **kaufen** (Bitte) ich **solle/sollte** ein Buch **kaufen** (Aufforderung) ich **hätte** ein Buch **zu kaufen** (Befehl)
Imperativo (negativo)		**Subjuntivo Presente**
«**No compres** el libro.» „**Kauf** das Buch **nicht!**"	Dijo que Er sagte, Er sagte, Er sagte,	no **compre** el libro. ich **möge/möchte** das Buch **nicht kaufen** (Bitte) ich **solle/sollte** dasBuch **nicht kaufen** (Aufforderung) ich **hätte** das Buch **nicht zu kaufen** (Befehl)

Übungen zur indirekten Rede

1. Setzen Sie die fett gedruckten Verben im presente in die richtige Zeit in der indirekten Rede.

1. «**Estoy** enojada con Paco porque él **es** una persona muy impuntual.»
   Dijo que ... enojada con Paco porque él ... una persona muy impuntual.

2. «Juan solo me **visita** cuando **tiene** algún problema y **necesita** mi ayuda, de lo contrario nunca lo **veo.**»
   Dijo que Juan solo lo ... cuando él ... algún problema y ... su ayuda, de lo contrario nunca lo ....

3. «**Tengo** que estudiar para el examen.»
   Dijo que ... que estudiar para el examen.

4. «No **puedo** ir al concierto porque **tengo** fiebre.»
   Dijo que no ... ir al concierto porque ... fiebre.

5. «**Hace** tres meses que **vivo** en Alemania pero **vengo** con frecuencia a España.»
   Dijo que ... tres meses que ... en Alemania pero que ... con frecuencia a España.

6. «**Quiero** irme a Bogotá a hacer una práctica.»
   Dijo que ... irse a Bogotá a hacer una práctica.

7. «Desde hace dos meses no **veo** a mis padres porque ellos **están** en Bueno Aires.»
   Dijo que no ... a sus padres desde hace dos meses porque ellos ... en Buenos Aires.

8. «No **conduzco** porque me **pongo** muy nerviosa.»
   Contó que no ... porque se ... muy nerviosa.

9. «Este año **celebro** mi cumpleaños en el restaurante mexicano.»
   Dijo que este año ... su cumpleaños en el restaurante mexicano.

10. «Si no **encuentro** una casa más grande me **quedo** más tiempo en la casa actual.»
    Me contó que si no ... una casa más grande se ... más tiempo en la casa actual.

richtig falsch

2. Setzen Sie die fett gedruckten Verben im imperfecto in die richtige Zeit in der indirekten Rede.

1. «**Estaba** muy nervioso en la conferencia.»
   Dijo que ... muy nervioso en la conferencia.

2. «**Estaba** muy insatisfecho con mi trabajo porque **ganaba** muy poco.»
   Dijo que ... muy insatisfecho con su trabajo porque ... muy poco.

3. «**Estaba** muy preocupado con la larga ausencia de Antonio.»
   Dijo que ... muy preocupado con la larga ausencia de Antonio.

4. «No **sabía** nada de esa situación.»
   Afirmó que no ... nada de esa situación.

5. «Me **sentía** muy sola.»
   Dijo que se ... muy sola.

6. «Yo **leía** cada semana un libro.»
   Dijo que él ... cada semana un libro.

7. «**Empezaba** a trabajar a las ocho de la mañana.»
   Dijo que ... a trabajar a las ocho de la mañana.

8. «Patricia **bailaba** salsa y merengue tan bien como una latina.»
   Afirmó que Patricia ... salsa y merengue tan bien como una latina.

9. «Todos los fines de semana **comía** en un restaurante chino.»
   Dijo que todos los fines de semana ... en un restaurante chino.

10. «Sólo **compraba** productos alimenticios y de belleza naturales.»
    Ana dijo que sólo ... productos alimenticios y de belleza naturales.

richtig falsch

3. Setzen Sie die fett gedruckten Verben im pretérito indefinido in die richtige Zeit in der indirekten Rede.

1. «**Viví** tres años en Colombia.»
   Dijo que ... tres años en Colombia.

2. «**Busqué** a mi nieto por toda la ciudad.»
   Dijo que ... a su nieto por toda la ciudad.

3. «Un hombre me **robó** cuando estaba en la estación central.»
   Patricia me contó que un hombre le ... cuando estaba en la estación central.

4. «Me **fui** de Alemania porque allá no **encontré** trabajo.»
   Se ... de Alemania porque allá no ... trabajo.

5. «Juan me **escribió** durante tres años y después de ese tiempo nunca **volví** a saber nada de él.»
Me dijo que Juan le ... durante tres años y después de ese tiempo nunca ... a saber nada de él.

6. **«Trabajé** para una multinacional en Madrid.»
Dijo que ... para una multinacional en Madrid.

7. **«Estuve** hospitalizada durante tres semanas.»
Me contó que ... hospitalizada durante tres semanas.

8. **«Asistí** al congreso internacional de medicina.»
Dijo que ...al congreso internacional de medicina.

9. «Me **divertí** mucho en la fiesta de Pablo.»
Me contó que se ... mucho en la fiesta de Pablo.

10. «Cuando **iba** al trabajo, me **encontré** con Ana.»
Dijo que cuando ... al trabajo se ... con Ana.

richtig falsch

4. Setzen Sie die fett gedruckten Verben im pretérito perfecto in die richtige Zeit in der indirekten Rede.

1. «No **he ido** a la reunión porque estaba enferma.»
Dijo que no ... a la reunión porque estaba enferma.

2. «Estos dos años **han sido** los mejores de mi vida.»
Dijo que estos dos años ... los mejores de su vida.

3. «En todo el día no **he comido** nada.»
Dijo que en todo el día no ... nada.

4. El alcalde dijo: «Me **he reunido** con los demás alcaldes y **hemos tomado** decisiones importantes.»
El alcalde dijo que se ... con los demás alcaldes y ... decisiones importantes.

5. «Anoche me **he acostado** muy tarde.»
Anoche se ... muy tarde.

6. **«He trabajado** treinta años con la misma compañía.»
Dijo que ... treinta años con la misma compañía.

7. El policía dice: **«Hemos capturado** al delincuente y a dos de sus colaboradores.»
El policía ha comentado que ... al delincuente y a dos de sus colaboradores.

8. «**Hemos decidido** cancelar todas las entrevistas planeadas para la tarde.»
Dijo que ellos ... cancelar todas las entrevistas planeadas para la tarde.

9. «**He esperado** una hora.»
Dijo que ... una hora.

10. «El arquitecto dice: «**Hemos finalizado** las obras en la fecha prevista.»
El arquitecto dijo que ellos ... las obras en la fecha prevista.

richtig falsch

5. Setzen Sie die fett gedruckten Verben im pluscuamperfecto in die richtige Zeit in der indirekten Rede.

1. «No **había tenido** tiempo de visitarte.»
Dijo que no ... tiempo de visitarte.

2. «**Había vivido** en Madrid muchos años.»
Comentó que ... muchos años en Madrid.

3. «**Había hablado** con Leticia y le **había dicho** toda la verdad.»
Dijo que ... con Leticia y que le ... toda la verdad.

4. «Como Lina **había terminado** su trabajo temprano, nos fuimos después al cine.»
Ana dijo que como Lina ... su trabajo temprano se habían ido al cine.

5. Pablo dijo: «La fiesta **había estado** muy divertida.»
Pablo dijo que la fiesta ... muy divertida.

6. «**Habíamos vivido** en Alemania hasta los diez años y después nos **habíamos mudado** a Barcelona.»
Pablo dijo que ellos en Alemania hasta los diez años y después se ... a Barcelona.

7. «**Había sido** un viaje bastante largo pero **había llegado** bien.»
María dijo que ... un viaje largo pero que ... bien.

8. «Lucía te **había llamado** varias veces pero no te **había encontrado**.»
Dijo que Lucía te ... varias veces pero que no te ... .

9. «El coche que me **había comprado había costado** treinta mil euros.»
Dijo que el coche que se ... ... treinta mil euros.

10. El ladrón confesó: «**Había esperado** detrás del garaje varias horas.»
El ladrón confesó que ... detrás del garaje varias horas.

richtig falsch

6. Setzen Sie die fett gedruckten Verben im pretérito anterior in die richtige Zeit in der indirekten Rede.

1. «Apenas **hube llegado,** sonó el teléfono.»
Dijo que apenas él ..., sonó el teléfono.

2. «En cuanto **hube hablado** con la psicóloga, me sentí más tranquila.»
Comentó que en cuanto ella ... con la psicóloga, se sintió más tranquila.

3. «En cuanto **hube sabido** la noticia, viajé a Madrid.»
En cuanto ... la noticia viajó a Madrid.

4. Cuando **hube llegado** a la plaza principal, ya Pedro me estaba esperando.»
Cuando él ... a la plaza principal, ya Pedro la estaba esperando.

5. Cuando **hube llegado** de vacaciones, me enfermé.»
Dijo que cuando ... de vacaciones, se había enfermado.

richtig falsch

7. Setzen Sie die fett gedruckten Verben im futuro in die richtige Zeit in der indirekten Rede.

1. «Mañana **lloverá** en toda la región.»
El periodista informó que mañana ... en toda la región.

2. «Mañana **tomaré** el tren a las tres de la tarde.»
Lina dijo que mañana ... el tren a las tres de la tarde.

3. «**Hablaré** con mi jefe mañana a primera hora.»
Comentó que ... con su jefe mañana a primera hora.

4. «A partir del próximo año me **mudaré** a Madrid.»
Dijo que a partir del próximo año se ... a Madrid.

5. «El próximo año **estudiaré** en Estados Unidos.»
Dijo que el próximo año ... en Estados Unidos.

6. «**Haré** todo lo posible para solucionar el problema.»
Dijo que ... todo lo posible para solucionar el problema.

7. «**Trabajaré** en Alemania a partir del siguiente mes.»
   Pablo dijo que ... en Alemania a partir del siguiente mes.

8. «**Diré** la verdad a todos.»
   Explicó que ... la verdad a todos.

9. «El próximo mes **comenzaré** un curso de español.»
   Afirmó que el próximo mes ... un curso de español.

10. «**Compraré** una casa en Mallorca.»
    Dijo que ... una casa en Mallorca.

richtig falsch

8. Setzen Sie die fett gedruckten Verben im futuro perfecto in die richtige Zeit in der indirekten Rede.

1. «Mañana a esta misma hora ya **habré llegado** a Bogotá.»
   Dijo que mañana a esta misma hora ya ... a Bogotá.

2. «A las ocho ya **habré estado** lista.»
   Dijo que a las ocho ya ... lista.

3. «Me pregunto si mi madre ya **habrá llegado.**»
   Se pregunta si su madre ya ...

4. «Me imagino que ya me **habrá escrito** pero aún no me ha llegado la carta.»
   Se imaginó que ya le ... pero aún no le ha llegado la carta.

5. «Para la navidad ya me **habré ido** a Londres.»
   Dijo que para la navidad ya se ... a Londres.

richtig falsch

9. Setzen Sie die fett gedruckten Verben im condicional in die richtige Zeit in der indirekten Rede.

1. «Se **firmaría** un acuerdo de paz si todos los participantes están de acuerdo.»
   El concejal anunció que se ... un acuerdo de paz si todos los participantes estaban de acuerdo.

2. «En tu lugar nunca **diría** eso.»
   Explicó que en su lugar nunca ... eso.

3. «Si no estuvieras tan lejos, te **visitaría** más a menudo.»
   Dijo que si no estuvieras tan lejos te ... más a menudo.

4. «Si no hiciera tanto frío, **saldría** a pasear.»
   Dijo que si no hiciera tanto frío ... a pasear.

5. «Si tuviera tiempo **comería** en casa de Gerardo.»
Dijo que si tuviera tiempo ... en casa de Gerardo.

richtig falsch

10. Setzen Sie die fett gedruckten Verben im condicional perfecto in die richtige Zeit in der indirekten Rede.

1. «Yo no **habría ido** si hubiera sabido esto.»
Dijo que no ... si hubiera sabido esto.

2. «Se **habría aburrido** en la fiesta de Pedro.»
Aseguró que se ... en la fiesta de Pedro.

3. «No sé si **habría entendido** la situación.»
Dijo que no sabía si ... la situación.

4. «Lo **habría dicho** pero Ernesto se lo impidió.»
Aseguró que lo ... pero Ernesto se lo impidió.

5. «No **habría dicho** eso, te lo aseguro.»
Aseguró que no ... eso.

richtig falsch

11. Setzen Sie die fett gedruckten Verben im subjuntivo presente in die richtige Zeit in der indirekten Rede.

1. «Espero que ellos me **den** un ordenador.»
Dijo que esperaba que ellos le ... un ordenador.

2. «Espero que **vayas** con tu hermano.»
Dijo que esperaba que ... con tu hermano.

3. «Espero que **quede** una hora más para terminar todo el trabajo.»
Dijo que esperaba que ... una hora más para terminar todo el trabajo.

4. «Espero que **venga** inmediatamente.»
Dijo que esperaba que ... inmediatamente.

5. «Espero que **escribas** una tarjeta de cumpleaños a tu abuela.»
Dijo que esperaba que ... una tarjeta de cumpleaños a tu abuela.

richtig falsch

12. Setzen Sie die fett gedruckten Verben im subjuntivo imperfecto in die richtige Zeit in der indirekten Rede.

1. «Quería que **hubiera** una reunión con todos los empleados.»
Dijo que quería que ... una reunión con todos los empleados.

2. «Te pedí que **volvieras** pronto.»
Dijo que ... pronto.

3. «Quise que **firmaras/firmases** este documento.»
Dijo que quería que ... este documento.

4. «Te pedí que no me **molestaras/molestases** más.»
Me dijo que no le ... más.

5. El médico le aconsejó a su paciente: «No **fumara/fumase.»**
El médico le aconsejó a su paciente que no ...

richtig falsch

13. Setzen Sie die fett gedruckten Verben im subjuntivo perfecto in die richtige Zeit in der indirekten Rede.

1. «Espero que **hayas hecho** tus deberes.»
Dijo que esperaba que ... tus deberes.

2. «Espero que ya **haya llegado** Carlos.»
Dijo que esperaba que ya ... Carlos.

3. «Regresaré cuando **hayas terminado** con tu trabajo.»
Dijo que regresaría cuando ... con tu trabajo.

4. «No **hubiera tenido** tiempo para visitarte.»
Dijo que no ... tiempo para visitarme.

5. Espero que le **hayas dicho** todo lo que piensas a tu jefe.
Dijo que esperaría que le ... todo lo que piensas a tu jefe.

richtig falsch

14. Setzen Sie die fett gedruckten Verben im subjuntivo pluscuamperfecto in die richtige Zeit in der indirekten Rede.

1. «Esperé que me **hubieran/hubiesen comprendido.»**
Comentó que había esperado que lo ...

2. «Me alegraría que **hubieras/hubieses aprobado** el examen.»
Dijo que se alegraba de que ... el examen.

3. «Confié en que me **hubiera/hubiese dicho** toda la verdad.»
Dijo que confiaba que le ... toda la verdad.

4. «No creí que Cristina se **hubiera/hubiese mudado** de ciudad.»
Dijo que no creía que Cristina se ... de ciudad.

5. «No creí que **hubiera/hubiese vivido** tanto tiempo en Colombia.»
Comentó que no creía que ... tanto tiempo en Colombia.

richtig falsch

15. Setzen Sie die fett gedruckten Verben im imperativo in die richtige Zeit in der indirekten Rede.

1. «¡**Cuídese**!»
Recomiendo que te ...

2. «¡**Escríbeme**!»
Te ordena que le ...

3. «¡**Escúchame**!»
Te ordena que le ...

4. «¡**Llámame**!»
Te pido que me ...

5. «¡**Explícamelo**!»
Te pido que me lo ...

6. «¡**Agitar** antes de usar!»
Pide que lo ... antes de usar.

7. «¡**No fumar**!»
Te piden que no ...

8. «¡**Ver** en la página siguiente!»
Te indica que ... en la página siguiente.

9. «¡**Acuéstate**!»
Te pido que te ...

10. «¡**Pídele** perdón!»
Recomiendo que le ... perdón.

richtig falsch

16. Setzen Sie die folgenden Personalpronomen in die indirekte Rede.

1. **Dije**: «**Me** duele la cabeza y el estómago.»
Dije que ... dolía la cabeza y el estómago.

2. **Dije**: «A las ocho **tú** me habrás llamado.»
Dije que a las ocho ... me habrías llamado.

3. Dije: «Juan está en vacaciones en Mallorca.»
   Dije que ... estaba en vacaciones en Mallorca.

4. Dijiste: «Antes del fin de semana te habré informado de todo.»
   Dijiste que antes del fin de semana ... habrías informado de todo.

5. Dijiste: «Él empieza a trabajar a las ocho de la mañana.»
   Dijiste que ... empezaba a trabajar a las ocho de la mañana.

6. Dijo: «Nosotros bailamos toda la noche en la nueva discoteca.»
   Dijo que ... bailaban toda la noche en la nueva discoteca.

7. Dijo: «Es importante que te hayas preparado muy bien para la exposición.
   Dijo que es importante que ... hubieras/hubieses preparado muy bien para la exposición.

8. Dijo: «La próxima semana Juan viajará a Sudamérica.»
   Dijo que la próxima semana ... viajaría a Sudamérica.

9. Dijeron: «Nos gustaría ir de viaje.»
   Dijeron que ... gustaría ir de viaje.

10. Dijo: «Me darán los resultados el lunes.»
    Dijo que ... darían los resultados el lunes.

richtig falsch

17. Setzen Sie die folgenden Zeit- und Ortsangaben in die indirekte Rede.

1. Dice: «Mañana lloverá en toda la región.»
   Dijo que ... llovería en toda la región.

2. Dice: «El próximo año estudiaré en Madrid.»
   Dijo que ... estudiaría en Madrid.

3. Dice: «El año pasado estuve en Alemania.»
   Dijo que ... había estado en Alemania.

4. Dice: «Ayer llegué de Chile.»
   Dijo que ... había llegado de Chile.

5. Dice: «Hoy no he podido ir a trabajar.»
   Dijo que ... no había podido ir a trabajar.

6. Dice: «Anteayer no fue a la escuela.»
   Dijo que ... no había ido a la escuela.

7. Dice: «**Ahora** yo me voy.»
   Dijo que ... él se iba.

8. Dice: «Estamos **aquí.**»
   Dijo que estábamos ...

9. Dice: «Le visitaré **el próximo verano.**»
   Dijo que le visitaría ...

10. Dice: «Te daré los resultados **el próximo lunes.**»
    Dijo que me daría los resultados ...

richtig falsch

18. Setzen Sie die folgenden Fragesätze ohne Fragewort in die indirekte Rede.

1. El camarero me preguntó: «¿Quieres lo mismo de siempre?»
2. El jefe me preguntó: «¿Tiene experiencia en este trabajo?»
3. Me preguntó: «¿Te gusta viajar?»
4. Juan me preguntó: «¿Me puedes llamar a las ocho?»
5. Me preguntó: «¿Estás seguro de que mañana tendrás la información?»
6. Me preguntó: «¿Sabe Vd. dónde está la estación central?»
7. Me preguntó: «¿Ha ido a Sudamérica?»
8. Me preguntó: «¿Quieres beber algo?
9. Me preguntó: «¿Eres española?
10. Me preguntó: «¿Ya has leído el último libro de García Márquez?»

richtig falsch

19. Setzen Sie die folgenden Fragesätze mit Fragewort in die indirekte Rede.

1. Me preguntó: «¿Cuántos años tienes?»
2. Me preguntó: «¿Qué quieres tomar?»
3. Me preguntó: «¿Quiénes son ustedes?»
4. Me preguntó: «¿Qué te parecen los nuevos colegas?»

5. Quería saber: «¿De dónde eres?»
6. Me preguntó: ¿Cuántos idiomas hablas?»
7. Me preguntó : «¿En qué países has estado?»
8. Le preguntó: «¿Dónde nació?»
9. Le preguntó :«¿Qué hiciste en tus vacaciones?»
10. Me preguntó: «¿Cómo te sientes en tu nuevo trabajo?»

richtig falsch

20. Setzen Sie die folgenden Sätze in die indirekte Rede.

1. Ana dice: «No tengo dinero.»
2. «Estaba tan oscuro que no veía nada.»
3. Dice: «Me encontré con Ernesto en la ciudad.»
4. Dijo: «He venido a este país para estudiar.»
5. Dijo: «No había visto a Inés durante diez años.»
6. Dijo: «En cuanto hube sabido la noticia, viajé.»
7. Dijo: «Firmaré el contrato mañana.»
8. Dijo: «A las siete Ana ya habrá tomado el tren.»
9. Dijo: «Te acompañaré, porque tengo tiempo.»
10. Dijo: «Pablo no habría dicho esto.»

richtig falsch

Die entsprechenden Lösungen befinden sich auf Seite 362 ff.

Die Modi (los modos)

Die Modi drücken die Art und Weise aus, d. h. ob in einer Aussage persönliche Empfindungen und Auffassungen des Sprechers oder ob eine Tatsache oder Wirklichkeit zum Ausdruck kommt.

Der Indikativ (el indicativo)

Der Indikativ oder die Wirklichkeitsform stellt einen Vorgang oder Zustand als tatsächlich oder wirklich dar. Durch ihn kommen also Tatsachen zum Ausdruck.

Der Subjuntivo

Der subjuntivo oder die Möglichkeitsform ist der Modus, mit dem ein Vorgang oder Zustand als nicht wirklich, sondern als erwünscht, vorgestellt oder von einem anderen nur behauptet dargestellt wird.

Der Konditional (el condicional, el potencial)

Der Konditional drückt als Modus vor allem eine Bedingung aus.
Er kann auch Tempus (Zeit) sein und stellt in dieser Funktion einen Vorgang dar, der von der Vergangnheit in die Gegenwart oder Zukunft weist.

Der Imperativ (el imperativo)

Der Imperativ oder die Befehlsform drückt einen Befehl oder eine Aufforderung aus.

Der Subjuntivo

Der subjuntivo (Möglichkeitsform) ist der Modus, mit dem ein Vorgang oder Zustand als nicht wirklich, sondern als erwünscht, vorgestellt oder von einem anderen als nur behauptet dargestellt wird.

Der indicativo (Wirklichkeitsform) ist der Modus, mit dem ein Vorgang oder Zustand als tatsächlich oder wirklich dargestellt wird. Diese Wirklichkeit muss nicht objektiv, sie kann auch subjektiv sein, d. h. dem Sprecher gilt diese Wirklichkeit als sicher oder erwiesen.

Unterscheide subjuntivo und Konjunktiv

Der spanische subjuntivo ist nicht zu verwechseln mit dem deutschen Konjunktiv, der vor allem in der indirekten Rede und im Bedingungssatz verwendet wird, im Spanischen steht hier der indicativo.

Der Subjuntivo presente

Gegenwart, Zukunft von der Gegenwart aus

Der subjuntivo presente steht, wenn der Vorgang im que-Satz (Nebensatz) in der Gegenwart, im Moment des Sprechens oder in der Zukunft stattfindet.
Der Hauptsatz steht in der Gegenwart.
Der subjuntivo presente wird am häufigsten verwendet.

- No creo que Felipe **venga.**
  (Ich glaube nicht, dass Felipe kommt.)
  (Das „Kommen“ findet in der Gegenwart statt.)
- No creo que Felipe **venga** mañana.
  (Ich glaube nicht, dass Felipe morgen **kommt.)**
  (Das „Kommen“ findet in der Zukunft statt.)

Der Subjuntivo imperfecto

Gegenwart, Zukunft von der Vergangenheit aus

Der subjuntivo imperfecto steht, wenn der Vorgang im que-Satz (Nebensatz) in der Vergangenheit im Moment des Sprechens stattfand oder in der Vergangenheit stattfand, jedoch an einem von da aus gesehen zukünftigen Zeitpunkt.
Der Hauptsatz steht in der Vergangenheit.
Der subjuntivo imperfecto wird eher selten verwendet.

- No creí que Felipe **viniese/viniera.**
  (Ich glaubte nicht, dass Felipe kommt.)
  (Das „Kommen“ findet in der Vergangenheit zum Sprechzeitpunkt statt.)
- No creí que Felipe **viniese/viniera** mañana.
  (Ich glaubte nicht, dass Felipe morgen **kommt.)**
  (Das „Kommen“ findet von der Vergangenheit aus gesehen in der Zukunft statt.)

Der Subjuntivo perfecto

Vergangenheit von der Vergangenheit aus

Der subjuntivo perfecto steht, wenn der Vorgang im que-Satz (Nebensatz) vor dem des Hauptsatzes stattfand. Der Vorgang des Hauptsatzes findet in der Gegenwart statt.
Der Hauptsatz steht in der Gegenwart.

- No creo que Felipe **haya venido.**
  (Ich glaube nicht, dass Felipe gekommen ist.)
  (Das „Kommen“ findet in der Vergangenheit, also vor dem „Glauben“, statt.)

Der Subjuntivo pluscuamperfecto

Der subjuntivo pluscuamperfecto steht, wenn der Vorgang im que-Satz (Nebensatz) in der Vorvergangenheit stattfand, d. h. der Vorgang im que-Satz war vor dem des Hauptsatzes beendet.
Der Hauptsatz steht in der Vergangenheit.
Der subjuntivo pluscuamperfecto wird eher selten verwendet. Statt seiner wird meist der subjuntivo perfecto eingesetzt.

- No creí que Felipe **hubiera venido.**
  (Ich glaubte nicht, dass Felipe gekommen war.)
  (Das „Kommen" findet vor dem „Glauben" statt und beide Vorgänge sind vergangen.)

Vorvergangenheit

Zusammenfassend gilt also:

Hauptsatz in der	vergangen	gegenwärtig	zukünftig
Gegenwart	subjuntivo perfecto	subjuntivo presente	subjuntivo presente
Creo que	**haya venido** ayer	**venga** ahora	**venga** mañana
Vergangenheit	subjuntivo pluscuam.	subjuntivo imperf.	subjuntivo imperf.
Creí que	**hubiera venido** ayer, **hubiese venido** ayer	**viniera** ahora, **viniese** ahora	**viniera** mañana, **viniese** mañana

Des weiteren kennt das Spanische noch den subjuntivo futuro und subjuntivo futuro perfecto, die bezüglich möglicher Vorgänge der Zukunft stehen. Diese sind in der modernen Sprache jedoch, außer in der Juristenssprache, nicht mehr gebräuchlich.

Die folgenden Ausführungen stellen die Verwendung des subjuntivo im Allgemeinen dar, wobei er meist nur im Nebensatz steht, im Hauptsatz kommt er eher selten vor.

Der Subjuntivo im Hauptsatz

Wunschgedanke

Zum Ausdruck des Wunschgedankens steht der subjuntivo nach que und ojalá.

- Que **viva** España.
  (Es **lebe** Spanien.)
- Ojalá **venga** pronto.
  (Wenn er doch rechtzeitig **käme.**)

Unsicherheit, Wahrscheinlichkeit

Zum Ausdruck der Unsicherheit, Wahrscheinlichkeit steht der subjuntivo vor allem nach quizás, acaso und tal vez.

- Quizás **venga** mañana con todos sus niños.

Einräumung

Zum Ausdruck der Einräumung kann der subjuntivo auch im Hauptsatz stehen.

- **Cueste** lo que **cueste.**
  (**Koste** es, was es **wolle.**)

Der Subjuntivo im Nebensatz

Subjuntivo	Kein Subjuntivo	
Zum Ausdruck der Nichtwirklichkeit, vor allem nach verneinten Ausdrücken im Hauptsatz, die den im Nebensatz dargestellten Vorgang als nicht wirklich oder unrichtig erscheinen lassen.	Zum Ausdruck der Wirklichkeit, von Tatsachen steht der indicativo.	Nichtwirklichkeit; Wirklichkeit
■ No digo que Vd. **mienta,** es que simplemente se equivoca.	■ Desde luego, yo no le **digo** a nadie que tú has roto la ventana.	
Nach el hecho de que oder der Kurzform el que, besonders wenn der zugehörige Hauptsatz eine Verneinung enthält.		el hecho de que, el que
■ El hecho de que **tenga** el permiso de conducir desde hace 40 años no significa que **sea** un buen conductor.		
Zum Ausdruck des Wunsches, des Verlangens, vor allem nach den folgenden Verben. ■ desear ■ pedir ■ empeñarse en ■ querer ■ exigir ■ rogar ■ insistir en		Wunsch, Verlangen
■ Quisiera que **venga** mañana. ■ Deseo que **haga** este trabajo en seguida.		
Zum Ausdruck des Befehls, der Aufforderung, vor allem nach den folgenden Verben. ■ comandar ■ ordenar ■ mandar que ■ dar la orden de		Befehl, Aufforderung
■ El juez ha ordenado que el caso **sea** examinado otra vez.		
Zum Ausdruck des Vorschlags, der Empfehlung, vor allem nach den folgenden Verben. Ein que-Satz ist nur möglich, wenn Haupt- und Nebensatz verschiedene Subjekte haben, sonst wird der	Zum Ausdruck des Vorschlags, der Empfehlung, besonders nach proponer steht der infinitivo, wenn Haupt- und Nebensatz das gleiche Subjekt haben. Nach advertir steht der indicativo,	Vorschlag, Empfehlung

	Subjuntivo	Kein Subjuntivo
	Infinitiv bevorzugt. Nach proponer wird auch bei gleichen Subjekten der Infinitiv bevorzugt. ▪ aconsejar ▪ proponer ▪ advertir	wenn eine Tatsache ausgedrückt wird.
	▪ Aconsejo que **hagamos** este trabajo en seguida. ▪ Le advierto que **tenga** cuidado.	▪ Propongo **hacer** este trabajo en seguida. ▪ Le advierto que no **puede** pasar por esta carretera.
Zweifel; Wissen	Nach den folgenden Verben des Zweifelns, Nichtglaubens. Die Verben des Zweifels stehen nur dann mit subjuntivo, wenn es sich um ein bewusstes Zweifeln handelt und nicht um ein „es nicht genau wissen". ▪ no creer ▪ poner en duda ▪ dudar	Zum Ausdruck des Wissens, Glaubens oder des unbewussten Zweifelns, des „es nicht genau wissen" steht der indicativo. ▪ creer ▪ saber
	▪ No creo que **vaya a aprobar** el examen. ▪ Dudamos que **venga.**	▪ Creo que **viene.** ▪ No sé seguro si **viene.**
		Nach den Verben des Zweifelns und Nichtglaubens kann nach si in der Bedeutung von *ob* kein subjuntivo stehen.
		▪ Dudamos si **vas a aprobar** el examen. (Wir bezweifeln, **ob** du die Prüfung bestehen wirst.)
Erlaubnis	Zum Ausdruck der Erlaubnis steht der subjuntivo vor allem nach den folgenden Verben. ▪ consentir ▪ permitir ▪ no tener inconveniente en	
	▪ Padre consiente que **pases** las vacaciones con tus amigos en España.	
Notwendigkeit, Verpflichtung	Zum Ausdruck des Zwangs, der Notwendigkeit, der Verpflichtung, vor allem nach den folgenden Verben.	Zum Ausdruck des Zwangs, der Notwendigkeit, der Verpflichtung, steht der infinitivo, wenn Haupt- und Nebensatz das gleiche Subjekt haben.

Subjuntivo	Kein Subjuntivo	
Ein que-Satz mit subjuntivo ist nur möglich, wenn Haupt- und Nebensatz verschiedene Subjekte haben. ▪ forzar a ▪ obligar a		
▪ Me comprometo a que **pague** tus deudas.	▪ Me veo forzado **a decir**le la verdad.	
Zum Ausdruck persönlicher Gefühle und Empfindungen wie Erstaunen, Verwunderung, Freude, Ärger, Hoffnung etc. steht der subjuntivo vor allem nach den folgenden Verben. ▪ admirarse ▪ estar irritado ▪ alegrarse ▪ lamentar ▪ arrepentirse ▪ es una lástima ▪ asombrarse ▪ tener miedo ▪ compadecer ▪ molestarse ▪ desconfiar ▪ estar orgulloso ▪ enfadarse ▪ perdonar ▪ enojarse ▪ quejarse ▪ esperar ▪ sentir mucho ▪ tener la esperanza ▪ sorprenderse ▪ extrañarse ▪ temer	Nach den Verben des Erstaunens, der Verwunderung steht im Relativsatz der indicativo. Nach menos mal que (nur gut, dass) steht der indicativo. Nach esperar steht der indicativo futuro zum Ausdruck der sicheren Erwartung.	persönliche Gefühle und Empfindungen
▪ Me sorprende mucho que **hayas venido.** ▪ Espero que **apruebe** el examen. (Ich **hoffe**, dass er die Prüfung schafft.) ▪ Me alegro mucho (de) que Vd. **haya venido.** ▪ Perdóname que te **haya molestado.**	▪ Estoy muy sorprendido por lo que **sucede.** ▪ Esperamos que nos **pagará** lo que nos debe. (Wir **rechnen damit**, dass er bezahlt, was er uns schuldet.) ▪ Menos mal que **has terminado** el trabajo este mediodía.	
Nach den unpersönlichen Ausdrücken, die eine Möglichkeit oder Wahrscheinlichkeit ausdrücken. ▪ es imposible ▪ es muy probable ▪ es posible ▪ es poco probable ▪ es probable ▪ puede ser	Nach den unpersönlichen Ausdrücken, die Tatsachen und Sicherheit ausdrücken. ▪ es cierto ▪ es indudable ▪ es evidente ▪ es seguro	unpersönliche Ausdrücke
▪ Es posible que **venga** mañana. ▪ Puede ser que no **haya pasado** el examen.	▪ Es seguro que **viene.** ▪ Es cierto que **ha pasado** el examen.	

Subjuntivo	Kein Subjuntivo
Nach den unpersönlichen Ausdrücken, die einen Vorschlag, Rat, eine Empfehlung ausdrücken. ▪ es aconsejable ▪ me parece que ▪ es conveniente ▪ no tiene objeto ▪ es lógico ▪ no tiene sentido ▪ es mejor ▪ es inútil ▪ es natural	Nach es aconsejable kann auch der infinitivo stehen.
▪ Es aconsejable que **trabajes** más si quieres aprobar el examen. ▪ Es conveniente que lo **hagas** en seguida.	▪ Es aconsejable **trabajar** más si quieres pasar el examen. ▪ Es aconsejable **decir** la verdad.
Nach den unpersönlichen Ausdrücken, die einen Zwang, eine Notwendigkeit, Verpflichtung ausdrücken. ▪ es importante ▪ es imprescindible ▪ es de importancia ▪ es menester ▪ lo que importa ▪ es necesario ▪ no importa ▪ es urgente	
▪ Es de gran importancia que **haga** este trabajo con precisión. ▪ Es absolutamente necesario que le **ayude.**	
Nach den unpersönlichen Ausdrücken des persönlichen Empfindens wie Freude, Zustimmung, Erstaunen, Ärger, Bedauern etc. ▪ es bueno ▪ es una lástima ▪ es estupendo ▪ da pena ▪ es extraño	
▪ Es una lástima que no **haya venido.** ▪ Es estupendo que **haya aprobado** el examen.	
Nach den folgenden temporalen Konjunktionen steht der subjuntivo zum Ausdruck eines in der Zukunft liegenden (unbekannten) Zeitpunkts, Zeitraums. Es ist daher unsicher, ob ein Vorgang stattfindet. Temporale Konjunktionen geben die Zeit an.	Nach den folgenden temporalen Konjunktionen steht der indicativo zum Ausdruck eines in der Vergangenheit, Gegenwart oder Zukunft liegenden (bekannten) Zeitpunkts, Zeitraums. Temporale Konjunktionen geben die Zeit an.

temporale Konjunktionen

Subjuntivo	Kein Subjuntivo	
▪ antes (de) que ▪ así que ▪ cuando ▪ en cuanto ▪ después de que ▪ tan pronto como	▪ cuando ▪ desde que ▪ después que ▪ siempre que ▪ a la vez que ▪ cada vez que	
▪ En cuanto los amigos **lleguen**, partimos en seguida.	▪ Cuando **sale** de la casa, sus niños comienzan a llorar.	
Nach hasta que steht der subjuntivo, wenn die Handlung des Nebensatzes noch nicht eingetreten ist und der Zeitpunkt der Handlung damit unbekannt ist.	Nach hasta que steht der indicativo, wenn die Handlung des Nebensatzes bereits eingetreten ist und der Zeitpunkt der Handlung damit bekannt ist.	
▪ Voy a esperar hasta que mi hermano **venga** a buscarme.	▪ Esta mañana he leído hasta que **ha llamado** mi madre.	
Nach mientras steht der subjuntivo zum Ausdruck eines in der Zukunft liegenden und damit nicht abzusehenden Endes einer Handlung.	Nach mientras steht der indicativo zum Ausdruck zweier gleichzeitig verlaufender Handlungen.	
▪ Mientras yo **prepare** la cena, tú tienes que cuidar a mi hermana pequeña.	▪ Mientras mi madre **prepara** la cena, tengo que cuidar a mi hermana pequeña.	
Die meisten finalen Konjunktionen stehen mit subjuntivo. Finale Konjunktionen drücken die Absicht, den Zweck aus. ▪ a que ▪ a fin de que ▪ de manera que ▪ de modo que ▪ para que ▪ porque ▪ de tal forma que	Die finale Konjunktion a fin de steht mit dem infinitivo. Finale Konjunktionen drücken die Absicht, den Zweck aus.	finale Konjunktionen
▪ Partimos pronto a fin de que **llegue** a tiempo.	▪ Partimos pronto a fin de **llegar** a tiempo.	
	Die kausalen Konjunktionen stehen in der Regel mit dem indicativo. Kausale Konjunktionen geben den Grund an. ▪ como ▪ porque ▪ por es(t)o ▪ pues ▪ puesto que ▪ que ▪ ya que	kausale Konjunktionen
	▪ No puedo venir porque **llueve.** ▪ Como **llueve**, no puedo venir.	

	Subjuntivo	Kein Subjuntivo
konsekutive Konjunktionen		Konsekutive Konjunktionen stehen in der Regel mit dem indicativo. Konsekutive Konjunktionen drücken die Folge, Wirkung aus. ■ con que ■ de modo que ■ de manera que
		■ Hoy no saldremos, de modo que **podremos** reunirnos en casa.
konzessive Konjunktionen	Die folgenden konzessiven Konjunktionen stehen mit dem subjuntivo, besonders wenn sie in einräumender Bedeutung stehen. Konzessive Konjunktionen drücken die Einräumung aus. ■ aun cuando ■ por más que ■ aunque ■ por (muy) + Adj. ■ por mucho que ■ sino Nach aunque steht der subjuntivo auch bei Tatsachen, die der Sprecher nicht gern eingesteht. Nach por más que, por mucho que und por (muy) + Adjektiv que steht der subjuntivo zum Ausdruck, dass eine Handlung möglicherweise stattfindet.	Die folgenden konzessiven Konjunktionen stehen mit dem indicativo, besonders wenn sie in adversativer Bedeutung stehen. Konzessive Konjunktionen drücken die Einräumung aus. ■ aunque ■ por más que ■ a pesar de que ■ por (muy) + Adj. ■ por mucho que
	■ Aunque no **tenga** mucho tiempo, te ayudaré. (Selbst wenn ich nicht viel Zeit habe, **helfe** ich dir.) ■ Aunque **haya estudiado** más, no ha aprobado el examen. ■ Por (muy) caro que **sea** el coche, Pedro va a comprarlo.	■ Aunque no **tengo** mucho tiempo, te ayudaré. (Obwohl ich nicht viel Zeit habe, **helfe** ich dir.) ■ Por mucho que **trabaja**, nunca tiene dinero.
konditionale Konjunktionen	Nach den folgenden konditionalen Konjunktionen steht der subjuntivo zum Ausdruck der Unwahrscheinlichkeit, Nichtwirklichkeit. Konditionale Konjunktionen drücken die Bedingung aus. ■ si ■ a condición de que ■ caso que ■ en el caso (de) que ■ con tal (de) que ■ siempre que Nach si (wenn, falls) steht der subjuntivo imperfecto zum Aus-	Nach den folgenden konditionalen Konjunktionen steht der indicativo. Konditionale Konjunktionen drücken die Bedingung aus. ■ si Nach si steht der indicativo presente zum Ausdruck der erfüllba-

Subjuntivo	Kein Subjuntivo	
druck, dass die Erfüllung der Bedingung unwahrscheinlich ist (Irrealis der Gegenwart). Der subjuntivo pluscuamperfecto steht zum Ausdruck, dass die Bedingung unerfüllt bleibt (Irrealis der Vergangenheit).	ren Bedingung (Realis). Es darf in diesem Fall nach si (wenn, falls) kein futuro oder condicional stehen. Nach si (ob), es leitet indirekte Fragesätze ein, kann das futuro oder condicional stehen.	kein futuro oder condicional nach si (wenn) !
▪ Te iría a buscar si **vinieras/ vinieses** a tiempo. (Ich holte dich ab/würde dich abholen, **wenn** du rechtzeitig **kämst/kommen würdest.**) ▪ Te habría ido a buscar si **hubieras/ hubieses venido** a tiempo. (Ich hätte dich abgeholt, **wenn** du rechtzeitig **gekommen wärst.**)	▪ Te iré a buscar si **vienes** a tiempo. (Ich hole dich ab, **wenn** du rechtzeitig **kommst.**) ▪ Me ha preguntado si tú **vendrías.** (Er hat mich gefragt, **ob** du **kommen würdest.**)	
	Nach den adversativen Konjunktionen steht in der Regel der indicativo. Adversative Konjunktionen drücken den Gegensatz aus. ▪ sin embargo ▪ en cambio ▪ pero ▪ ni ▪ ni ... ni ▪ o ... o ▪ sino ▪ por una parte ... por otra	adversative Konjunktionen
	▪ Por una parte **quisiera** pasar las vacaciones en España pero por otra ya **he prometido** que voy a ir con mis padres a Grecia.	
Nach den folgenden vergleichenden Konjunktionen steht der subjuntivo. ▪ (tal) como ▪ como si Nach (tal) como steht der subjuntivo, wenn nicht klar ist, wie eine Handlung durchgeführt wird oder wenn der angesprochenen Person die Möglichkeit gegeben werden soll, ihre Wünsche zu äußern.	Nach den folgenden vergleichenden Konjunktionen steht der indicativo. ▪ (tal) como ▪ igual que ▪ lo mismo que Nach (tal) como steht der indicativo, wenn klar ist, wie eine Handlung durchgeführt wird.	vergleichende Konjunktionen
▪ Haremos todo como Vd. **desee.** ▪ Si tiene alguna pregunta más, **hága**nosla saber.	▪ Haremos todo como Vd. **desea.**	

	Subjuntivo	Kein Subjuntivo
anreihende Konjunktionen	Nach den folgenden anreihenden Konjunktionen steht der subjuntivo. Anreihende Konjunktionen verbinden zwei Sätze oder Satzteile. ▪ que ▪ sin que	Nach den folgenden anreihenden Konjunktionen steht der indicativo. Anreihende Konjunktionen verbinden zwei Sätze oder Satzteile. ▪ y, e ▪ es decir que ▪ o, u ▪ o sea que ▪ como ▪ sea que ▪ como por ejemplo Vor -i und -hi wird y durch e, vor -o und -ho wird o durch u ersetzt.
	▪ No puedes salir esta tarde sin que yo lo **haya permitido**.	▪ María e Isabel **se entienden** muy bien.
donde	Nach dem Ortsadverb donde steht der subjuntivo, wenn noch nicht klar ist, wo eine Handlung stattfindet. Der subjuntivo wird auch vor allem dann verwendet, wenn der angesprochenen Person die Möglichkeit gegeben werden soll, ihre Wünsche zu äußern.	Nach dem Ortsadverb donde steht der indicativo, wenn klar ist, wo eine Handlung stattfindet.
	▪ Este año vamos a pasar las vacaciones donde **quieras.**	▪ Este año voy a pasar las vacaciones en España, donde siempre **hace** sol.
Relativsatz	Im Relativsatz steht der subjuntivo, wenn das Subjekt oder Objekt der Handlung nicht oder noch nicht bekannt ist. Dies gilt auch bei einer Zeitangabe, die in der Zukunft liegt und damit noch nicht bekannt ist.	Der indicativo steht in Fragen, die durch einen Relativsatz ausgedrückt werden.
	▪ Cada uno puede comer lo que **quiera.** ▪ Llegará el día en que le **vuelva** a ver.	▪ Dígame cuánto **tengo** que pagar. ▪ No sé cuando **vendrá.**
	Bezieht sich der Relativsatz auf eine unbekannte Anzahl von Personen oder Dingen aus einer größeren Gruppe, steht der subjuntivo.	Bezieht sich der Relativsatz auf eine bekannte Anzahl von Personen oder Dingen aus einer größeren Gruppe, steht der indicativo. Der indicativo steht auch, wenn eine allgemeingültige Tatsache ausgedrückt wird, auch wenn nicht alle betreffenden Personen bekannt sind.

Subjuntivo	Kein Subjuntivo
▪ Los que no se **hayan inscrito** tienen que esperar allí. (Es ist nicht bekannt, wie viele sich noch nicht eingeschrieben haben.)	▪ Los que no se **han inscrito,** tienen que esperar allí. (Es ist bekannt, wie viele sich noch nicht eingeschrieben haben.)
Zum Ausdruck der Unmöglichkeit, Nichtwirklichkeit, wenn dem Relativsatz ein verneinter Hauptsatz vorangeht.	
▪ No hay nadie que **pueda** ayudarnos. ▪ No hay ninguna otra máquina que **trabaje tan** rápidamente.	

Übungen zum Subjuntivo

1. Setzen Sie die Verben in Klammern in den subjuntivo oder indicativo del presente.

1. ¿Por qué dice el director que **(tener)** que llamar a la policía?
2. En el letrero dice que aquí se **(prohibir)** el estacionamiento.
3. Ordenaré que le **(acompañar)** un guardia.
4. Te recomiendo que **(tomar)** la decisión más acertada.
5. Puedo decirte, que yo lo **(aprobar)** todo, si es verdad que la quieres.
6. El profesor le recomienda a sus estudiantes que **(consultar)** otros libros de investigación.
7. Mi madre dice que **(hay que)** tener mucho cuidado con las motos.
8. Veo que en parte tú **(tener)** razón.
9. El médico me prohíbe que **(fumar).**
10. Mi padre no permite que yo **(usar)** su coche.

richtig falsch

2. Setzen Sie die Verben in Klammern in den subjuntivo oder indicativo del presente.

1. Deseo que este viaje de vacaciones **(ser)** reconfortable.
2. Permítanme, señores, que yo les **(presentar)** a mis colegas Felipe Garrote y Juan Rubio.
3. El estado le pide al pueblo que **(presentarse)** a las votaciones electorales.
4. Es una experiencia negativa, ojalá que no se **(volver)** a repetir.
5. También quiero que **(saber)** vuestra merced que con toda la gente que he conocido jamás vi un hombre tan solidario como él.
6. Te pido que lo **(olvidar)** todo y me **(perdonar).**
7. Deseo que tú **(tener)** un buen viaje.

8. Me gustaría una casa que **(disponer)** de grandes habitaciones y un jardín grande.

9. Exijo que tú me **(dar)** una explicación ahora mismo de lo ocurrido.

10. Quiero que tú **(ser)** más cuidadoso con lo que le dices a la gente.

richtig falsch

3. Setzen Sie die Verben in Klammern in den subjuntivo oder indicativo del presente.

1. No creo que tú **(tener)** nada que reprocharme.

2. ¿Crees que la radio **(estar)** rota?

3. ¿Cuánto hace que tú **(estar)** aquí? Sólo un día.

4. ¿Qué haces aquí? **(Estar)** trabajando en un nuevo proyecto.

5. Creo que usted **(deber)** de esperar a que salgan los miembros del Consejo.

6. En vista de la gravedad del muchacho yo **(pedir)** por teléfono una ambulancia.

7. Hace mucho tiempo que **(estar)** enamorado.

8. Mi hijo siempre **(acostarse)** tarde.

9. Estoy buscando a Juan, no sé en donde **(encontrarse).**

10. Ojalá que mis observaciones **(ser)** ciertas, pues más que un buen muchacho, parece un hombre muy inteligente.

richtig falsch

4. Setzen Sie die Verben in Klammern in den subjuntivo oder indicativo del presente.

1. ¡Qué lástima que la casa no **(tener)** vistas al mar!

2. Espero que Juan me **(esperar)** para cenar juntos.

3. Espero que te **(comer)** los bocadillos que te he traído.

4. Espero que tu ausencia no **(ser)** tan prolongada.

5. Ella se **(sentir)** atemorizada ante la presencia de aquel anciano.

6. Me gusta mucho la vida que **(llevar).**

7. Espero que en este nuevo oficio me (ir) muy bien.

8. Me parece mejor que (iniciarse) un proceso judicial lo antes posible para que no (presentar) problemas con los herederos.

9. No me gusta que mi hija (encontrarse) con ese joven.

10. Es una pena que tú no (viajar) con nosotros.

richtig falsch

5. Setzen Sie die Verben in Klammern in den subjuntivo oder indicativo del presente.

1. Dudo que Sofía (traer) los documentos como prometió.

2. No creo que la situación (ser) tan grave como la plantearon en las noticias.

3. Dudo que Paula (saber) la verdad de todo.

4. Estoy convencido de que Pablo no (decir) la verdad.

5. Quizás esa no (ser) la decisión más acertada.

6. No creo que Pedro te (ayudar) con el proyecto.

7. No sé a que hora (iniciar) la conferencia.

8. Tal vez esa noticia (ser) cierta.

9. No creo que tú (tener) nada que reprocharme.

10. Estoy seguro que todo ese equipaje (caber) en el portamaletas del coche.

richtig falsch

6. Setzen Sie die Verben in Klammern in den subjuntivo oder indicativo del presente.

1. Es muy importante que te (decir) lo que pienso.

2. Es posible que él (tener) hambre, porque come con mucha rápidez.

3. Es urgente que nos (ver) antes a solas para ponernos de acuerdo.

4. Para que los bosques se conserven es necesario que se (prohibir) la tala de árboles.

5. Es posible que yo no **(asistir)** a la reunión.

6. Es cierto que Juan **(radicar)** en Sudamérica.

7. Es poco probable que Luis me **(ayudar)** con el trabajo.

8. Es imprescindible que usted **(asistir)** a la junta.

9. Es seguro que mañana Pablo y yo **(encontrarse)**

10. Es necesario que usted **(seguir)** las instrucciones con detenimiento.

richtig falsch

7. Setzen Sie die Verben in Klammern in den subjuntivo oder indicativo del presente.

1. Los ratones entran por algún agujero y comen el pan para que así **(caer)** en la ratonera.

2. Sirve amablemente a los invitados para que **(disfrutar)** de la fiesta.

3. Los niños corren rápidamente antes de que **(ser)** alcanzados por sus compañeros de juego.

4. El anciano retira la ropa antes de marcharse sin que los chicos **(apercibirse)** de ello.

5. Mi suerte es tal que ninguna alegría **(venir)** sin alguna pena.

6. Con todo mi corazón deseo poder ayudarle, aunque bien **(saber)** que mis esfuerzos serán inútiles.

7. Enrique seguirá investigando, hasta que **(saber)** la verdad.

8. Cuando **(llegar)** el invierno, partiré hacia el sur de España.

9. Esperaré, hasta que Arturo me **(llamar)**.

10. Tan pronto como **(obtener)** el préstamo, compramos la casa.

richtig falsch

8. Setzen Sie die Verben in Klammern in den subjuntivo imperfecto.

1. Juan pedía a sus compañeros que **(jugar)** con él.

2. Ana movió la cabeza como si **(intentar)** alejar una idea penosa que la **(torturar)**.
3. Esperaba que Juan la **(invitar)** a bailar, y como éste no lo hacía, le miró asombrada.
4. Antonio ordenó a su empleado que **(buscar)** a su esposa.
5. Juan habló en un tono como si **(dudar)** de haberlo escuchado.
6. Felipe esperaba que todas las mujeres le **(servir)**.
7. Miguel había ordenado a su esposa que **(conversar)** con su padre a solas.
8. Tú, que sabes de todo, serías muy amable si la **(ayudar)** con tus consejos.
9. Todos esperaban que **(acabar)** de hablar.
10. Al no conocer el lugar me pidió que le **(mostrar)** el camino.

richtig falsch

9. Setzen Sie die Verben in Klammern in den subjuntivo perfecto.

1. Es una lástima que **(estar)** tanto tiempo ausente.
2. He estado pensando en ti mucho, y me alegro de que **(venir)**.
3. El que no **(ir)** a la cita no significa que te haya dejado de querer.
4. Lástima que nosotros no **(poder)** ir.
5. Me alegro mucho de que tú **(aprobar)** el éxamen de historia.
6. Espero que él **(tomar)** las medidas necesarias.
7. Me alegro mucho de que me **(invitar)** a conocer Madrid, es una ciudad hermosa.
8. ¿Duda usted de que él **(decir)** toda la verdad?
9. Perdona que te **(afligir)**, murmuró Juan.
10. Es de vital importancia que los errores que se **(poder)** producir sean corregidos inmediatamente.

richtig falsch

10. Setzen Sie die Verben in Klammern in den subjuntivo pluscuamperfecto.

1. Si no te **(equivocar)** siguiendo la ruta de viaje, ya **(llegar)** a Barcelona.
2. **(Querer)** irme antes para no escucharte decir cosas tan crueles como esas.
3. No me parece justo que ella **(perder)** su empleo sólo por una falta tan pequeña.
4. Yo te **(rogar)** que vinieras a comer a mi casa; pero mi esposa está indispuesta.
5. Jamás **(creer)** que las fiestas en Valencia fueran tan divertidas.
6. Nunca yo **(suponer)** que mi abuela ocultase secretos.
7. No pensé que tú **(venir)** a trabajar tan temprano.
8. Si yo no **(ver)** a Felipe tan enojado, jamás **(pensar)** que podría enfadarse tanto.
9. No creí que ellos lo **(condenar)** por tantos años.
10. Yo no **(pensar)** que disfrutaría tanto la excursión por las montañas.

richtig falsch

11. Setzen Sie die Verben in Klammern in den subjuntivo futuro.

1. Si alguien **(insultar)** al rey, será procesado.
2. Si alguna cosa **(faltar),** aquí estoy.
3. Si **(venir)** el tranvía puntualmente, podría asistir al congreso.
4. Si **(ser)** a Colombia, podría visitar a todos mis familiares, pues viven allá desde hace mucho tiempo.
5. Si **(saber)** la verdad, no me aceptará más a su lado.

richtig falsch

12. Setzen Sie die Verben in Klammern in den subjuntivo futuro perfecto.

1. Si para navidad él no **(volver),** no me esperéis.

2. Si al finalizar el plazo no se **(presentar)** los cargos, el tribunal decidirá cerrar el caso.

3. Si me **(escuchar)**, no tendrías tantos problemas.

4. Si tú lo **(querer)**, hubiéramos partido muy lejos de aquí, pero hasta hoy no te decides.

5. Si el alza en la gasolina no **(ser)** tan alta, los demás productos de la casta de la compra tampoco sufrirían incrementos.

richtig falsch

Die entsprechenden Lösungen befinden sich auf Seite 364 ff.

Der Konditional (el condicional, el potencial)

Der Konditional drückt neben den nachfolgend aufgeführten Sachverhalten meist eine Bedingung, Voraussetzung aus.
Der Konditional kann auch als Zeit verwendet werden und stellt dann einen Vorgang dar, der von der Vergangenheit aus auf die Zukunft weist.

Wunsch

Zum Ausdruck des höflich geäußerten Wunsches.
Statt querría wird der subjuntivo von querer, quisiera bevorzugt.
Dies wird im Deutschen häufig mit dem Konjunktiv übersetzt.

- **¿Podría** Vd. describirme el camino a Madrid?
  (**Könnten** Sie mir den Weg nach Madrid beschreiben?)
- **Quisiera (querría)** pasar las vacaciones en España.
  (Ich **würde** die Ferien **gerne** in Spanien verbringen.)

höfliche Bitte, höfliche Aufforderung

Zum Ausdruck der höflichen Bitte, der höflichen Aufforderung.
Im Deutschen wird hier meist der Konjunktiv verwendet.

- **¿Podría** Vd. darme este libro?
  (**Könnten** Sie mir dieses Buch geben?)
- **¿Tendría** Vd. la amabilidad de darme este libro?
  (**Hätten** Sie die Freundlichkeit, mir dieses Buch zu geben?)

Möglichkeit

Zum Ausdruck der Möglichkeit in zweifelnden Fragen oder solchen, die mit Entrüstung zurückgewiesen werden.
Im Deutschen wird dies oft mit *soll, sollte* übersetzt.

- **¿Tendría** razón?
  (**Sollte** sie recht haben?)
- **¿Habría** llegado ya?
  ¿Qué? ¿Yo **habría dicho** eso?
  (Was? Ich **soll(te)** das **gesagt haben?)**

Verpflichtung

Zum Ausdruck einer Verpflichtung, die möglicherweise erfüllt wird, stehen deber, poder und tener que im condicional. Statt debería kann debiera stehen.
Zum Ausdruck einer nicht erfüllten Verpflichtung wird debería haber + participio oder podría haber + participio verwendet.
Statt debería bzw. podría steht gelegentlich debía bzw. podía.

- **Deberías** informar al jefe.
- **Debieras** informar al jefe.
- **Tendrías que** informar al jefe.
- **Podríamos** encontrarnos en la estación.
- **Deberías haber dicho** la verdad.
- **Debías haber dicho** la verdad.
- **Podrías haber dicho** la verdad.
- **Podías haber dicho** la verdad.

Unwahrscheinlichkeit

Zum Ausdruck der Unwahrscheinlichkeit, Unwirklichkeit steht es vor allem mit Bedingungssätzen mit oder ohne si.
Es ist zu beachten, dass nach si in der Bedeutung *wenn, falls* kein futuro oder condicional stehen darf.
In der Bedeutung *ob,* kann auf si das futuro oder condicional folgen.

- Sin ti **estaría** perdido.
- **Podría** darte este libro si tú me das 100 euros.
- Si **llueve,** no vengo.
  (Wenn es **regnet,** komme ich nicht.)
- Me ha preguntado si tú **vendrías.**
  (Er hat mich gefragt, ob du **kommen würdest.)**

kein futuro oder condicional nach si (wenn)

Die Zeitenfolge im Bedingungssatz

Der Konditional drückt am häufigsten eine Bedingung, Voraussetzung aus. Konditional- oder Bedingungssätze (Si-Sätze) sind Nebensätze, die die Bedingung ausdrücken und werden durch Konjunktionen wie en el caso de que, caso que, a condición de que und si eingeleitet. Am häufigsten wird die Konjunktion si verwendet.

kein futuro oder condicional im Si-Satz

Bei der Formulierung von Bedingungssätzen ist zu beachten, ob eine Bedingung möglich, erfüllbar oder unwahrscheinlich ist oder unerfüllt bleibt.
Im Spanischen steht im Bedingungssatz (Si-Satz, Nebensatz) im Allgemeinen kein futuro oder condicional.
Im Deutschen steht im Bedingungssatz der Konjunktiv. Zu jedem Beispielsatz ist daher die deutsche Übersetzung und der Modus angegeben.

Hauptsatz		Bedingungssatz (Si-Satz, Nebensatz)
Realis (die Bedingung ist erfüllbar) (Typ I)		
Futuro		Presente
Te **iré** a buscar Ich **hole** dich **ab,** (Indikativ Präsens)	si wenn	**vienes** a tiempo. du rechtzeitig **kommst.** (Indikativ Präsens)
Irrealis der Gegenwart (die Erfüllung der Bedingung ist unwahrscheinlich) (Typ II)		
Condicional		Subjuntivo Imperfecto
Te **iría** a buscar Ich **holte** dich **ab,** (Konjunktiv II Präteritum)	si wenn	**vinieras/vinieses** a tiempo. du rechtzeitig **kämst.** (Konjunktiv II Präteritum)

Statt des oft ungebräuchlichen Konjunktivs, wird hier im Deutschen oft die Umschreibung mit der würde-Form verwendet.

Condicional		Subjuntivo Imperfecto
Te **iría** a buscar Ich **würde** dich **abholen,**	si wenn	**vinieras/vinieses** a tiempo. du rechtzeitig **kommen würdest.**

Irrealis der Vergangenheit (die Bedingung bleibt unerfüllt) (Typ III)

Condicional Perfecto		Subjuntivo Pluscuamperfecto
Te **habría ido** a buscar Ich **hätte** dich **abgeholt,** (Konjunktiv II Plusquamperfekt)	si wenn	**hubieras/hubieses venido** a tiempo. du rechtzeitig **gekommen wärst.** (Konjunktiv II Plusquamperfekt)

Übungen zum Konditional

1. Setzen Sie die Verben in Klammern ins presente oder futuro (Typ I).

1. Si ella (preguntar), le (decir) que no tomo partido en la discusión.
2. Si yo (regresar) temprano a casa, te (llamar) a la hora acordada.
3. Si yo (poder) conseguir un palco, (ir) al concierto con seguridad.
4. Si te (interesar) este libro, yo te lo (regalar).
5. Si usted (llevarse) algunos de los artículos en oferta, (tener) un descuento adicional.
6. Si tú (recibir) la explicación adecuada, (aprobar) el examen de historia mañana.
7. Te digo que si tú (ir), yo también (ir).
8. Si tú tanto lo (desear), yo (partir) ahora mismo de viaje contigo.
9. Si usted (estar) de acuerdo, yo le (dar) las gracias por la ayuda en nombre de todos.
10. Si ésta (ser) la única solución, yo la (aceptar) sin reproches.

richtig falsch

2. Setzen Sie die Verben in Klammern in den subjuntivo imperfecto oder ins condicional (Typ II).

1. Yo te lo (decir), si (esperar) un poco más de tiempo.
2. Yo te (ir) a buscar, si (venir) a la sesión matinal un poco más temprano.
3. Yo no me (dar) tanta prisa, si (estar) en tu lugar.
4. Si tú (saber) cuánto sufro, no me (hacer) tanto daño.
5. Si yo (tener) tan buena suerte en el juego, me (comprar) una mansión.
6. Si yo (tener) mucho dinero, (dejar) de trabajar inmediatamente.

7. Yo no **(estar)** tan deprimido si no **(tener)** tanto dolor de estómago.

8. Si **(existir)** un mundo donde todos los deseos se cumplieran, todos nosotros **(estar)** llenos de felicidad.

9. Si **(tener)** que elegir una habitación, me **(quedar)** con la que tiene ducha.

10. Si tú me **(escuchar)**, te **(dar)** una explicación acerca de lo sucedido.

richtig falsch

3. Setzen Sie die Verben in Klammern in den subjuntivo pluscuamperfecto oder ins condicional perfecto (Typ III).

1. Si **(recibir)** mi parte de herencia cuando la necesitaba, mi vida **(ser)** distinta.
2. Si él no **(obrar)** ilícitamente, **(tener)** menos problemas con la justicia.
3. ¡Si yo no **(saber)** valerme por mí mismo, **(morir)** de hambre.
4. Si **(llegar)** más temprano, te **(ir)** a visitar.
5. Si yo le **(ver)** a Ana, le **(pedir)** perdón.
6. **(Ir)** yo en persona, si no **(ser)** tan lejos de la ciudad.
7. Qué **(ser)** de mí si no te (encontrar) en mi vida.
8. Si yo no **(tener)** tanto trabajo, te **(ir)** a visitar.
9. Si no **(vivir)** yo la situación que se presentó en casa de Ana, no lo **(creer)**.
10. Si el bus no **(tener)** retraso, nosotros **(ver)** toda la obra teatral.

richtig falsch

4. Setzen Sie die Verben in Klammern in die richtige Zeit.

1. Yo la **(tomar)** por una joven de veinte años, si no **(existir)** en su mirada una expresión seria y casi triste.
2. Si esa decisión no **(convenir)** a nuestro caso, nosotros no la **(tomar)** más en cuenta.

3. Si las posibilidades que nosotros **(plantear)** no son oportunas, **(ser)** muy difícil resolver el problema rápidamente.
4. Si los violentos **(tener)** plena conciencia de sus actos, nosotros **(tener)** la paz.
5. Si mi presencia no le **(ser)** grata, no **(asistir)** a la convención en París.
6. Si no **(estar)** usted fatigado, **(ser)** mejor que continúe caminando hasta la estación central.
7. Si tú **(tener)** tiempo para mí, **(ir)** a verte.
8. Si usted **(seguir)** mi consejo, **(tener)** éxito en su entrevista de trabajo.
9. Si usted me **(autorizar)**, le **(contestar)** por escrito.
10. Si usted me lo **(permitir)**, **(hablar)** un poco en el camino.
11. Si yo no la **(querer)** tanto, ella **(estar)** dispuesta a ofenderme.
12. Yo **(ser)** muy feliz, si **(ocurrir)** ciertas cosas.
13. Yo **(ver)** el gran debate, si **(ser)** televisado por la noche.
14. Yo te **(ayudar)**, sólo si **(cambiar)** el plan de acción.
15. Nosotros **(invitar)** a Ana a un café, si **(venir)** a nuestra casa.

richtig falsch

Die entsprechenden Lösungen befinden sich auf Seite 366.

Der Imperativ (el imperativo)

Der Imperativ, die so genannte Befehlsform, drückt einen Befehl, eine Aufforderung aus.
Der Imperativ kann, außer in der 1. Person Singular, in allen Personen gebildet werden und mit und ohne die entsprechenden Personalpronomen stehen. Er steht mit dem Pronomen zum Ausdruck der Hervorhebung, die Pronomen werden dem Imperativ nachgestellt.

Der bejahte Imperativ (el imperativo afirmativo)

1. Person

Zum Ausdruck der Aufforderung, die an die 1. Person Plural gerichtet ist tritt häufig vamos a + infinitivo ein.

- **Compremos** (nosotros) un libro.
  (**Kaufen wir** ein Buch!)
- **Vamos a comprar** un libro.
  (**Kaufen wir** ein Buch, **lasst uns** ein Buch kaufen!)

2. Person

Der Imperativ der 2. Person Singular richtet sich an eine Person, die man duzt, der Imperativ der 2. Person Plural richtet sich an mehrere Personen, die man duzt.

- **Compra** (tú) un libro.
  (**Kauf** ein Buch!)
- **Comprad** (vosotros) un libro.
  (**Kauft** ein Buch!)

3. Person

Der Imperativ der 3. Person Singular oder Plural richtet sich an eine oder mehrere dritte Personen.
Bei Aufforderungen oder Befehlen, die an eine bzw. mehrere Personen gerichtet sind, die man siezt, kann Vd. bzw. Vds. nachgestellt werden.

- **Compre** (él/ella) un libro.
- **Compren** (ellos/ellas) un libro.
- **Compre** (Vd.) un libro.
  (**Kaufen Sie** (eine Person) ein Buch!)
- **Compren** (Vds.) **un libro.**
  (**Kaufen Sie** (mehrere Personen) ein Buch!)

Zum Ausdruck einer Aufforderung, die nicht direkt an die betreffende Person gerichtet werden soll, steht que + subjuntivo.

- ¿Qué? ¿No ha aprobado el examen? **¡Que estudie!**
  (Was? Er hat die Prüfung nicht bestanden? **Dann soll er lernen!**)

Der verneinte Imperativ (el imperativo negativo)

Dem verneinten Imperativ wird no vorangestellt.
Die 1. Person Plural wird häufig mit vamos a + infinitivo umschrieben.

- **No compres** (tú) un libro.
- **No compre** (él/ella/Vd.) un libro.
- **No compremos** (nosotros) un libro.
- **No vamos a comprar** un libro.
- **No compréis** (vosotros) un libro.
- **No compren** (ellos/ellas/Vds.) un libro.

Der Infinitiv (el infinitivo)

Der Infinitiv ist die Grundform des Verbs. Er gehört zu den infiniten, nicht konjugierten Verbformen.

Der Infinitivo presente

Der infinitivo presente steht zum Ausdruck der Gleichzeitigkeit d. h. die Handlung von Haupt- und Nebensatz findet gleichzeitig statt.

- Te he visto **salir** de casa.
  (Ich habe dich aus dem Haus **kommen** sehen.)
  (Das Sehen und Verlassen des Hauses findet gleichzeitig statt.)

Der infinitivo presente activo steht im Aktivsatz, d. h. der Ausführende der Handlung wird genannt.

- Yo he visto a María **salir** de casa.
  (Ich habe María aus dem Haus **kommen** sehen.)
  („Yo" ist der Ausführende der Handlung.)

Der infinitivo presente pasivo steht im Passivsatz, d. h. der Ausführende der Handlung wird nicht genannt.

- Yo espero **estar invitado.**
  (Ich hoffe **eingeladen zu sein.**)
  (Wer „mich" einlädt, wird nicht mitgeteilt.)

Der Infinitivo perfecto

Der infinitivo perfecto steht zum Ausdruck der Vorzeitigkeit, d. h. die Handlung des Nebensatzes findet vor der des Hauptsatzes statt.

- Después de **haber llegado** al aeropuerto, esperé más de dos horas.
  (Nachdem ich am Flughafen **angekommen war**, wartete ich mehr als zwei Stunden.)
  (Das Ankommen findet vor dem Warten statt.)

Der infinitivo perfecto activo steht im Aktivsatz, d. h. der Ausführende der Handlung wird genannt.

- Después de **haber llegado**, yo esperé.
  (Nachdem ich **angekommen war**, wartete ich.)
  („Yo" ist der Ausführende der Handlung.)

Der infinitivo perfecto pasivo steht im Passivsatz, d. h. der Ausführende der Handlung wird nicht genannt.

- Yo he esperado **haber estado invitado.**
  (Ich habe gehofft **eingeladen worden zu sein.**)
  (Wer „mich" einlud, wird nicht mitgeteilt.)

Der Infinitiv wird als reiner Infinitiv (ohne Präposition) oder mit einer Präposition, meist a oder de an Verben, Substantive oder Adjektive angeschlossen oder er steht anstelle von Haupt- oder Nebensätzen.
Es ist zu beachten, dass der Infinitiv im Spanischen viel weniger häufig mit einer Präposition angeschlossen wird, als der deutsche Infinitiv mit der Präposition *zu.*

Infinitiv wird meist ohne Präposition angeschlossen

Der reine Infinitiv

Modalverben, soler

Nach den Modalverben (außer nach haber und deber, die mit de angeschlossen werden) und nach soler steht der Infinitiv ohne Präposition.

- ¿Puede Vd. **explicar**me esta regla otra vez?

unpersönliche Verben

im que-Satz steht häufig der subjuntivo

Nach vielen unpersönlichen Verben und Ausdrücken steht der Infinitiv ohne Präposition, vor allem bei gleichem Subjekt im Haupt- und Nebensatz. Viele unpersönliche Verben können auch einen que-Satz mit subjuntivo anschließen.

- Es aconsejable **trabajar** más si quieres aprobar el examen.
- Es aconsejable **que trabajes más** si quieres aprobar el examen.
- Mañana hay que **empezar** a trabajar a las seis.

Verben des Veranlassens, Zulassens, prohibir

Nach den Verben des Veranlassens, Zulassens und nach prohibir steht der Infinitiv ohne Präposition.

- Hago **venir** al médico.
- Déjame **terminar** este trabajo.
- Te prohíbo **salir** con él.

Verben der Sinneswahrnehmung

Nach den Verben der Sinneswahrnehmung steht der Infinitiv ohne Präposition.

- Te he visto **salir** de casa.
  (Ich habe dich das Haus **verlassen** sehen.)
- He oído **llegar** un coche.

Der Infinitiv + de

Modalverb haber, Modalverb deber

Zum Ausdruck der Schlussfolgerung aus einer Tatsache bzw. zum Ausdruck der Notwendigkeit werden die Modalverben deber und haber mit de an den Infinitiv angeschlossen.

- El tren llega a la una, así que debemos de **partir** a tiempo.
- Habremos de **aprender** mucho si queremos aprobar el examen.

transitive Verben

Nach einigen transitiven Verben steht der Infinitiv mit de.

- Acabó de **llover.**
- He tratado de **resolver** el problema.

Substantive

Nach fast allen Substantiven steht der Infinitiv mit der Präposition de.

- Ahora tenemos que aprovechar la oportunidad de **hablar** con él.

Der Infinitiv + a

Verben der Bewegung, ir, venir

Nach ir und venir und nach anderen Verben der Bewegung steht der Infinitiv + a.

- Tenéis que tomar vacaciones para venir a **visitar**nos.

transitive Verben

Nach den folgenden transitiven Verben steht der Infinitiv mit a.

- Me acostumbré a **ir** al teatro una vez a la semana.

- acertar a — zufällig tun
- acostumbrarse a — sich daran gewöhnen zu
- atreverse a — wagen zu
- comenzar a — beginnen zu
- empezar a — anfangen zu
- negarse a — sich weigern zu
- ponerse a — sich anschicken zu

Nach forzar und obligar steht der Infinitiv + a.	▪ Me veo **forzado a decir**le la verdad. ▪ Me **obligo a pagar** tus deudas.	forzar, obligar

Der Infinitiv kann zur Satzverkürzung anstelle von Haupt- oder Nebensätzen mit verschiedenen Präpositionen stehen.

Anstelle eines temporalen Nebensatzes steht der Infinitiv mit al, hasta, antes de und después de. Temporale Nebensätze geben die Zeit an.	▪ **Al llegar** a la estación, el tren había partido ya. (**Cuando llegué a la estación,** el tren había partido ya.) (**Als ich am Bahnhof ankam,** war der Zug ...)	temporale Nebensätze
Anstelle eines finalen Nebensatzes steht der Infinitiv mit para. Finale Nebensätze drücken die Absicht, den Zweck aus.	▪ Partimos pronto **para llegar** a tiempo. (Partimos pronto **a fin de que lleguemos a tiempo.)** (Wir reisen früh ab, **damit wir rechtzeitig ...)**	finale Nebensätze
Anstelle eines kausalen Nebensatzes steht der Infinitiv mit por. Kausale Nebensätze geben den Grund, die Ursache an.	▪ Va a estudiar a Madrid **por ser** hijo de un catedrático de la Universidad de Madrid. (Va a estudiar a Madrid **porque es hijo** de ...) (Er wird in Madrid studieren, **da er der Sohn** eines Professors der Universität von Madrid **ist.)**	kausale Nebensätze
Anstelle eines konzessiven Nebensatzes steht der Infinitiv mit con. Konzessive Nebensätze drücken die Einräumung, das Zugeständnis aus.	▪ Este alumno, **con ser** tan inteligente, no tiene buenas notas. (Este alumno no tiene buenas notas **a pesar de que es tan inteligente.)** (**Obwohl dieser Schüler so intelligent ist,** hat er keine guten Noten.)	konzessive Nebensätze
Anstelle eines konditionalen Nebensatzes steht der Infinitiv mit de. Konditionale Nebensätze drücken eine Bedingung aus.	▪ **De no haberlo visto** con mis propios ojos, no lo creería. (**Si no lo hubiese visto** con mis propios ojos, no lo creería.) (**Wenn ich es nicht mit meinen eigenen Augen gesehen hätte,** hätte ich es nicht geglaubt.)	konditionale Nebensätze
Anstelle eines Relativsatzes, der ausdrückt, dass etwas zu erwarten oder zu tun ist, steht der Infinitiv mit por.	▪ Tengo un montón de trabajo **por hacer**. (Tengo un montón de trabajo **que debo hacer.)** (Ich habe einen Haufen Arbeit **zu machen.)**	Relativsätze
Anstelle von Fragesätzen wird der Infinitiv ohne Präposition an das Fragewort angeschlossen.	▪ **¿Qué hacer?** **(¿Qué debemos hacer?)** ▪ No sé a quién **dirigir**me.	Fragesätze
Anstelle von Imperativsätzen steht der Infinitiv ohne Präposition oder, besonders als eine Art Zuruf, mit a.	▪ **No asomarse** por la ventana. (**Nicht hinauslehnen.)** ▪ **A ver.** **(Mal sehen, lass mich mal sehen.)**	Imperativsätze

Übungen zum Infinitiv

1. Setzen Sie a oder de ein wo notwendig.

1. ¿Desea ... salir conmigo esta noche a cenar?
2. ¿Dónde esperan ustedes ... pasar la luna de miel?
3. ¿Esperas ... salir pronto del hospital?
4. ¿No prefiere usted ... alquilar otro coche más moderno?
5. Acabo ... visitar a mi hija, que vive en Suiza.
6. Ayúdame ... abotonar el vestido.
7. Comenzó ... probar una y otra de las llaves hasta que con una de ellas abrió la puerta principal.
8. Cuando el profesor comenzó ... explicar los ejercicios gramaticales, toda la clase le escuchó atentamente.
9. Cuando llegue a casa le damos ... comer lo que él desee.
10. Cuando terminó ... aclarar sus puntos de vista, se inició la discusión.
11. Empecé ... explicar el tema.
12. En el siglo XVIII la fiesta deja ... ser un juego de nobles y pasa ... ser una diversión de hondas raíces populares.
13. Felipe ha prometido ... venir a verme esta tarde.
14. Hemos conseguido ... apagar el incendio en la planta baja.
15. Juan trata ... hablar con ella. Tal vez nos escuche.
16. Mi madre, al verse sola y sin el apoyo de mi padre, decidió ... irse del campo a vivir a la ciudad.
17. Mira, también está permitido ... estacionar el coche en este sector.
18. Le pedí que me ayudara ... resolver el ejercicio.
19. María acaba ... volver a casa después de hacer algunas compras en el mercado.
20. Pablo necesita ... conseguir dinero a toda costa.

richtig falsch

2. Setzen Sie a oder de ein wo notwendig.

1. Usted tendrá que ... pagar una multa!
2. ¿Dónde puedo ... dejar estas maletas?
3. María debe ... estar muy nerviosa por el examen de mañana.
4. ¿Podemos ... ir a la piscina después de merendar?
5. Deberíamos ... haber cruzado a la izquierda al llegar al cruce en lugar de atravesar el puente.
6. Lo siento, pero no se puede ... fumar durante el despegue del avión.
7. Nadie supo ... explicar cómo pudo suceder ese accidente.
8. No queremos ... llegar tarde a la inauguración del museo.
9. Tienes que ... darte prisa si quieres ... llegar a la cita antes de las tres.
10. Quiero ... cambiar estas libras esterlinas, por favor.
11. Quiero ... saber cuando llegará esta carta a Inglaterra.
12. En las selvas de Río Muni deben ... vagar unos cinco mil individuos que en ellas buscan refugio.
13. Se deben ... tomar todas las precauciones pertinentes antes de emprender un viaje.
14. Tengo que ... llamar a la policía.
15. Todos los domingos solemos ... ir a cenar con los abuelos.

richtig falsch

3. Setzen Sie a oder de ein wo notwendig.

1. Ana fue ... buscar un médico ante el grave estado de salud de Juan.
2. Ana va ... participar en los Juegos Olímpicos.
3. Así sucedió que llegamos ... pasar tres días sin comer, hasta que nos rescataron.
4. Cuando fui ... buscar a Juan, ya no estaba.
5. Cuando iba ... partir yo fui ... ver a mi madre.

6. Cuando los invitados vinieron ... comer ya estaba la mesa servida.

7. Este verano voy ... ir a Colombia.

8. En vacaciones vamos ... viajar a Argentina.

9. ¿No crees que será imposible ... llegar a la cumbre?

10. A mi modo ... ver creo que lo mejor es irnos de aquí.

richtig falsch

4. Ersetzen Sie die blau gedruckten Nebensätze durch den infinitivo presente.

1. **Aunque es profesor de lenguas,** no sabe mucho de español.

2. **Como él no tenía una especialización,** no le ascendieron.

3. **Como encontró un empleo en Alemania,** se estableció definitivamente en ese país.

4. **Como es tan amable y simpática,** le dieron el trabajo de camarera.

5. **Como fuma tanto,** arruina su salud.

6. **Aunque no vayas a la citación,** no solucionaras nada.

7. **Como trabaja de noche,** gana más dinero.

8. **Cuando Ana vio a Felipe,** se sorprendió.

9. **Cuando ganó el premio mayor de la lotería,** se puso feliz.

10. **Como tuvo tan buen rendimiento académico,** ganó la beca de estudios.

11. **Cuando vio a Ana,** Felipe se llenó de felicidad.

12. **Si es tan necesario,** viajaré hoy mismo a Barcelona.

13. **Como es un hombre tan atractivo,** siempre llama la atención a las chicas.

14. **Cuando nació el bebé,** se mudaron de casa.

15. **Si llegamos a las seis,** la encontraremos.

richtig falsch

5. Setzen Sie die Verben in Klammern in den infinitivo perfecto.

1. Después de (terminar) con todo el trabajo me pude acostar.
2. Siento mucho no (ver, le).
3. Después de (despedir, nos), me quedé muy triste por su partida.
4. De (tener) más tiempo, hubiésemos cenado juntos.
5. (Hacer) caso a sus consejos en vez de ayudarme me trajo muchos problemas.
6. Después de (estropearse) el coche, siempre tengo que ir en el tranvía al trabajo.
7. Después de (firmar) el contrato, empecé a trabajar.
8. (Trabajar) tanto tiempo en esa empresa, me llenó de satisfacción laboral y personal.
9. Recordó (criticar) a otros compañeros por la misma situación.
10. (Ver) a Felipe fue su gran alegría.

richtig falsch

6. Setzen Sie die Verben in Klammern in den infinitivo presente oder in den infinitivo perfecto.

1. (Visitar, te) me ha llenado de mucho ánimo.
2. ¿Después de (visitar) el museo, tienes tiempo para dar un paseo?
3. Antes de (tomar) una decisión, es necesario analizar todos los problemas.
4. Después de (compartir) tanto tiempo, nos hemos separado para siempre.
5. La señora López fue a (visitar) a su nueva vecina.
6. Después de (esperar) una hora, yo me fui.
7. Lea cada pregunta con cuidado antes de (escoger) la respuesta correspondiente.
8. Después de (estar) todo el día en la playa, estaba muy cansado.

9. El niño se encontraba muy enfermo por (ingerir) algún alimento en malas condiciones.

10. Por no (dormir) bien la noche anterior, estuvo todo el día agotado.

richtig falsch

7. Setzen Sie die Verben in Klammern in den infinitivo presente pasivo.

1. Esta institución debía (reformar) con toda urgencia.
2. Las mismas cosas pueden (considerar) de modo muy distinto.
3. Ciertas cuestiones no podían (discutir) de mujer a mujer.
4. Juan cumplía una gran misión, y debía (apoyar y alentar).
5. El juez pidió que el acusado volviera a (examinar) por especialistas.

richtig falsch

8. Setzen Sie die Verben in Klammern in den infinitivo perfecto pasivo.

1. Tras de (firmar) los documentos, se inició el trámite legal del caso.
2. Al (cancelar) el concierto, se presentó una gran protesta por parte de los espectadores.
3. Después de (alquilar) el coche por el turista, le fue robado.
4. Después de (entregar) el proyecto, los arquitectos tuvieron un período de vacaciones.
5. Después de (practicar) el tratamiento médico, la paciente evolucionó positivamente.

richtig falsch

9. Setzen Sie die Verben in Klammern in den infinitivo activo oder pasivo del presente.

1. Antes de (concertar) una cita con él, le conoceré mejor.
2. Antes de (tomar) mi mano, Juan me miró profundamente.
3. Después de (recibir) en Francia con todos los honores, el monarca se encontró en París con el presidente.

4. El coche volvió a **(andar)** sin ningún problema.

5. El documento podría **(redactar)** por un sacerdote.

6. El joven fallecía en la ambulancia antes de **(trasladar)** a un centro hospitalario.

7. Ellos empezaron a **(cantar)** de nuevo con mucho entusiasmo.

8. En una sociedad en la que la mujer está totalmente integrada en el mundo laboral, el cuidado de los pequeños, suele **(destinar)** tradicionalmente a los abuelos.

9. Es un privilegio **(rodear)** de gente de tanta calidad.

10. Juan tuvo el sentimiento de **(comprender)** por su amigo.

11. Me puse a **(pensar)** y a contemplar todas las alternativas, y creo que ésta es la mejor decisión.

12. Tras **(asistir)** por el personal médico, quedó ingresado en la unidad de cuidados intensivos.

13. Un hombre de 64 años fue ingresado en el hospital tras **(atropellar)** por un autobús.

14. Yo empecé a **(llorar)** hasta recibir ayuda.

15. Antes del 30 de abril del 2008 tienen que **(concluir)** las obras.

richtig falsch

Die entsprechenden Lösungen befinden sich auf Seite 367 ff.

Das Partizip (el participio)

keine Angleichung bei den zusammengesetzten Zeiten

Angleichung beim Passiv

Das Partizip gehört zu den infiniten, d. h. nicht konjugierten Verbformen.
Das Spanische kennt nur ein Partizip, das mit haber für die Bildung der zusammengesetzten Zeiten und mit ser und estar zur Bildung des Passivs benötigt wird.
Es ist zu beachten, dass das Partizip bei der Bildung der zusammengesetzten Zeiten stets unveränderlich ist.
Bei der Bildung des Passivs richtet sich das Partizip in Geschlecht und Zahl nach seinem Bezugswort, d. h. handelt es sich um ein männliches Bezugswort im Singular endet das Partizip auf -o, handelt es sich um ein männliches Bezugswort im Plural endet es auf -os. Bei einem weiblichen Bezugswort im Singular endet das Partizip auf -a, bei einem weiblichen Bezugswort im Plural endet es auf -as. Bei einem, mehreren männlichen und weiblichen Bezugswörtern endet das Partizip auf -os, selbst wenn nur ein männliches Bezugswort unter mehreren weiblichen ist.

	ein Bezugswort	mehrere Bezugswörter
männlich	Juan está sentado Juan es invitado	Juan y Miguel están sentados Juan y Miguel son invitados
weiblich	María está sentada María es invitada	María y Elena están sentadas María y Elena son invitadas
männlich und weiblich	-	Juan y María están sentados Juan y María son invitados

anstelle eines reflexiven Verbs

Zum Ausdruck, dass ein Vorgang abgeschlossen ist, steht estar + participio anstelle eines reflexiven Verbs.

- Pedro está **sentado.** (sentarse)
  (Pedro **sitzt.**)
- María está **acostada.** (acostarse)
  (María **liegt.**)

als Adjektiv

Das Partizip kann in der Funktion eines Adjektivs stehen und durch Voranstellen des Artikels zum Substantiv werden. Es richtet sich dann in Geschlecht und Zahl nach dem Substantiv, auf das es sich bezieht.

Partizipien, die Adjektive sind, können kein Passiv bilden

Einige Partizipien gelten als Adjektive. Sie können in Verbindung mit ser kein Passiv bilden.

- Los **heridos** fueron transportados en helicópteros al hospital.
  (Die **Verletzten** wurden im Hubschrauber zum Krankenhaus transportiert.)
- Pedro es **aburrido.**
  (Pedro ist **langweilig.**)

anstelle von temporalen Nebensätzen

Anstelle eines temporalen Nebensatzes steht das Partizip häufig mit apenas, una vez und después de. Das Subjekt des Partizips wird diesem nachgestellt.

- Una vez **analizado** el problema, decidimos actuar.
  (**Cuando analizamos el problema** decidimos actuar.)

anstelle von Relativsätzen

Anstelle eines Relativsatzes ist die Partizipialkonstruktion Apposition.

- El asesino, **perseguido** por la policía, se refugió en el bosque.
  (El asesino **que era perseguido** por la policía, se refugió en el bosque.)

Übungen zum Partizip

1. Ersetzen Sie die blau gedruckten Nebensätze durch das participio.

1. **Cuando discutimos el problema,** llegamos a un acuerdo.
2. **Cuando finalice mis estudios,** regresaré a mi país.
3. **Cuando se termine la clase,** tomaremos un café.
4. **Cuando culmine el proyecto,** Luis partirá a su país de origen.
5. **Después de que se termine la fiesta,** los niños se irán a la cama.
6. **Cuando se reconstruyan las casas,** serán entregadas a los damnificados.
7. **Cuando se culmine el trabajo,** pediré vacaciones.
8. **Después de que se presenten las personas,** se continuará con el protocolo.
9. **Cuando se inicia la función,** no se permite más la entrada al público.
10. **Cuando conoció la noticia,** se marchó.

richtig falsch

Die entsprechenden Lösungen befinden sich auf Seite 368.

Das Gerundio (el gerundio)

Das gerundio gehört zu den infiniten, nicht konjugierten Verbformen.
Es bezeichnet den Verlauf eines Vorgangs und ist stets unveränderlich.

estar

Zum Ausdruck, dass ein Vorgang gerade, im Moment des Sprechens stattfindet, steht estar + gerundio.

- Los niños están **jugando** en el jardín.
  (Die Kinder **spielen gerade** im Garten.)

ir, venir

Zum Ausdruck der Entwicklung folgt das gerundio auf ir und venir, wobei sich ir + gerundio auf die Gegenwart und Zukunft bezieht, venir + gerundio bezieht sich auch auf die Vergangenheit.

- Voy **preparando** el examen que tendré en tres meses.
  (Ich bereite mich nach und nach auf die Prüfung **vor**, die ich in 3 Monaten ablegen werde.)
- Vengo **preparando** el examen desde hace seis meses.
  (Ich **bin** schon seit 6 Monaten **dabei mich** auf die Prüfung **vorzubereiten.)**

empezar, acabar

Zum Ausdruck des Anfangs bzw. des Endes eines Vorgangs stehen die Verben empezar und acabar+ gerundio.

- Empezó **estudiando** Matemáticas pero después abandonó sus estudios.
  (Anfangs studierte er Mathematik, aber dann brach er sein Studium ab.)

continuar, seguir

Auf die Verben continuar und seguir folgt stets das gerundio.

- Continuamos/seguimos **leyendo.**
  (Wir **lesen weiter.)**

Verben der Sinneswahrnehmung

Nach den Verben der Sinneswahrnehmung.
Das gerundio kann sich sowohl auf das Subjekt als auch auf das Objekt beziehen. Um Missverständnisse zu vermeiden, sollte das gerundio unmittelbar nach dem Subjekt stehen, wenn es sich auf dieses bezieht und es sollte unmittelbar nach dem Objekt stehen, wenn es sich auf das Objekt bezieht.

- (Yo) **saliendo** de casa, vi a mi hermano.
  (Als ich das Haus **verließ**, sah ich meinen Bruder.)
- Vi a mi hermano **saliendo** de casa.
  (Ich sah **meinen Bruder** das Haus **verlassen.)**
- (Yo) **paseando** por el bosque, sentía el frescor de la mañana.
- Oía a los lobos **aullando** en la oscuridad.

anstelle temporaler Nebensätze

Anstelle eines temporalen Nebensatzes, wobei Hauptverb und gerundio dasselbe Subjekt haben.
Zum Ausdruck der Vorzeitigkeit steht das gerundio perfecto nur noch in veralteter Sprache.
In der modernen Sprache steht hier ein Nebensatz mit después de + infinitivo perfecto.
Temporale Nebensätze geben die Zeit an.

- **Llegando** a la estación, me di cuenta de que había olvidado el pasaporte.
  (Cuando llegué a la estación ...)
- **Saliendo** del cine, me encontré con Pedro.
  (Al salir del cine ...)
- **Habiendo vivido** diez años en la ciudad, me retiré al campo.
  Después de **haber vivido** diez años en la ciudad, me retiré al campo.

kausale Nebensätze

Anstelle eines kausalen Nebensatzes wird das gerundio nicht so häufig verwendet.
Kausale Nebensätze geben den Grund, die Ursache an.

- **Siendo** hijo de un catedrático de la Universidad de Madrid, es lógico que estudie allí.
  (Como es hijo de un catedrático de la Universidad de Madrid, ...)

konzessive Nebensätze

Anstelle eines konzessiven Nebensatzes steht das gerundio mit aun.
Konzessive Nebensätze drücken die Einräumung, das Zugeständnis aus.

- Aun **siendo** tan tarde, me quedaré un poco más.
  (Aun cuando sea tan tarde, me quedaré un poco más.)

konditionale Nebensätze

Das gerundio kann anstelle eines konditionalen Nebensatzes stehen.
Konditionale Nebensätze drücken eine Bedingung aus.

- **Teniendo** tanto trabajo como Pedro, yo pondría manos a la obra en seguida.
  (Si tuviese tanto trabajo como Pedro ...)

Relativsätze

Anstelle eines Relativsatzes kann das gerundio nach einem Objekt mit con stehen. In dieser Funktion wird es jedoch selten verwendet.

- Tiene un cuarto con una ventana **mirando** al mar.
  (Er hat ein Zimmer **mit Meerblick.)**

Übungen zum Gerundio

1. Ersetzen Sie die folgenden Verben durch das gerundio oder den infinitivo.

1. ¿Dónde esperan ustedes **(pasar)** la luna de miel?
2. Acabo de **(visitar)** a mi hija, que vive en Suiza.
3. Antes de **(llegar)** a Madrid, el coche presentó muchos problemas mécanicos.
4. Ayer estuve **(esperar)** el autobús mucho rato.
5. Ayúdame a **(abotonar)** el vestido.
6. Comenzó a **(probar)** una y otra de las llaves hasta que con una de ellas abrió la puerta.
7. Continúa **(llover)** muy fuerte.
8. Cuando los invitados vinieron a **(comer)** ya estaba la mesa servida.
9. El anfitrión mandó **(buscar)** más vino para sus invitados.
10. Ellos empezaron a **(cantar)** con mucho entusiasmo.
11. Estoy **(hacer)** un esfuerzo muy grande para aprender correctamente la lengua española.
12. Juan está **(invertir)** mucho dinero en su nuevo negocio.
13. Juan sabía que va a **(tener)** problemas por su decisión.
14. La situación económica en general está **(complicarse)** cada vez más.
15. Las personas que resultaron heridas en el accidente ya están **(ser)** atendidas por el médico.
16. Lo siento, pero no se puede **(fumar)** durante el despegue del avión.
17. Luisa continúa **(mentir, le)** a su novio.
18. María acaba de **(volver)** a casa después de hacer algunas compras en el mercado.
19. Mi hijo ha estado **(estudiar)** tres años en Barcelona y ahora

desea irse para París.

20. Mi madre, al verse sola y sin el apoyo de mi padre, decidió irse del campo a **(vivir)** a la ciudad.

21. Nadie supo **(explicar)** como pudo suceder ese accidente.

22. No puedo seguir **(mentir)**.

23. Pablo necesita **(conseguir)** dinero a toda costa.

24. Por favor, no me molestes que estoy **(leer)**.

25. Prefiero **(comer)** en los restaurantes del pueblo.

richtig falsch

2. Ersetzen Sie die blau gedruckten Nebensätze durch das gerundio.

1. **Cuando esperaba el autobús,** me robaron la cartera.
2. **Aunque Antonio es de una familia humilde,** posee muy buena educación.
3. **Cuando estoy contigo,** me divierto mucho.
4. **Aunque ella lo sabía todo,** guardó silencio.
5. **Al oír el rumor de pasos al otro lado de la puerta,** Mercedes intuyó la llegada de Ana.
6. María ordenó, **al bajar las escaleras**, que se marcharan todos de su casa.
7. Entonces aparece un señor **para declarar que allí no viven más su mujer y sus hijos.**
8. Nunca es demasiado tarde para corregirse, sentenció el diplomático, **al citar un proverbio inglés.**
9. **Si se sabe más idiomas,** se tiene más alternativas laborales.
10. **Como Pablo tiene tan buenos contactos,** le será más fácil encontrar un trabajo.

richtig falsch

Die entsprechenden Lösungen befinden sich auf Seite 368.

Infinitiv, Partizip und Gerundio

Infinitiv, Partizip und gerundio weisen in ihrer Verwendung einige Parallelen auf, die in der folgenden Tabelle zusammengefasst sind.

		Infinitiv	Partizip	Gerundio
Aktiv	Pres.	amar	amado	amando
	Perf.	haber amado		habiendo amado
Passiv	Pres.	estar amado ser amado		estando amado siendo amado
	Perf.	haber estado amado haber sido amado		habiendo estado amado habiendo sido amado

aktueller; abgeschlossener Vorgang

Gerundio	Partizip
Zum Ausdruck, dass ein Vorgang gerade, im Moment des Sprechens stattfindet, steht estar + gerundio.	Zum Ausdruck, dass ein Vorgang abgeschlossen ist, steht estar + participio anstelle eines reflexiven Verbs.
▪ Los niños están **jugando** en el jardín. (Die Kinder **spielen gerade** im Garten.)	▪ Pedro está **sentado.** (Pedro sitzt.) ▪ María está **acostada.**

Verben der Sinneswahrnehmung

Gerundio	Infinitiv
Nach den Verben der Sinneswahrnehmung. Das gerundio kann sich auf das Subjekt oder Objekt beziehen. Um Missverständnisse zu vermeiden, sollte es unmittelbar nach dem Subjekt stehen, wenn es sich auf das Subjekt bezieht und es sollte unmittelbar nach dem Objekt stehen, wenn es sich auf das Objekt bezieht.	Nach den Verben der Sinneswahrnehmung.
▪ (Yo) **saliendo** de casa, vi a mi hermano. (Als ich das Haus **verließ,** sah ich meinen Bruder.)	▪ Te he visto **salir** de casa. (Ich habe dich das Haus **verlassen** sehen.)

Gerundio	Infinitiv
▪ Vi a mi hermano **saliendo** de casa. (Ich sah meinen Bruder das Haus **verlassen.**)	▪ He oído **llegar** un coche. (Ich habe ein Auto **kommen** hören.)

empezar, acabar

Gerundio	Infinitiv
Zum Ausdruck des Anfangs bzw. Endes einer Entwicklung stehen empezar oder acabar + gerundio.	Zum Ausdruck des Anfangs bzw. Endes einer Entwicklung stehen empezar oder acabar por + infinitivo.
▪ Empezó **estudiando** Matemáticas pero después abandonó sus estudios. (Anfangs **studierte er** Mathematik, aber dann brach er sein Studium ab.)	▪ Empezó a **estudiar** Matemáticas pero después abandonó sus estudios. (Anfangs **studierte er** Mathematik, aber dann brach er sein Studium ab.)

als Substantiv

Partizip	Infinitiv
Das Partizip kann Substantiv werden, wenn ihm der Artikel vorangestellt wird.	Der Infinitiv kann Substantiv werden, wenn ihm der Artikel vorangestellt wird.
▪ Los **heridos** fueron transportados en helicópteros al hospital. (Die **Verletzten** wurden mit Hubschraubern ins Krankenhaus gebracht.)	▪ **los deberes** (Aufgaben) ▪ **el poder** (die Macht) ▪ **el saber** (das Wissen)

temporale Nebensätze

Infinitiv	Gerundio	Partizip
Anstelle eines temporalen Nebensatzes steht der Infinitiv mit al, hasta, antes de und después de. Zum Ausdruck der Vorzeitigkeit steht der infinitivo perfecto. Temporale Nebensätze geben die Zeit an.	Anstelle eines temporalen Nebensatzes. Das gerundio kann nur stehen, wenn Haupt- und Nebensatz das gleiche Subjekt haben. Zum Ausdruck der Vorzeitigkeit steht das gerundio perfecto in veralteter Sprache. In moderner Sprache steht ein Nebensatz mit después de + infinitivo perfecto. Temporale Nebensätze geben die Zeit an.	Anstelle eines temporalen Nebensatzes steht das Partizip häufig mit apenas, una vez und después de. Das Subjekt steht nach dem Partizip. Temporale Nebensätze geben die Zeit an.

Infinitiv	Gerundio	Partizip
▪ Al **llegar** a la estación, me encontré con Pedro. **(Cuando llegué** a la estación ...) ▪ Después de **haber llegado** al aeropuerto, esperé más de dos horas. (Nachdem ich am Flughafen **angekommen war**, wartete ich mehr als zwei Stunden.)	▪ **Sonando** el reloj, saldremos. **(Al sonar** el reloj ...) ▪ **Saliendo** del cine, me encontré con Pedro. **(A salir** del cine, ...) ▪ **Habiendo vivido** diez años en la ciudad, me retiré al campo. **(Después de haber vivido** diez años en la ciudad, me retiré al campo.)	▪ Una vez **analizado** el problema, decidimos actuar. **(Cuando analizamos** el problema ...) ▪ Después de **hecho** todo el trabajo, me fui a casa. **(Después de que hubiera hecho** todo el trabajo, me fui a casa.)

	Infinitiv	Gerundio
kausale Nebensätze	Anstelle kausaler Nebensätze steht der Infinitiv mit por. Kausale Nebensätze gebenden Grund an.	Anstelle kausaler Nebensätze wird das gerundio nicht so häufig verwendet. Kausale Nebensätze gebenden Grund an.
	▪ Va a estudiar en Madrid por **ser** hijo de un catedrático de la Universidad de Madrid. (... **porque es** hijo de...)	▪ **Siendo** hijo de un catedrático de la Universidad de Madrid, está claro que vaya a estudiar allí. **(Como es** hijo de ...)
konzessive Nebensätze	Anstelle konzessiver Nebensätze steht der Infinitiv mit con. Konzessive Nebensätze drücken die Einräumung aus.	Anstelle konzessiver Nebensätze steht das gerundio mit aun. Konzessive Nebensätze drücken die Einräumung aus.
	▪ Este alumno, con **ser** tan inteligente, no tiene buenas notas. (Este alumno no tiene buenas notas **a pesar de que es** tan inteligente.)	▪ Aun **siendo** tan tarde, me quedaré un poco más. **(Aun cuando sea** tan tarde, me quedaré un poco más.)
konditionale Nebensätze	Anstelle eines konditionalen Nebensatzes steht der Infinitiv mit de. Konditionale Nebensätze drücken eine Bedingung aus.	Anstelle eines konditionalen Nebensatzes. Konditionale Nebensätze drücken die Bedingung aus.

Infinitiv	Gerundio
De no **haber**lo **visto** yo mismo, no lo creería. **(Si no lo hubiese visto** yo mismo ...)	**Teniendo** tanto trabajo como Pedro, yo pondría manos a la obra en seguida. **(Si tuviese** tanto trabajo como Pedro ...)

Relativsätze

Infinitiv	Gerundio	Partizip
Anstelle eines Relativsatzes, der ausdrückt, dass etwas zu erwarten oder zu tun ist, steht der Infinitiv mit por.	Anstelle eines Relativsatzes, kann das gerundio nach einem Objekt mit con stehen. In diesem Zusammenhang wird es jedoch selten verwendet.	Anstelle eines Relativsatzes, ist die Partizipialkonstruktion Apposition (Beisatz).
Tengo un montón de trabajo por **hacer.** (Tengo un montón de trabajo **que debo hacer.)**	Tiene un cuarto con una ventana **mirando** al mar. (Er hat ein Zimmer **mit Meeresblick.)**	El asesino, **perseguido** por la policía, se refugió en el bosque. (El asesino **que era perseguido** por la policía ...)

Der Artikel (el artículo)

Der Artikel (Geschlechtswort) ist der Begleiter des Substantivs und gibt dessen Geschlecht und Zahl an. Das Spanische kennt nur zwei Geschlechter, das männliche bzw. maskuline (masculino) und das weibliche bzw. feminine (femenino).

Der bestimmte Artikel (el artículo definido)

bestimmte Substantive

Der bestimmte Artikel bezeichnet ein oder mehrere bestimmte Substantive im Singular oder Plural.

- **el** hombre - **los** hombres
- **la** mujer - **las** mujeres

Der unbestimmte Artikel (el artículo indefinido)

unbestimmte Substantive

Der unbestimmte Artikel bezeichnet ein unbestimmtes zählbares Substantiv im Singular.

- **un** hombre
- **una** mujer

Die neutrale Form des Artikels lo (el artículo neutro lo)

Substantivierung

Die neutrale Form des Artikels lo dient zur Substantivierung.

- **Lo** bueno es que ha venido en seguida.
- A **lo** mejor no viene.

Die Formen der Artikel (las formas de los artículos)

	Nu.	Gen.	Unbest. Artikel	Best. Artikel	Best. Art. + a	Best. Art. + de
Vor Konsonant, und Vokal	Sing.	mask.	un	el	al	del
		fem.	una	la	a la	de la
		neutr.	-	lo	a lo	de lo
	Plur.	mask.	-	los	a los	de los
		fem.	-	las	a las	de las
		neutr.	-	-	-	-
Vor betontem a- und ha-	Sing.	mask.	un	el	al	del
		fem.	un	el	al	del
		neutr.	-	lo	a lo	de lo
	Plur.	mask.	-	los	a los	de los
		fem.	-	las	a las	de las
		neutr.	-	-	-	-

Der bestimmte und unbestimmte Artikel (el artículo definido e indefinido)

Bestimmter Artikel	
Abstrakta stehen in der Regel mit dem bestimmten Artikel.	Abstrakta
▪ Donde **la** fuerza oprime, **la** ley se quiebra.	
Gattungsnamen stehen in der Regel mit dem bestimmten Artikel. Tiergattungen stehen meist im Plural.	Gattungsnamen
▪ **El** gato es un animal independiente. ▪ **Los** gatos son animales independientes.	
Stoffnamen stehen in der Regel mit dem bestimmten Artikel.	Stoffnamen
▪ **El oro** es más preciado que el dinero.	
Bei Eigennamen, die näher bestimmt sind (zum Beispiel durch ein Adjektiv).	Eigennamen
▪ **el** gran Museo del Prado ▪ **el** bonito Madrid ▪ **la** gran España	

Bestimmter Artikel	Kein Artikel	
Bei Familiennamen im Plural.	Bei Personennamen, die eine einzige Person bezeichnen.	Familiennamen, Personennamen
▪ **Los** García están de vacaciones en Francia.	▪ María ha escrito una carta. ▪ Pedro ha llegado esta mañana.	
Bei Verwandtschaftsbezeichnungen + Vorname oder Familienname.		Verwandtschaftsbezeichnungen
▪ **La** tía María y **el** tío Carlos son mis padrinos.		
Bei Personennamen, die durch Titel näher bestimmt sind.	In der Anrede stehen Titel mit oder ohne Personennamen ohne Artikel.	Titel
▪ **el** rey Juan Carlos ▪ **el** capitán García ▪ **el** doctor Garrote	▪ ¿Cuándo tiene tiempo, doctor? ▪ ¿Cuándo tiene tiempo, doctor García?	

	Bestimmter Artikel	Kein Artikel
señor, señora + Titel		Nach señor und señora + Titel in der Anrede.
		▪ Señor Presidente ▪ Señora Ministra
Herrschernamen		Bei der Zählung von Herrschernamen wird der Artikel, im Gegensatz zum Deutschen, nicht verwendet.
		▪ Juan Carlos Primero (Juan Carlos I) es el actual rey de España. (Juan Carlos **der** Erste ist der derzeitige König von Spanien.)
Berufsbezeichnungen		Berufsbezeichnungen stehen im Spanischen grundsätzlich ohne Artikel.
		▪ Pedro es estudiante. ▪ Carlos es catedrático de filosofía en la Universidad de Barcelona.
Erdteile	Die Namen der Erdteile stehen in der Regel mit dem bestimmten Artikel.	
	▪ l'América ▪ l'Europa ▪ l'Asia	
Ländernamen	Ländernamen, die näher bestimmt sind (zum Beispiel durch ein Adjektiv). Die Ländernamen la India und el Tirol stehen mit dem bestimmten Artikel.	Die meisten Ländernamen stehen ohne Artikel. In Nachrichten und Berichten sowie in Aufzählungen fehlt der Artikel auch bei den Ländernamen, die normalerweise mit dem bestimmten Artikel stehen.
	▪ La historia de **la** España de la Edad Media es muy interesante. ▪ **La** India es un país muy interesante. ▪ **El** Tirol es parte de Austria.	▪ España es un país muy bonito. ▪ El idioma nacional de Argentina, Ecuador, Paraguay, Perú y Uruguay es el español.

Bestimmter Artikel	Kein Artikel	
	Ländernamen, die mit einer Präposition verbunden sind, stehen ohne Artikel. Dies gilt auch für die Ländernamen, die normalerweise mit dem bestimmten Artikel stehen.	
	▪ Este año pasaremos las vacaciones **en España**. ▪ Este año vamos **a Canadá**. ▪ Pedro vive **en Brasil** desde hace muchos años.	
Meeresnamen stehen in der Regel mit dem bestimmten Artikel.		Meeresnamen
▪ **el** Mediterráneo ▪ **el** Atlántico ▪ **el** Pacífico		
Flussnamen stehen in der Regel mit dem bestimmten Artikel.		Flussnamen
▪ **el** Danubio ▪ **el** Rin ▪ **el** Ródano		
Die Namen der Berge und Gebirge stehen mit dem bestimmten Artikel.		Berge, Gebirge
▪ **los** Alpes ▪ **los** Andes		
Die Himmelsrichtungen stehen in der Regel mit dem bestimmten Artikel.		Himmelsrichtungen
▪ Pamplona está en **el norte** de España.		
Städtenamen, die näher bestimmt sind (zum Beispiel durch ein Adjektiv). Die folgenden Städtenamen stehen immer mit dem bestimmten Artikel. ▪ El Cairo – Kairo ▪ La Habana – Havanna ▪ La Haya – Den Haag	Die meisten Städtenamen stehen ohne Artikel.	Städtenamen
▪ **El Madrid** de la Edad Media. ▪ **La Haya** es la capital de Holanda.	▪ **Madrid** es una ciudad muy bonita. ▪ **Barcelona** es extensa.	

	Bestimmter Artikel	Kein Artikel
Straßennamen, Gebäudenamen	Straßen- und Gebäudenamen in Adressangaben. ▪ Vivo en **el** número cinco de la calle Molino.	
Jahreszeiten	Die Jahreszeiten stehen in der Regel mit dem bestimmten Artikel. ▪ Mi familia pasa **el** verano siempre en el campo. ▪ En **la** primavera estamos siempre en Andalucía.	Jahreszeiten mit der Präposition en können auch ohne Artikel stehen. ▪ En primavera estamos siempre en Andalucía. ▪ En verano estamos siempre en el norte de España.
Monatsnamen		Die Monatsnamen stehen in der Regel ohne Artikel. ▪ Estamos de vacaciones en julio. ▪ En agosto estamos siempre en Andalucía.
Wochentage	Die Wochentage stehen in der Regel mit dem bestimmten Artikel. ▪ Me voy **el** próximo lunes. ▪ **El** jueves comienzo a trabajar. ▪ Comenzó a trabajar **el** martes pasado.	
Zeitangaben, Uhrzeit	In Angaben zur Uhrzeit sowie in Angaben über eine hinter sich gebrachte Zeit in Verbindung mit der Präposition a. ▪ Es **la** una. ▪ Son **las** dos. ▪ Hemos quedado a **las** tres.	In den folgenden Zeitangaben, die mit einer Präposition fest verbunden sind. ▪ de día – bei Tag ▪ a mediodía – am Mittag ▪ a medianoche – um Mitternacht ▪ de noche – bei Nacht ▪ Ha abandonado la oficina a mediodía. ▪ Pedro trabaja siempre de noche.
Feiertage		Die Feiertage stehen in der Regel ohne Artikel. ▪ En Pentecostés vamos a pasar las vacaciones a Andalucía.
Körperteile, Kleidungsstücke	Bei Körperteilen und Kleidungsstücken, vor allem nach Verben wie tener, llevar etc.	

Bestimmter Artikel	Kein Artikel	
Im Deutschen wird der Artikel hier nicht verwendet. ▪ María tiene **los** ojos oscuros. (María hat dunkle Augen.) ▪ Lleva **los** pantalones rasgados. (Er hat zerrissene Hosen an.)		kein Artikel im Deutschen !
Nach dem Verb tener zur Bezeichnung von Sachen, die man besitzt, wenn sie näher bestimmt sind (zum Beispiel durch ein Adjektiv). ▪ Pedro tiene **un** piso más grande.	Nach dem Verb tener zur Bezeichnung von Sachen, die man nur einmal besitzt. Entscheidend ist, dass man sie überhaupt besitzt. ▪ Pedro tiene piso en este barrio residencial.	tener
Zur Bezeichnung des Transportmittels nach der Präposition con. ▪ Viene siempre con **el** avión a Madrid.	Zur Bezeichnung des Transportmittels nach der Präposition en. ▪ Viene siempre en avión a Madrid.	Transportmittel
Ein Spiel spielen und *ein Instrument spielen* wird mit jugar a + Artikel + Spiel und tocar + Artikel + Instrument ausgedrückt. ▪ Me gusta más jugar **al** tenis que jugar **al** fútbol. ▪ María toca muy bien **el** piano.		*ein Spiel spielen, ein Instrument spielen*
	Im Gegensatz zum Deutschen steht im Spanischen vor medio, otro und cierto kein Artikel. ▪ He comprado medio litro de sangría. (Ich habe **einen** halben Liter Sangría gekauft.) ▪ ¿Puede Vd. darme otro libro? (Können Sie mir **ein** anderes Buch geben?)	medio, otro

Die neutrale Form des Artikels lo (el artículo neutro lo)

Neben dem bestimmten und dem unbestimmten Artikel el, los und un zur Bezeichnung des männlichen Geschlechts und la, las und una zur Bezeichnung des weiblichen Geschlechts, kennt das Spanische noch die neutrale Form lo, die zur Substantivierung der folgenden Wortarten dient.

Adjektive, adverbiale Ausdrücke

Adjektive werden mit lo substantiviert.
Lo steht auch vor dem Ausdruck suficientemente + Adjektiv oder Adverb.
Ferner kommt es in einigen festen adverbialen Ausdrücken vor.

- **Lo** bueno es que ha venido en seguida.
  (**Das** Gute ist, dass er sofort gekommen ist.)
- Pedro es **lo** suficientemente atrevido como para intentarlo.
- A **lo** mejor no viene.

Possessivpronomen

Possessivpronomen werden mit lo substantiviert.

- **Lo** tuyo me gusta más.
  (**Deines/das** deinige gefällt mir besser.)

Ordnungszahlen

Ordnungszahlen werden mit lo substantiviert.

- **Lo** primero que hago es decir la verdad.

Appositionen

Appositionen werden an einen folgenden Relativsatz mit lo que angeschlossen.
Statt lo que steht häufig cosa que oder hecho que etc.

- Están trabajando todo el tiempo sin reposo, **lo que/cosa que/hecho que** yo no podría.
  (Sie arbeiten schon die ganze Zeit ohne Pause, **etwas das/was** ich nicht könnte.)

Übungen zum Artikel

1. Setzen Sie den bestimmten oder unbestimmten Artikel ein, wo erforderlich.

1. Aunque ... costumbres de ese país son totalmente diferentes a ... mías, me adapté a ellas fácilmente.
2. Debes darle ... gracias por tan valiosa ayuda.
3. ... color y ... aroma de esa flor me encantan.
4. ... español es ... idioma romántico.
5. ... oro que se compra en países como Colombia es de muy buena calidad y más económico que en otros lugares.
6. ... sabor de esa fruta es muy delicioso.
7. ... seis es mi número de la suerte.
8. En esta ciudad tenemos que cambiar de ... tren.
9. Es ... motivo para brindar y lo haremos con el champán que he comprado especialmente para hoy.
10. Es ... honor para mí acompañarlo en este día.

richtig falsch

2. Setzen Sie den bestimmten oder unbestimmten Artikel ein, wo erforderlich.

1. Estas son ... gafas que me gustan mucho.
2. ... discriminación debe ser combatida por todas las instituciones públicas y privadas.
3. ... niñez es la etapa más linda de ... vida.
4. ... poesía es una de mis grandes pasiones.
5. ... salud es lo más importante.
6. Los animales que más me gustaron del museo fueron por ejemplo: ... león, ... leopardo, ... chimpancé, ... elefante y ... cocodrilo.
7. ... autobuses de esta ciudad cumplen ... excelente servicio, destacado por ... puntualidad.

8. ... cantantes españoles me gustan mucho.

9. ... gatos son ... animales muy juguetones.

10. ... rubíes y ... esmeraldas son mis piedras preciosas favoritas.

11. Mi perro tiene ... patas muy largas.

12. Necesito ... dinero para el alquiler.

13. Ni ... raza ni ... nacionalidad deben ser obstáculos para la consecución de metas.

14. Quieres ... otro café.

15. Quisiera ... medio kilo de pan.

16. Siempre voy al trabajo en ... coche.

17. ¿Te gustaría ... otro color?

18. ¿Tienes ... coche?

19. Todos en ese país hasta hoy luchan por ... libertad.

20. Uno de sus principales valores es ... gratitud.

richtig falsch

3. Setzen Sie den bestimmten oder unbestimmten Artikel ein wo erforderlich.

1. ... padrino de Felipe lo visitará este fin de semana.

2. ... papá, al igual que ... hermano de Jaime, me parecieron unas personas muy amables.

3. ... abuela es una mujer admirable por su comprensión y amor por la familia.

4. El día de ... Reyes Magos se celebra el seis de enero.

5. ... médico me dijo que es necesario que me hagan una radiografía del tórax.

6. ... profesor de Matemáticas me dejó varios ejercicios de tareas con el fin de mejorar mi rendimiento académico.

7. Habrá una exposición de ... pintores más famosos de Latinoamérica como ... Fernando Botero y ... Carlos Amaya.

8. ... psicólogos son profesionales muy importantes para la salud mental tanto en prevención como en intervención.

9. ... atleta obtuvo mejor rendimiento en las olimpiadas anteriores.

10. La mayoría de cuentos siempre comienzan diciendo: «Había una vez ... rey y ... reina que ... .»

11. ... Gabriel García Márquez es ... escritor colombiano.

12. ... señora García es ... persona muy amable.

13. ... Lina es ... amiga colombiana de ... Sandra.

14. ... doctor Duque tiene ... profesión muy interesante.

15. Juan Carlos, ... rey de España, impidió el golpe de estado.

richtig falsch

4. Setzen Sie den bestimmten oder unbestimmten Artikel ein wo erforderlich.

1. El fin de semana pasado estuve en ... Lago de Constanza en ... Alemania.
2. En ... Colombia se hacen también muchos esfuerzos por conseguir la paz.
3. En ... sur de España viven mis abuelos.
4. En las próximas vacaciones viajaremos a ... Mar Caribe.
5. Estudié en ... Universidad de Valencia.
6. Estuve un mes en ... Japón, un país que siempre quise visitar.
7. La explosión se escuchó hasta ... afueras de ... ciudad.
8. ... capital de ... Colombia es ... Bogotá.
9. ... ciudad de Buenos Aires es encantadora.
10. ... ciudad que más me gusta de ... España es ... Barcelona.
11. La copa América es disputada por todos ... países de ... Sudamérica y algunos otros países invitados de ... Centroamérica y ... Norteamérica.

12. La próxima semana iré a visitar a mi hermana, quien vive en ... Estados Unidos.

13. ... ingleses tendrán un pabellón especial en la feria mundial.

14. Me gustaría conocer las principales ciudades de ... países sudamericanos.

15. Me gustaría visitar algún día ... monte Himalaya o ... Teide.

16. Me iré de vacaciones a ... Islas Canarias.

17. ... Colombia es ... país ubicado en ... norte de Sudamérica.

18. De ... Madrid a ... Berlín hay unos 2.400 kilómetros.

19. La próxima semana viajo a ... Suiza a una conferencia.

20. La convención de presidentes será en ... Turquía.

richtig falsch

5. Setzen Sie den bestimmten oder unbestimmten Artikel ein wo erforderlich.

1. A ... tres y media voy a visitar a las tías Teresa y Marta.

2. ... día que regreses estaré muy feliz.

3. En ... 2006, ... 40 % de los puestos de trabajo dependerán de las nuevas tecnologías.

4. La reunión será desde ... ocho hasta ... doce de ... día.

5. Me gusta esta ciudad en Colombia porque todos ... días sale ... sol.

6. No te olvides que ... martes es la reunión de padres de familia en el colegio de los niños.

7. Todos ... lunes por ... noche se dictan las clases de español.

8. A ... finales de ... julio me voy de vacaciones y regreso a mediados de ... agosto.

9. Esa casa fue construida a ... finales de ... siglo pasado y aún conserva su arquitectura original.

10. De ... noche todos los gatos son pardos.

11. En Alemania, ... enero es un mes muy frío.

12. Empecé el curso de español en ... septiembre de ... año pasado.

13. En ... primavera, España me gusta mucho.

14. ... Navidad es ... época del año que más me gusta.

15. El bebé nació en ... mayo.

richtig falsch

6. Setzen Sie die neutrale Form des Artikel lo oder den bestimmten Artikel ein wo erforderlich.

1. ... curioso es que Juan no nos dijo nada.
2. Eso yo no ... creo.
3. ... que me dices no es cierto.
4. Te daré todo... que necesites para realizar ese viaje.
5. Durante todo ... camino ambos amigos guardaron silencio.
6. Ven ... antes posible.
7. Por ... demás, todo está bien.
8. ... primero en que debes pensar es en tu hijo.
9. ¿Qué hicieron Juan y su nuevo amigo ... primer día que estuvieron juntos?
10. No olvides ... que te recomendé.
11. Estoy trabajando en ... mío, eso ya es muy importante para mí.
12. Me dijo que su hijo jugaba con ... mío.
13. Vi la película por ... menos tres veces.
14. En ... político prefiero guardar mi opinión.
15. ... político tomó la decisión de dimitir después de la retirada de su candidatura.
16. En ... personal ella es muy amable.
17. En ... económico esta empresa no va muy bien.

18. ... bueno es que se gana mucho dinero con ese negocio aunque se tiene que trabajar más de diez horas al día.

19. Me creo que es sincero cuando al malo de hoy lo convierte en ... bueno de mañana.

20. ... que dices es totalmente falso.

richtig falsch

Die entsprechenden Lösungen befinden sich auf Seite 368 ff.

Das Substantiv (el sustantivo)

Das Substantiv bezeichnet ein Lebewesen, eine Pflanze, einen Gegenstand oder einen sonstigen Begriff und kann mit dem Artikel verbunden werden.

Konkreta (sustantivos concretos)

Substantive, die Gegenstände bezeichnen (Gegenstandswort).

- **libro**
- **mesa**

Abstrakta (sustantivos abstractos)

Substantive, die das nicht Nichtgegenständliche bezeichnen, d. h. Dinge, die man nicht berühren kann (Begriffswort).

- **amor**
- **bondad**
- **coraje**

Appellativa (sustantivos apelativos)

Substantive, die eine Gattung von Lebewesen oder Dingen bezeichnen und zugleich jedes einzelne Lebewesen oder Ding dieser Gattung (Gattungsnamen).

- **hombre**
- **mujer**
- **niño**
- **gato**

Kollektiva (sustantivos colectivos)

Substantive, die eine Gruppe gleichartiger Lebewesen oder Dinge bezeichnen (Sammelnamen).

- **los españoles**
- **el grupo**

Stoffnamen (sustantivos materiales)

Stoffnamen sind Masse und Materialbezeichnungen.

- **agua**
- **oro**

Eigennamen (sustantivos propios)

Substantive, die Sachen und Personen bezeichnen, die einmalig sind.

- **España**
- **Madrid**

Ursubstantive (sustantivos originarios)

Ursprüngliche, nicht durch ein Suffix (Nachsilbe) oder Präfix (Vorsilbe) abgewandelte Substantive.

- **agua**
- **libro**
- **hoja**

Abgewandelte Substantive (sustantivos modificados)

Substantive, die durch ein Suffix (Nachsilbe) oder Präfix (Vorsilbe) abgewandelt sind.

- **libro** - **librillo**
- **unión** - **reunión**

Abgeleitete Substantive (sustantivos derivados)

Von einer anderen Wortart (z. B. Verb, Adjektiv) abgeleitete Substantive.

- **feliz** - **felicidad**
- **esperar** - **esperanza**

Zusammengesetzte Substantive (sustantivos compuestos)

Aus verschiedenen Wortarten zusammengesetzte Substantive (z. B. Substantiv + Substantiv, Substantiv + + Verb etc.).

- **pasaporte**
- **terremoto**
- **portacartas**

Genus und Numerus des Substantivs (género y número)

Die spanische Sprache unterscheidet zwischen männlichem bzw. maskulinem (masculino) und weiblichem bzw. femininem (femenino) Geschlecht (Genus) bei Substantiven. Das Spanische kennt kein sächliches Geschlecht (neutrum) wie das Deutsche (das).
Da von dem Geschlecht eines deutschen Substantivs nicht auf das des spanischen Substantivs geschlossen werden kann, ist ein wichtiges Indiz für das Geschlecht eines Substantivs seine Endung.
Die Endungen, die im Folgenden nicht fett gedruckt sind, sind für das jeweilige Geschlecht untypisch, d. h. sie kommen zwar gelegentlich vor, stellen jedoch die Ausnahme dar.
Beim Numerus (Zahl) unterscheidet man zwischen Einzahl bzw. Singular (singular) und Mehrzahl bzw. Plural (plural). Generell erhält ein Substantiv auf Vokal im Plural ein -s, Substantive auf Konsonant erhalten im Plural -es.

Die folgende Tabelle gibt eine Übersicht über die Endungen männlicher und weiblicher Substantive sowie über die dazugehörigen Pluralendungen.

Mask. Sing.	Mask. Plur.	Fem. Sing.	Fem. Plur.
-a	-as	**-a**	**-as**
-aje	**-ajes**	-	-
-ambre	**-ambres**	-	-
-an, -án	**-anes**	-	-
-	-	**-ción**	**-ciones**
-	-	**-dad**	**-dades**
-e	**-es**	**-e**	**-es**
-í	**-íes, -ís**	-	-
-	-	**-ie**	**-ies**
-ión	-iones	**-ión**	**-iones**
-o	**-os**	**-a**	**-as**
-ón	**-ones**	-	-
-or	**-ores**	**-ora**	**-oras**
-	-	**-tad**	**-tades**
-	-	**-triz**	**-trices**
-	-	**-tud**	**-tudes**
-	-	**-umbre**	**-umbres**
-z	-ces	**-z**	**-ces**
-	-	**-zón**	**-zones**

Mask. S. Mask. P.	Fem. S. Fem. P.	Maskulin	Feminin
-a -as	**-a** **-as**	Endung einiger männlicher Substantive. ▪ el día los días ▪ el idioma los idiomas ▪ el problema los problemas ▪ el sistema los sistemas	Diese Endung kennzeichnet eher weibliche Substantive. ▪ la casa las casas ▪ la cosa las cosas ▪ la mesa las mesas ▪ la plaza las plazas
-aje **-ajes**		Endung einiger männlicher Substantive. ▪ el garaje los garajes ▪ el mensaje los mensajes	
-ambre **-ambres**		Endung einiger männlicher Substantive. ▪ el calambre los calambres ▪ el fiambre los fiambres	
-an, -án **-anes**		Endung einiger männlicher Substantive. Substantive auf -an bzw. -án hängen im Plural -es an. Die Substantive auf -án verlieren im Plural den Akzent. ▪ el alemán los alemanes ▪ el pan los panes	
	-ción **-ciones**		Endung einiger weiblicher Substantive. Substantive auf -ción hängen im Plural -es an und verlieren den Akzent.

kein Akzent im Plural

kein Akzent im Plural

Mask. S. Mask. P.	Fem. S. Fem. P.	Maskulin	Feminin
			▪ la proposición las proposiciones ▪ la solución las soluciones
	-dad -dades		Endung einiger weiblicher Substantive. Alle Substantive auf -dad hängen im Plural -es an.
			▪ la calidad las calidades ▪ la ciudad las ciudades
-e -es	-e -es	Endung einiger männlicher Substantive.	Endung einiger weiblicher Substantive.
		▪ el golpe los golpes ▪ el padre los padres	▪ la madre las madres ▪ la parte las partes
-í -íes, -ís		Endung einiger männlicher Substantive. Männliche Substantive auf -í bilden den Plural auf -íes oder -ís.	
		▪ el israelí los israelíes, israelís ▪ el jabalí los jabalíes, jabalís	
	-ie -ies		Endung einiger weiblicher Substantive.
			▪ la planicie las planicies ▪ la serie las series
-ión -iones	-ión -iones	Endung einiger männlicher Substantive. Substantive auf -ión hängen im Plural -es an und verlieren im Plural den Akzent.	Diese Endung kennzeichnet eher weibliche Substantive. Substantive auf -ión hängen im Plural -es an und verlieren im Plural den Akzent.

kein Artikel im Plural !

Mask. S. Mask. P.	Fem. S. Fem. P.	Maskulin	Feminin
		▪ el avión ▪ los aviones ▪ el camión ▪ los camiones	▪ la canción ▪ las canciones ▪ la nación ▪ las naciones
-o **-os**	**-a** **-as**	Endung vieler männlicher Substantive. Männliche Substantive auf -o haben häufig eine weibliche Form auf -a.	Endung vieler weiblicher Substantive.
		▪ el año los años ▪ el hermano los hermanos ▪ el hijo los hijos Wichtige Ausnahmen: ▪ la foto ▪ la mano ▪ la moto ▪ la radio	▪ la chica las chicas ▪ la hermana las hermanas ▪ la hija las hijas
-ón **-ones**		Endung einiger männlicher Substantive. Substantive auf -ón hängen im Plural -es an und verlieren im Plural den Akzent.	
		▪ el balcón los balcones ▪ el pilón los pilones	
-or **-ores**	**-ora** **-oras**	Endung einiger männlicher Substantive. Männliche Substantive auf -or bilden die weibliche Form auf -ora. Substantive auf -or hängen im Plural -es an.	Endung einiger weiblicher Substantive.
		▪ el jugador los jugadores ▪ el trabajador los trabajadores Wichtige Ausnahme: ▪ la flor	▪ la jugadora ▪ las jugadoras ▪ la trabajadora ▪ las trabajadoras

! kein Akzent im Plural

Mask. S. / Mask. P.	Fem. S. / Fem. P.	Maskulin	Feminin
	-tad **-tades**		Endung einiger weiblicher Substantive. Substantive auf -tad hängen im Plural -es an. ▪ la liber**tad** las liber**tades** ▪ la mi**tad** las mi**tades**
	-triz **-trices**		Endung einiger weiblicher Substantive. Substantive auf -triz bilden den Plural auf -trices. ▪ la ac**triz** las ac**trices** ▪ la ma**triz** las ma**trices**
	-tud **-tudes**		Endung einiger weiblicher Substantive. Substantive auf -tud hängen im Plural -es an. ▪ la acti**tud** las acti**tudes** ▪ la lenti**tud** las lenti**tudes**
	-umbre **-umbres**		Endung einiger weiblicher Substantive. ▪ la cost**umbre** las cost**umbres** ▪ la leg**umbre** las leg**umbres**
-z -ces	**-z** **-ces**	Endung einiger männlicher Substantive. Substantive auf -z bilden den Plural auf -ces. ▪ el arro**z** los arro**ces** ▪ el lápi**z** los lápi**ces**	Diese Endung kennzeichnet eher weibliche Substantive. Substantive auf -z bilden den Plural auf -ces. ▪ la lu**z** las lu**ces** ▪ la nue**z** las nue**ces**

Mask. S. / Mask. P.	Fem. S. / Fem. P.	Maskulin	Feminin
	-zón **-zones**		Endung einiger weiblicher Substantive. Substantive auf -zón hängen im Plural -es an und verlieren den Akzent.
			■ la liga**zón** las liga**zones** ■ la ra**zón** las ra**zones**

kein Akzent im Plural

Besonderheiten beim Genus des Substantivs

Neben den üblichen Endungen des Substantivs sind bezüglich des Geschlechts die folgenden Besonderheiten zu beachten. Die Pluralbildung richtet sich nach den oben aufgeführten Regeln.

Maskulin	Feminin
Einige männliche Personen- und Verwandtschaftsbezeichnungen haben für das weibliche Substantiv eine besondere Bezeichnung.	Einige weibliche Personen- und Verwandtschaftsbezeichnungen haben für das männliche Substantiv eine besondere Bezeichnung.
▪ el actor – Schauspieler	▪ la actriz – Schauspielerin
▪ el conde – Graf	▪ la condesa – Gräfin
▪ el hombre – Mann	▪ la mujer – Frau
▪ el marido – Ehemann	▪ la mujer – Ehefrau
▪ el padrino – Pate	▪ la madrina – Patin
▪ el padre – Vater	▪ la madre – Mutter
▪ el poeta – Dichter	▪ la poetisa – Dichterin
▪ el rey – König	▪ la reina – Königin
▪ el yerno – Schwiegersohn	▪ la nuera – Schwiegertochter
▪ El señor García es **un hombre** muy gentil.	▪ La señora García es **una mujer** muy gentil.
Einige männliche Substantive, vor allem auf -a und -e, haben dieselbe weibliche Form. Dies ist besonders bei Berufsbezeichnungen der Fall.	Einige weibliche Substantive, vor allem auf -a und -e, haben dieselbe männliche Form. Dies ist besonders bei Berufsbezeichnungen der Fall.
▪ el amante – der Geliebte	▪ la amante – die Geliebte
▪ el artista – Künstler	▪ la artista – Künstlerin
▪ el camarada – Kamerad	▪ la camarada – Kameradin
▪ el ciclista – Radfahrer	▪ la ciclista – Radfahrerin
▪ el comunista – Kommunist	▪ la comunista – Kommunistin
▪ el espía – Spion	▪ la espía – Spionin
▪ el estudiante – Student	▪ la estudiante – Studentin
▪ el idiota – Idiot	▪ la idiota – Idiotin
▪ el intérprete – Dolmetscher	▪ la intérprete – Dolmetscherin
▪ el patriota – Patriot	▪ la patriota – Patriotin
▪ el socialista – Sozialist	▪ la socialista – Sozialistin
▪ **El espía** Miguel García fue detenido ayer. (**Der Spion** Miguel García wurde gestern verhaftet.)	▪ **La espía** Mercedes García fue detenida ayer. (**Die Spionin** Mercedes García wurde gestern verhaftet.)
	Einige männliche Substantive werden, vor allem bei Berufsbezeichnungen, auch für Frauen verwen-

unterschiedliche Bezeichnung für männliche und weibliche Substantive

gleiche Bezeichnung für männliche und weibliche Substantive

Maskulin	Feminin
	det. Diese Substantive stehen dann auch mit dem weiblichen Artikel. In der modernen Sprache setzen sich hierfür immer mehr weibliche Berufsbezeichnungen durch.
▪ el médico — Arzt	▪ la médico / la médica — Ärztin
▪ el ministro — Minister	▪ la ministra — Ministerin
▪ El señor García es **un médico** muy consciente de su trabajo. ▪ El señor García es **un ministro** muy respetado.	▪ La señora García es **una médico/médica** muy consciente de su trabajo. ▪ La señora García es **una ministra** muy respetada.

Bedeutungsunterschied

Maskulin	Feminin
Einige männliche Substantive haben dieselbe weibliche Form. Meist liegt dann ein Unterschied in der Bedeutung vor.	Einige weibliche Substantive haben dieselbe männliche Form. Meist liegt dann ein Unterschied in der Bedeutung vor.
▪ el capital — Kapital	▪ la capital — Hauptstadt
▪ el cura — Pfarrer	▪ la cura — Kur
▪ el frente — Front	▪ la frente — Stirn
▪ el orden — Ordnung	▪ la orden — Befehl, Auftrag
▪ el pendiente — Ohrring	▪ la pendiente — Abhang
▪ el policía — Polizist	▪ la policía — Polizei
▪ La empresa ha invertido todo **el capital** en este proyecto.	▪ **La capital** de España es Madrid.

Tiernamen

Maskulin	Feminin
Bei vielen Tiernamen steht entweder der weibliche oder männliche Name für beide Geschlechter. Um Missverständnisse zu vermeiden, kann für männliche Tiernamen macho hinzugefügt werden.	Bei vielen Tiernamen steht entweder der weibliche oder männliche Name für beide Geschlechter. Um Missverständnisse zu vermeiden, kann für weibliche Tiernamen hembra hinzugefügt werden.
▪ **el cocodrilo (macho)** ▪ **el elefante (macho)** ▪ **la serpiente (macho)**	▪ **el cocodrilo (hembra)** ▪ **el elefante (hembra)** ▪ **la serpiente (hembra)**
	Einige weibliche Tiernamen, die den gleichen Stamm haben, leiten sich direkt vom männlichen Tiernamen ab. Die Endung -o des männlichen Tiernamens wird durch die Endung -a ersetzt.

Maskulin	Feminin	
▪ el asno – Esel ▪ el ciervo – Hirsch ▪ el gato – Kater ▪ el lobo – Wolf ▪ el pavo – Puter	▪ la asna – Eselin ▪ la cierva – Hirschkuh ▪ la gata – Katze ▪ la loba – Wölfin ▪ la pava – Pute	
▪ María tiene **un gato** que se llama Carlos.	▪ María tiene **una gata** que se llama Carla.	
Einige männliche Tiernamen haben völlig andere weibliche Tiernamen. ▪ el caballo – Hengst ▪ el macho cabrío – Ziegenbock ▪ el carnero – Hammel ▪ el gallo – Hahn ▪ el toro – Stier	Einige weibliche Tiernamen haben völlig andere männliche Tiernamen. ▪ la yegua – Stute ▪ la cabra – Ziege ▪ la oveja – Schaf ▪ la gallina – Henne ▪ la vaca – Kuh	
▪ El campesino García tiene **un gallo** y diez gallinas.	▪ El campesino García tiene un gallo y diez **gallinas**.	
Ländernamen, die nicht auf -a enden, sind in der Regel männlich.	Ländernamen auf -a sind in der Regel weiblich.	Ländernamen
▪ **Chad** (m.) ▪ **Chile** (m.) ▪ **Ecuador** (m.) ▪ **Egipto** (m.) ▪ **Japón** (m.)	▪ **España** (f.) ▪ **Francia** (f.) ▪ **Alemania** (f.) Wichtige Ausnahme: ▪ **Canadá** (m.)	
Inselnamen, die nicht auf -a enden, sind in der Regel männlich.	Inselnamen auf -a sind in der Regel weiblich.	Inselnamen
▪ **Ceilán** (m.) ▪ **Chipre** (m.) ▪ **Tenerife** (m.)	▪ **Cerdeña** (f.) ▪ **Nueva Zelanda** (f.) ▪ **Sicilia** (f.)	
Städtenamen, die nicht auf -a enden, sind in der Regel männlich.	Städtenamen auf -a sind in der Regel weiblich.	Städtenamen
▪ **Madrid** es bonito. ▪ **Hamburgo** es extenso. ▪ **Tokio** es rico.	▪ **Barcelona** es extensa. ▪ **Valencia** es bonita. ▪ **Viena** es romántica.	
Flussnamen sind meist männlich.		Flussnamen
▪ **el Ebro** ▪ **el Río Grande** ▪ **el Danubio**		
Die Himmelsrichtungen sind männlich.		Himmelsrichtungen

Maskulin		Feminin
	▪ el norte ▪ el sur ▪ el este ▪ el oeste	
Jahreszeiten	Die Jahreszeiten sind, außer primavera (Frühling) männlich.	
	▪ el verano ▪ el otoño ▪ el invierno aber: ▪ la primavera	
Monatsnamen	Die Monatsnamen sind männlich.	
	▪ enero (m.) ▪ febrero (m.) ▪ marzo (m.)	
Wochentage	Die Wochentage sind männlich.	
	▪ el lunes ▪ el martes ▪ el miércoles	
Bäume, Büsche	Die Namen der Bäume und Büsche sind in der Regel männlich.	
	▪ el manzano ▪ el peral ▪ el cerezo aber: ▪ la higuera ▪ la palmera	
Metalle	Die Namen von Metallen sind männlich.	
	▪ el hierro ▪ el oro ▪ el platino aber: ▪ la plata	
chemische Elemente	Die Namen der chemischen Elemente sind männlich.	
	▪ el hierro ▪ el azufre ▪ el sodio	

Maskulin	Feminin	
Zahlen sind in der Regel männlich.		Zahlen
▪ **el dos** ▪ **el tres** ▪ **el cuatro**		
	Buchstaben sind in der Regel weiblich.	Buchstaben
	▪ **la a** ▪ **la b** ▪ **la c**	
Zeitungen sind in der Regel männlich.		Zeitungen
▪ **El Times** es un periódico de venta en todo el mundo. Wichtige Ausnahmen: ▪ **La Vanguardia** (de Barcelona) ▪ **La Nación** (de Buenos Aires)		

Übungen zum Genus des Substantivs

1. Setzen Sie das weibliche Substantiv ein.

1. Esa fotografía es muy valiosa para mí, porque es de mi **abuelo**.
2. **El padre** de Luis se ve muy joven.
3. Juan fue **el estudiante** becado. María fue ... becada.
4. **El intérprete** de esa canción es de Colombia.
5. **Los hombres** deben de tener salarios similares.
6. En los premios **ese actor** fue lo más galardonado.
7. **Los héroes** del cuento fueron felices al final.
8. **El príncipe** se encuentra con el rey de Inglaterra.
9. El príncipe se encuentra con **el rey** de Inglaterra.
10. **El** mejor **toro** que se encuentra en el campo, va a ser vendido hoy.
11. **El caballo** va a ser trasladado a otra finca.
12. **El abogado** llamó a declarar a todos los testigos.
13. **El artista** fue invitado a la inauguración del museo.
14. **El guía turístico** explica todo con detenimiento.
15. El rompecabezas es el mejor pasatiempo de mi **hijo**.

richtig falsch

Die entsprechenden Lösungen befinden sich auf Seite 369.

Besonderheiten beim Numerus des Substantivs

Neben den üblichen Pluralendungen des Substantivs sind bezüglich des Plurals die folgenden Besonderheiten zu beachten.

Substantive, die nur im Singular; Plural vorkommen

Singular	Plural
Einige Substantive kommen meist im Singular vor und stehen folglich auch mit einem Verb im Singular.	Einige Substantive, vor allem solche, die Werkzeuge und Kleidungsstücke aus zwei Teilen bezeichnen, kommen nur im Plural vor und stehen mit einem Verb im Plural. Sie bezeichnen trotz ihrer Pluralform nur einen Gegenstand.
▪ el coraje – Mut ▪ la edad – Alter ▪ la fiebre – Fieber ▪ la gente – Leute ▪ la juventud – Jugend	▪ las afueras – Umgebung ▪ los alicates – Flachzange ▪ los anales – Annalen ▪ buenos días – guten Tag ▪ buenas noches – gute Nacht ▪ buenas tardes – guten Tag, Abend ▪ los escombros – Trümmer ▪ las gafas – Brille ▪ los gemelos – Zwillinge ▪ los lentes – Brille ▪ los modales – Benehmen ▪ las nupcias – Hochzeit ▪ los pantalones – Hose ▪ las pinzas – Pinzette ▪ las tenazas – Beißzange ▪ las tijeras – Schere
▪ Es necesario **un** gran **coraje** para esta aventura.	▪ ¿Por favor, puede darme **las tijeras** que están sobre la mesa? (Können Sie mir bitte **die Schere** geben, die auf dem Tisch liegt?)

gleiche Form in Singular und Plural

Singular	Plural
Einige Substantive, die im Singular auf -s enden, haben im Plural dieselbe Form.	Substantive auf -s erhalten im Plural kein zusätzliches -s. Sie haben dieselbe Form wie im Singular. Dies gilt besonders für Substantive, die auf der vorletzten oder drittletzten Silbe betont werden, für Substantive griechischen Ursprungs und für zusammengesetzte Substantive, deren zweiter Teil schon ein Plural-s hat.
▪ la crisis – Krise ▪ el cumpleaños – Geburtstag ▪ el limpiabotas – der Schuhputzer	▪ las crisis – Krisen ▪ los cumpleaños – Geburtstage ▪ los limpiabotas – die Schuhputzer

Singular	Plural
el limpiaparabrisas – der Scheibenwischer el lunes – Montag el parabrisas – Windschutzscheibe el parachoques – Stoßstange el paraguas – Regenschirm el pararrayos – der Blitzableiter	los limpiaparabrisas – die Scheibenwischer los lunes – Montage los parabrisas – Windschutzscheiben los parachoques – Stoßstangen los paraguas – Regenschirme los pararrayos – die Blitzableiter
Esta empresa se encuentra en una **crisis** grave.	En esos años Europa fue afectada por sucesivas **crisis.**

la gente

La gente bezeichnet zwar den Plural, ist aber ein Sammelname und gilt daher als Substantiv im Singular. Es steht folglich auch mit einem Verb im Singular.

- **La gente** ha llegado hace unos minutos.

Akzentänderungen

Einige Substantive, meist Fremdwörter, bilden den Plural unregelmäßig.
Da im Singular und Plural dieselbe Silbe betont wird, erhält, verliert oder verändert ein Substantiv demnach im Plural den Akzent.

Singular	Plural
el álbum	los álbums, los álbumes
el ballet	los ballets
el camión	los camiones
el canon	los cánones
el club	los clubs, los clubes
el complot	los complots
el examen	los exámenes
el frac	los fracs
el lord	los lores
la razón	las razones
Pedro tiene **un frac** para ocasiones solemnes.	Juan tiene **dos fracs** para ocasiones solemnes.

Bedeutungsunterschiede zwischen Singular und Plural

Singular	Plural
Einige Substantive haben im Singular eine andere Bedeutung als im Plural.	Einige Substantive haben im Plural eine andere Bedeutung als im Singular.
el celo – Eifer	los celos – Eifersucht
la corte – Fürstenhof	las Cortes – spanisches Parlament
la esposa – Gattin	las esposas – Handschellen
La corte del rey Luis XIV fue el centro político de Europa.	**Las Cortes** discuten este proyecto de ley hoy.

Singular	Plural
Spanische Familiennamen sind männlich und erhalten, obwohl der Artikel im Plural steht, kein Plural-s. Sie stehen folglich auch mit einem Verb im Plural.	Familiennamen und Verwandtschaftsbezeichnungen stehen für mehrere Familienmitglieder und gelten gleichermaßen für Frauen und Männer.
▪ **Los García** han pasado las vacaciones en Alemania.	▪ **los primos** ▪ **los hermanos** **(die Geschwister)**

Familiennamen

kein Plural-s bei Familiennamen im Plural !

Übungen zum Numerus des Substantivs

1. Setzen Sie die Substantive in Klammern in den Plural.

1. Ya he recogido todas las **(camisa)** de la lavandería.
2. Los **(mes)** de noviembre y diciembre son muy lluviosos.
3. Los **(café)** del centro antiguo de la ciudad me gustan mucho.
4. Todos los **(menú)** que proponen en la carta son deliciosos.
5. Los **(rey)** de España viajan hoy a Londres.
6. Los **(lápiz)** que has comprado tienen diseños muy novedosos.
7. Los **(joven)** de la clase son muy divertidos.
8. Los **(israelí)** también están invitados a la feria mundial.
9. Los **(carácter)** de Leticia y Juan son muy contrarios y por eso discuten mucho.
10. Las **(crisis)** económicas son muy frecuentes en países de Sudamérica.

richtig falsch

Die entsprechenden Lösungen befinden sich auf Seite 369.

Das Adjektiv (el adjetivo)

Das Adjektiv (Eigenschafts-, Wiewort) drückt eine Eigenschaft aus und bezieht sich im Satz auf ein oder mehrere Substantive.

Attributives Adjektiv (el adjetivo atributivo)

Das attributive Adjektiv steht unmittelbar beim Substantiv.

- un niño **inteligente**
- una mujer **gentil**

Prädikatives Adjektiv (el adjetivo predicativo)

Das prädikative Adjektiv wird durch ein Verb (meist ser oder estar) mit dem Substantiv verbunden.

- Esta flor es **bonita.**
- Este libro es **interesante.**
- Esta mujer es **amable.**

Adjektiv richtet sich in Geschlecht und Zahl nach dem Bezugssubstantiv

Beide Adjektivarten, sowohl das attributive als auch das prädikative, richten sich in Geschlecht und Zahl nach dem Substantiv, auf das sie sich beziehen, d. h. bezieht sich das Adjektiv auf ein weibliches Substantiv, erhält es die weibliche Adjektivendung. Bezüglich eines männlichen Substantivs wird keine Veränderung am Adjektiv vorgenommen. Bezieht sich das Adjektiv auf ein männliches Substantiv im Plural, erhält das Adjektiv die männliche Pluralendung, bezieht es sich auf ein weibliches Substantiv im Plural, erhält es die weibliche Pluralendung. Bezüglich männlicher und weiblicher Substantive erhält das Adjektiv die männliche Pluralendung, selbst wenn nur ein männliches Substantiv unter mehreren weiblichen ist. Es sollte vermieden werden, dem Adjektiv mit einer dann männlichen Endung ein weibliches Substantiv unmittelbar voranzustellen.
Den Substantiven vorangestellte Adjektive richten sich in der Regel in Geschlecht und Zahl nach dem ersten folgenden Substantiv.

	ein Substantiv	mehrere Substantive
männlich	un libro instructiv**o** un país grand**e**	libros instructiv**os** países grand**es**
weiblich	una lección instructiv**a** una casa grand**e**	lecciones instructiv**as** casas grand**es**
männlich und weiblich	-	lecciones y libros instructiv**os** países y casas grand**es**

Genus und Numerus des Adjektivs (género y número del adjetivo)

Geschlecht (Genus) und Zahl (Numerus) des Adjektivs werden wie beim Substantiv durch die Endung gekennzeichnet.
Einige Adjektive erhalten in der weiblichen Form ein -a.
Adjektive auf Vokal hängen im Plural in der Regel -s an, Adjektive auf Konsonant erhalten im Plural in der Regel -es.

Die folgende Tabelle gibt eine Übersicht über die männlichen und weiblichen Endungen sowie über die dazugehörigen Pluralendungen.

Mask. Sing.	Mask. Plur.	Fem. Sing.	Fem. Plur.
-a	**-as**	**-a**	**-as**
-án	**-anes**	**-ana**	**-anas**
-ar	**-ares**	**-ar**	**-ares**
-cola	**-colas**	**-cola**	**-colas**
-dor	**-dores**	**-dora**	**-doras**
-e	**-es**	**-e**	**-es**
-és	**-eses**	**-esa**	**-esas**
-í	**-íes, -ís**	**-í**	**-íes, -ís**
-ior	**-iores**	**-ior**	**-iores**
-ista	**-istas**	**-ista**	**-istas**
-o	**-os**	**-a**	**-as**
-ón	**-ones**	**-ona**	**-onas**
-tal	**-tales**	**-tal**	**-tales**
-z	**-ces**	**-z**	**-ces**

Mask. S. Mask. P.	Fem. S. Fem. P.	Maskulin	Feminin	
-a **-as**	**-a** **-as**	Diese Endung kennzeichnet männliche Adjektive.	Männliche Adjektive auf -a bilden die weibliche Form ebenfalls auf -a.	
		▪ un hombre belga hombres belg**as**	▪ una mujer belg**a** mujeres belg**as**	
-án **-anes**	**-ana** **-anas**	Diese Endung kennzeichnet männliche Adjektive. Adjektive auf -án hängen im Plural -es an und verlieren im Plural den Akzent.	Männliche Adjektive auf -án hängen in der weiblichen Form ein -a an, verlieren den Akzent und erhalten im Plural nur ein -s.	kein Akzent im Plural!
		▪ un hombre holgaz**án** hombres holgaz**anes**	▪ una mujer holgaz**ana** mujeres holgaz**anas**	
-ar **-ares**	**-ar** **-ares**	Diese Endung kennzeichnet männliche Adjektive. Adjektive auf -ar hängen im Plural -es an.	Männliche Adjektive auf -ar bilden die weibliche Form ebenfalls auf -ar und hängen im Plural -es an.	
		▪ un caso ejempl**ar** casos ejempl**ares**	▪ una muestra ejempl**ar** muestras ejempl**ares**	
-cola **-colas**	**-cola** **-colas**	Diese Endung kennzeichnet männliche Adjektive.	Männliche Adjektive auf -cola bilden die weibliche Form ebenfalls auf -cola.	
		▪ un pueblo agrí**cola** pueblos agrí**colas**	▪ una industria agrí**cola** industrias agrí**colas**	
-dor **-dores**	**-dora** **-doras**	Diese Endung kennzeichnet männliche Adjektive. Adjektive auf -dor hängen im Plural -es an.	Männliche Adjektive auf -dor hängen in der weiblichen Form ein -a an und erhalten im Plural nur ein -s.	
		▪ un hombre trabaja**dor** hombres trabaja**dores**	▪ una mujer trabaja**dora** mujeres trabaja**doras**	
-e **-es**	**-e** **-es**	Diese Endung kennzeichnet männliche Adjektive.	Männliche Adjektive auf -e bilden die weibliche Form ebenfalls auf -e.	
		▪ un vestido elegant**e** vestidos elegant**es**	▪ una blusa elegant**e** blusas elegant**es**	
-és **-eses**	**-esa** **-esas**	Diese Endung kennzeichnet männliche Adjektive. Adjektive auf -és hängen im Plural -es an und verlieren den Akzent.	Männliche Adjektive auf -és hängen in der weiblichen Form -a an, verlieren den Akzent und erhalten im Plural nur ein -s.	kein Akzent im Plural!

Mask. S. Mask. P.	Fem. S. Fem. P.	Maskulin	Feminin
		▪ un hombre inglés hombres ingleses	▪ una mujer inglesa mujeres inglesas
-í -íes, -ís	-í -íes, -ís	Diese Endung kennzeichnet männliche Adjektive. Adjektive auf -í hängen im Plural -es oder -s an.	Männliche Adjektive auf -í bilden die weibliche Form ebenfalls auf -í und hängen im Plural ebenfalls -es oder s an.
		▪ un hombre israelí hombres israelíes, hombres israelís	▪ una mujer israelí mujeres israelíes, mujeres israelís
-ior -iores	-ior -iores	Diese Endung kennzeichnet männliche Adjektive. Adjektive auf -ior hängen im Plural -es an.	Männliche Adjektive auf -ior bilden die weibliche Form ebenfalls auf -ior und hängen im Plural ebenfalls -es an.
		▪ un cuarto exterior cuartos exteriores	▪ una habitación exterior habitaciones exteriores
-ista -istas	-ista -istas	Diese Endung kennzeichnet männliche Adjektive.	Männliche Adjektive auf -ista bilden die weibliche Form ebenfalls auf -ista.
		▪ un hombre optimista hombres optimistas	▪ una mujer optimista mujeres optimistas
-o -os	-a -as	Diese Endung kennzeichnet männliche Adjektive.	Männliche Adjektive auf -o bilden die weibliche Form auf -a.
		▪ un libro caro libros caros	▪ una casa cara casas caras
-ón -ones	-ona -onas	Diese Endung kennzeichnet männliche Adjektive. Adjektive auf -ón hängen im Plural -es an und verlieren den Akzent.	Männliche Adjektive auf -ón hängen in der weiblichen Form -a an, verlieren den Akzent und erhalten im Plural nur ein -s.
		▪ un hombre comilón hombres comilones	▪ una mujer comilona mujeres comilonas
-tal -tales	-tal -tales	Diese Endung kennzeichnet männliche Adjektive. Adjektive auf -tal hängen im Plural -es an.	Männliche Adjektive auf -tal bilden die weibliche Form ebenfalls auf -tal und hängen im Plural ebenfalls -es an.

kein Akzent im Plural

Mask. S. Mask. P.	Fem. S. Fem. P.	Maskulin	Feminin
		un ejemplo fundamen**tal** ejemplos fundamen**tales**	una obra fundamen**tal** obras fundamen**tales**
-z **-ces**	**-z** **-ces**	Diese Endung kennzeichnet männliche Adjektive. Adjektive auf -z bilden den Plural auf -ces.	Männliche Adjektive auf -z bilden die weibliche Form ebenfalls auf -z und den Plural ebenfalls auf -ces.
		un chico feli**z** chicos feli**ces**	una chica feli**z** chicas feli**ces**

Übungen zum Genus und Numerus des Adjektivs

1. Setzen Sie die Adjektive in Klammern in die richtige Form.

1. A la niña le compraron un perro **(pequeño)** de mascota.
2. Buscaremos un hotel **(barato).**
3. Desde hace **(poco)** tiempo estoy trabajando en este proyecto.
4. El **(agradable)** clima del sur de España lo hace muy **(atractivo)** para los turistas.
5. El **(alto)** edificio es el más conocido en toda la ciudad.
6. Antonio es un hombre **(pobre)**.
7. Juan es un hombre **(viejo)**, pero muy **(atractivo)**.
8. El libro tiene frases **(sencillo)** y **(corto)**.
9. El **(nuevo)** vestido se le ve muy **(bonito)** a María.
10. En la cabaña **(pequeño)** pasaremos la noche.
11. Es una ciudad **(inseguro)** y **(peligroso)**.
12. Es una **(malo)** señal.
13. Es una mujer **(interesante)** y muy **(bonito)**.
14. España es un país **(encantador)**.
15. La declaración **(objetivo)** del testigo aclaró el caso.
16. Estábamos allí por un **(corto)** tiempo.
17. La más **(delicioso)** paella la hacen en el restaurante de Antonio.
18. La más **(dulce)** miel, es la recolectada por el campesino José.
19. La **(preciso)** explicación me ayudó a entender los ejercicios.
20. Leticia es la **(mejor)** amiga de Patricia.

richtig falsch

Die entsprechenden Lösungen befinden sich auf Seite 369 ff.

Die Steigerung des Adjektivs (la comparación del adjetivo)

Das Spanische kennt neben der Grundstufe die folgenden Steigerungsstufen beim Adjektiv. Auch bei der Steigerung richtet sich das Adjektiv in Geschlecht und Zahl nach dem Substantiv, auf das es sich bezieht.

Angleichung auch gesteigerter Adjektive

Positiv (el positivo)

Der Positiv ist die Grundstufe des Adjektivs. Er drückt aus, dass mehrere Wesen, Dinge bezüglich einer Eigenschaft gleich sind; gleicher Grad.

- Lina y Mercedes son **jóvenes.**
  (Lina und Mercedes sind **jung.**)
- María y Margarita son **altas.**

Komparativ (el comparativo)

Der Komparativ drückt aus, dass mehrere Wesen, Dinge bezüglich einer Eigenschaft ungleich sind; ungleicher Grad.

- Mi hermano es **más alto** que yo.
  (Mein Bruder ist **größer** als ich.)
- Ese coche es **menos caro** que éste.

Im Vergleichssatz wird der Komparativ mit que angeschlossen.

Zum Ausdruck der allmählich zunehmenden Steigerung bzw. Verminderung wird dem Komparativ cada vez vorangestellt.

- Los coches son cada vez **más caros.**
  (Die Autos werden immer **teurer.**)
- Sus libros son cada vez **menos interesantes.**
  (Seine Bücher sind immer **weniger interessant.**)

Superlativ (el superlativo)

Der Superlativ drückt aus, dass von mehreren Wesen, Dingen einem der höchste Grad einer Eigenschaft zukommt; höchster Grad.

- Mi hermano es **el más alto** de nuestra familia.
  (Mein Bruder ist **der größte** in unserer Familie.)
- Lina es **la más amable** de todos nuestros vecinos.
  (Lina ist **die netteste** von all unseren Nachbarn.)

Ein möglichst hoher Grad einer Eigenschaft wird auch ausgedrückt durch lo + Superlativ + posible.

- Busca un cuarto que sea **lo más barato posible.**
  (Er sucht ein Zimmer, das **so billig wie möglich** ist.)

Elativ (el elativo)

Der Elativ drückt einen sehr hohen Grad einer Eigenschaft aus.
Der Elativ kann nicht von jedem Adjektiv gebildet werden. In solchen Fällen wird der Elativ durch Adverbien wie muy, sumamente, extraordinariamente etc. ausgedrückt.

- Este animal es **grandísimo**.
  (Dieses Tier ist **sehr groß**.)
- Este cuarto es **pequeñísimo**.
- Esta mujer es **extraordinariamente paciente.**
- Este libro es **muy interesante y muy instructivo.**

Komparativ, Superlativ und Elativ werden wie folgt gebildet:

	Nu.	Genus		Steigerung	Verminderung
Komparativ	Sing.	mask.		más + Adjektiv	menos + Adjektiv
		fem.			
	Plur.	mask.			
		fem.			
Superlativ	Sing.	mask.		el más + Adjektiv	el menos + Adjektiv
		fem.		la más + Adjektiv	la menos + Adjektiv
		neutr.		lo más + Adjektiv	lo menos + Adjektiv
	Plur.	mask.		los más + Adjektiv	los menos + Adjektiv
		fem.		las más + Adjektiv	las menos + Adjektiv
		neutr.		-	-
Elativ	Sing.	mask.	Adj.stamm nicht auf -c, -g	grandísimo	
		fem.		grandísima	
	Plur.	mask.		grandísimos	
		fem.		grandísimas	
	Sing.	mask.	Adj.stamm auf -c	poquísimo (von poco)	
		fem.		poquísima	
	Plur.	mask.		poquísimos	
		fem.		poquísimas	
	Sing.	mask.	Adj.stamm auf -g	larguísimo (von largo)	
		fem.		larguísima	
	Plur.	mask.		larguísimos	
		fem.		larguísimas	

Unregelmäßig gesteigerte Adjektive

Positiv	Komparativ	Superlativ
bueno	mejor	el mejor
grande	mayor, más grande	el mayor, el más grande
malo	peor	el peor
pequeño	menor, más pequeño	el menor, el más pequeño

Der Komparativ von grande, mayor wird vor allem bei Abstrakta, der Komparativ más grande wird vor allem bei Konkreta verwendet.

- El lujo tiene **mayor** importancia en nuestra vida que antes.
- El coche de Pedro es **más grande** que el coche de Paco.

Der Komparativ von pequeño, menor wird vor allem bei Abstrakta, der Komparativ más pequeño wird vor allem bei Konkreta verwendet.

- La familia tiene **menor** importancia en nuestra vida que antes.
- El coche de Pedro es **más pequeño** que el coche de Paco.

Übungen zur Steigerung des Adjektivs

1. Setzen Sie die Adjektive in Klammern in den Komparativ und verwenden Sie más.

1. Tu casa es (grande) que la mía.
2. Esa decisión es la (malo) que puedes tomar.
3. Esta ciudad es (peligroso) de lo que se cree.
4. María es (grande) que Antonio.
5. Ese cuadro es (bonito) que aquél.
6. Yo creo que las panaderías alemanas son (bueno) que las de otros países.
7. Gloria es (pobre) que Cecilia.
8. Me gusta (mucho) el té que el café.
9. El trabajo de Andrés es (bueno) que el de los demás.
10. Lina es (alto) que Luisa.

richtig falsch

2. Setzen Sie die Adjektive in Klammern in den Komparativ und verwenden Sie menos.

1. Es (peligroso) si te vas por la calle que si tomas el parque.
2. Clara es (simpático) que su hermana.
3. Patricia es (comprensivo) que su hermano Luis.
4. En el examen de español tuve (poco) nota que Rafael.
5. Ese problema es de (pequeño) importancia, no te preocupes.
6. La situación ahora es (complicado) que antes.
7. La niña está comiendo cada día (poco).
8. Las ventanas son (bajo) que antes.
9. Pedro es (pequeño) que Luis.

10 Este libro es (interesante) que ese.

richtig falsch

3. Setzen Sie die Adjektive in Klammern in den Superlativ und verwenden Sie el más.

1. Este libro es (interesante) que he leído.
2. Ana se probó varios vestidos y se compró (caro) de todos.
3. Tu obsequio es (bonito) que he recibido.
4. Esto es (sorprendente) que he visto.
5. Esa película es (violento) que he visto.
6. Rodolfo es (listo) de todos sus primos.
7. Esa fue (bueno) comida que he tenido.
8. Sebastián es (grande) de mis tres hjios.
9. De todas las ciudades que visité, la que (mucho) me gustó fue Barcelona.
10. Carlos es la persona (amable) que he conocido en toda mi vida.

richtig falsch

4. Setzen Sie die Adjektive in Klammern in den Superlativ und verwenden Sie el menos.

1. Esas casas son (viejo) de la ciudad.
2. Rafael es (alto) de todos sus hermanos.
3. Este ejercicio de español es (difícil) que he hecho en todo el curso.
4. David es (amable) estudiante de toda la clase.
5. Fue (interesante) película que he visto en toda mi vida.
6. Antonio es (viejo) de todos los participantes.
7. Juan es (pulcro) de todos los estudiantes.
8. Esteban era (simpático) de toda su familia.

9. Gloria es **(pequeño)** de toda su clase.

10. Me he comprado el coche **(barato)** de todos los que he visto.

richtig falsch

5. Setzen Sie die Adjektive in Klammern in den Elativ.

1. Ese libro es **(fácil)** de entender.
2. El problema que se le presentó a Ana es **(grave).**
3. Carlos es **(alto),** nunca había visto alguien como él.
4. Sin ninguna duda, Carmen es **(amable).**
5. Ese reloj es **(antico),** por eso lo conservo.
6. Se lo agradeceré **(mucho),** si me puede ayudar.
7. La comida estaba **(rico),** muchas gracias.
8. Esta silla es **(comodo)**
9. La película era **(malo).**
10. Desde la infancia Felipe es **(amigo)** de Juan.

richtig falsch

Die entsprechenden Lösungen befinden sich auf Seite 370.

Die Stellung des Adjektivs (la posición del adjetivo)

Normalerweise steht das Adjektiv unmittelbar nach dem Substantiv, das es näher bestimmt. Sehr viele Adjektive können dem Substantiv sowohl voran- als auch nachgestellt werden. Es ist nicht zuletzt auch vom Klangempfinden des Sprechers abhängig, ob er das Adjektiv vor oder hinter das Substantiv stellt.

Vor dem Substantiv	Nach dem Substantiv	
Adjektive, die dem Substantiv vorangestellt werden, drücken häufig subjektive Gefühle aus.	Adjektive, die dem Substantiv nachgestellt werden, sind nicht gefühlsbetont gefärbt.	gefühlsbetonte Adjektive
■ ¡**Pobre** chico! (Was für ein **armer** Kerl!)	■ No tiene mucho dinero. Es un hombre **pobre**. (Er hat nicht viel Geld. Er ist ein **armer** Mann.)	
Die Adjektive mucho, otro und poco stehen immer vor dem Substantiv. Die Adjektive bueno und malo werden vor männlichen Substantiven im Singular häufig zu buen und mal verkürzt. Grande kann vor männlichen und weiblichen Substantiven im Singular zu gran verkürzt werden.	Die häufig verwendeten Adjektive können zur besonderen Hervorhebung dem Substantiv nachgestellt werden. Eine Verkürzung ist dann nicht möglich.	mucho, otro, poco, bueno, malo, grande
■ Leo un **buen** libro. ■ Hoy hace **mal** tiempo. ■ Tiene **gran** fama. ■ Tiene una **gran** casa.	■ Leo un libro **bueno**. ■ Tiene un coche **grande**. ■ Tiene una casa **grande**.	
	Adjektive, die durch ein Adverb oder eine Beifügung näher bestimmt sind, werden dadurch besonders betont und stehen somit meist nach dem Substantiv.	nähere bestimmte Adjektive
	■ María tiene una casa particularmente **bonita.** ■ Esta casa tiene un jardín tan **grande** como un campo de fútbol.	
Wenn die folgenden Adjektive dem Substantiv vorangestellt werden, liegt zu den nachgestellten Adjektiven ein Unterschied in der Bedeutung vor.	Wenn die folgenden Adjektive dem Substantiv nachgestellt werden, liegt zu den vorangestellten Adjektiven ein Unterschied in der Bedeutung vor.	vor- und nach gestellte Adjektive Bedeutungs-unterschied
■ alto – hochrangig ■ antiguo – ehemalig ■ caro – lieb ■ grande – bedeutend, großartig	■ alto – hoch, groß ■ antiguo – sehr alt ■ caro – teuer ■ grande – groß gewachsen	

	Vor dem Substantiv	Nach dem Substantiv
	▪ noble – edel ▪ pobre – bedauernswert ▪ presente – vorliegend ▪ simple – bloß, nur ▪ solo – einzig	▪ noble – adlig ▪ pobre – arm, mittellos ▪ presente – gegenwärtig ▪ simple – einfach ▪ solo – alleinstehend
	▪ Lina es una **antigua** amiga mía. (Lina ist eine **ehemalige** Freundin von mir.) ▪ Es un **noble** gesto. (Das ist eine **edle** Geste.) ▪ Esta es la **sóla** respuesta posible. (Dies ist die **einzig** mögliche Antwort.)	▪ Es un coche muy **antiguo**. (Das ist ein **sehr altes** Auto.) ▪ Viene de una familia **noble**. (Er kommt aus einer **adligen** Familie.) ▪ Es un hombre **solo**. (Er ist ein **alleinstehender** Mann.)
mehrere Adjektive	Vor dem Substantiv stehen in der Regel nur zwei Adjektive, die durch y (bzw. vor i- und hi- durch e) verbunden werden. Im Allgemeinen gelten auch hier die obigen Regeln, wonach häufig verwendete und kurze Adjektive eher vor dem Substantiv stehen.	Nach dem Substantiv können beliebig viele Adjektive stehen. Das letzte Adjektiv wird mit y (bzw. vor i- und hi durch e) angeschlossen. Im Allgemeinen gelten auch hier die obigen Regeln, wonach weniger häufige und längere Adjektive eher nach dem Substantiv stehen.
	▪ Es un **verde** y **húmedo** paisaje.	▪ Juan es un niño **guapo, amable** e **inteligente.**
Partizipien		Partizipien, die wie ein Adjektiv verwendet werden, werden dem Substaniv in der Regel nachgestellt.
		▪ Pedro no puede venir porque tiene la pierna **fracturada.**

Übungen zur Stellung des Adjektivs

1. Setzen Sie die Adjektive in Klammern vor oder hinter das Substantiv.

1. A la niña le compraron un **(perro, pequeño)** de mascota.
2. Buscaremos un **(hotel, barato)**.
3. La **(conversación, agradable)** terminó en una polémica.
4. La **(duda, grande)** me la he quitado con tus explicaciones.
5. Necesito una **(camisa, nuevo)**.
6. El **(queso, francés)** me gusta mucho.
7. Es un **(hombre, viejo)**, pero muy atractivo.
8. A Felipe no le gusta el **(arte, moderno)**.
9. En el nuevo empleo recibo **(dinero, poco).**
10. Es un **(trabajo, interesante)**.
11. Es una **(mujer, encantador)**.
12. Es una **(señal, malo)** que todavía no se hayan comunicado contigo.
13. La niña tiene una **(cara, triste)**.
14. Una **(vida, triste)** la que tiene Juan desde que se separó de su esposa.
15. Leticia es la **(amiga, mejor)** de Patricia.

richtig falsch

2. Setzen Sie die Adjektive in Klammern vor oder hinter das Substantiv.

1. Para realizar correctamente los ejercicios, necesito un **(libro, bueno)** de gramática española.
2. En la **(cabaña, pequeño)** pasaremos la noche.
3. Voy de compras al **(sector, barato)** de la ciudad.
4. Su **(ilusión, grande)** es viajar a Latinoamérica.

5. Miguel ha comprado un **(coche, nuevo)**.
6. Los **(vinos, viejo)** son mis preferidos.
7. Ella llevó un **(zapato, roto)**.
8. Desde hace **(tiempo, poco)** estoy trabajando en este proyecto.
9. España es un **(país, encantador)**.
10. La **(declaración, objetivo)** del testigo aclaró el caso.
11. La explicación sólo fue por un **(tiempo, corto)**.
12. La más **(dulce, miel)** es la recolectada por el campesino José.
13. La más **(paella, delicioso)** la hacen en el restaurante de Antonio.
14. Los **(novios, feliz)** salen hoy mismo de luna de miel.
15. México es un **(país, católico)**.

richtig falsch

3. Setzen Sie die Adjektive in Klammern vor oder hinter das Substantiv.

1. El **(concierto, grande)** del artista latino es mañana.
2. La **(casa, grande)** le pertenece a mi tío.
3. El **(anciano, pobre)** tenía que permanecer solo en su casa.
4. Es un **(hombre, pobre)**.
5. Desde hace **(tiempo, cierto)** no me rinde el dinero.
6. El **(libro, solo)** tiene frases sencillas y cortas.
7. Antonio desempeña desde hace poco un **(cargo, alto)** ejecutivo.
8. El **(edificio, alto)** es el más conocido en toda la ciudad.
9. ¿Qué te parece mi **(ordenador, nuevo)**?
10. Este es Gabriel García Márquez, un **(escritor, famoso)**.

richtig falsch

4. Setzen Sie die Adjektive in Klammern vor oder hinter das Substantiv.

1. Es un (muchacho, encantador y alegre).
2. Luis tiene una (casa, grande, caro y bonito).
3. Es un (libro, interesante, claro y fácil) de entender.
4. Era interesante la conferencia con tantos (invitados, importante y conocido).
5. El (escritor, grande y conocido) Gabriel García Márquez publica un nuevo libro.
6. Miguel es un (bebé, paciente, calmado y tranquilo).
7. Julia lleva un (jersey, viejo y barato).
8. Hemos comprado una (casa, grande, bonito y barato).
9. El (tren, nuevo y atractivo) es muy veloz.
10. En el catálogo ofrecen unas (vacaciones, barato, divertido y ameno).

richtig falsch

Die entsprechenden Lösungen befinden sich auf Seite 370 ff.

Der Vergleich (la comparación)

Zum Ausdruck des Vergleichs stehen im Spanischen die im Folgenden aufgeführten Adverbien zur Verfügung.

Que

beim Komparativ

Nach dem Komparativ des Adjektivs und nach igual und mismo steht que (als). Im Deutschen steht nach dem Komparativ eines Adjektivs *als* (nicht *wie)*.

im Deutschen als nicht wie

- Mi hermano es más alto **que** yo. (Mein Bruder ist größer **als** ich.)
- ¿Por qué no pasas las vacaciones en el mismo hotel **que** yo?

vor Zahlen

Vor Zahlen und zum Ausdruck der Geringschätzigkeit (nur) steht no más que, nada más que.

- Pedro no recibe mucho dinero para gastos. **No** recibe **más que** mil pesetas a la semana.

De

vor Zahlen

Vor Zahlen steht más bzw. menos de (mehr bzw. weniger als).

- El señor García es muy rico. Tiene muchas casas. Son **más de** diez.

Del que

zwischen Substantiv und Verb

Steht más vor einem Substantiv und endet der Vergleich mit einem Verb, so steht del que bzw. de los que bezüglich eines bzw. mehrerer männlicher Substantive und de la que bzw. de las que bezüglich eines bzw. mehrerer weiblicher Substantive.

- Pedro tiene más dinero **del que** necesita.
- Tiene más paciencia **de la que** se esperaba.

De lo que

vor Verben

Endet der Vergleich mit einem Verb und fehlt das Substantiv, auf das sich das Adjektiv bezieht, steht de lo que.

- Tiene más **de lo que** crees.
- Es más complicado **de lo que** piensas.

vor Adjektiven

Steht más vor einem Adjektiv und endet der Vergleich mit einem Verb, steht de lo que.

- El libro fue más caro **de lo que** quería pagar.

De lo

vor (ser +) Adjektiv

Endet der Vergleich mit ser + Adjektiv, so wird de lo que meist zu de lo verkürzt. Dies ist vor allem in Wendungen wie más de lo necesario, más de lo normal, más de lo usual der Fall.

- ¿Te ha ayudado mucho? Más **de lo** necesario (más **de lo que** es necesario).
- ¿Trabaja mucho? Sí, más **de lo** normal.

Al que

Nach inferior und superior steht al que bzw. a los que bezüglich eines bzw. mehrerer männlicher Substantive und a la que bzw. a las que bezüglich eines bzw. mehrerer weiblicher Substantive.

- Esta casa cuesta una suma superior **a la que** quiero pagar.

inferior, superior

Como

Bezüglich eines Substantivs oder Pronomens steht como (wie).

- Tiene un coche **como** el nuestro.
- Hazlo **como** (tú) quieras.

vor Substantiven, vor Pronomen

Tan(to) ... como

Zum Ausdruck des gleichen Grades (Positiv) einer Eigenschaft steht bei Personen und Sachen tan + Adjektiv + como.
Zum Ausdruck der Gleichheit der Menge steht tanto + Substantiv + como.

- Antes los coches no eran **tan** caros **como** ahora.
- Ahora no tengo **tanto** trabajo **como** antes.

beim Positiv

Cuanto más ... más, cuanto más ... menos

Cuanto más ... más steht in der Bedeutung *von ... desto,* cuanto más ... menos steht in der Bedeutung von *mehr ... desto weniger.*

- **Cuanto más** trabajo tengo **más** contento estoy.
- **Cuanto más** tenemos **más** queremos.
- **Cuanto más** estudio **menos** sé.

je ... desto

Übungen zum Vergleich beim Adjektiv

1. Vervollständigen Sie die folgenden Sätze mit que, de, como oder del que, de lo que, de lo.

1. Ana se preocupa más ... debería.
2. Andrés es tan amable ... su padre.
3. Antonio tiene mucho más dinero ... tú piensas.
4. Antonio trabaja menos ... dice.
5. Comí más pescado ... comiste tú.
6. El congreso de arquitectura despertó interés tanto de los diplomados ... de los estudiantes.
7. El joven tenía más talento ... él mismo se imaginaba.
8. El libro que he comprado es más barato ... el tuyo.
9. El vino era mejor ... pensábamos.
10. En el curso de español hay más ... veinte personas.
11. Ernesto es el más inteligente ... todos sus hermanos.
12. Es un hotel más lujoso ... esperábamos.
13. Esa niña tiene más ... tres años.
14. Esos ejercicios de español son tan difíciles ... los del curso anterior.
15. Este año hemos cosechado más ... el año pasado.
16. Este libro es menos interesante ... el anterior.
17. Felipe es igual ... pulcro que su hermano.
18. Habla y escribe español ... si hubiera nacido en España.
19. Hoy transitan menos coches ... habitual.
20. Juan leía antes menos ... ahora.

richtig falsch

Die entsprechenden Lösungen befinden sich auf Seite 371.

Das Adverb (el adverbio)

Das Adverb (Umstandswort) dient zur näheren Bestimmung von Verben, Adjektiven, Adverbien oder ganzen Satzinhalten. Es ist zu beachten, dass Substantive von Adjektiven näher bestimmt werden.
Das Adverb ist stets unveränderlich und dient zur Definition der Art und Weise (adverbio de manera), des Ortes (adverbio de lugar), der Zeit (adverbio de tiempo), der Menge (adverbio de cantidad) und des Grades, der Intensität (adverbio de intensidad).

Ursprüngliche Adverbien (adverbios originarios)

Die ursprünglichen Adverbien haben keine besondere Form.

- He dormido **bien**.
- He venido **aquí.**

Abgeleitete Adverbien (adverbios derivados)

Abgeleitete Adverbien hängen generell an die weibliche Form des Adjektivs die Endung -mente an.

- Trabaja **intensamente**.
- Se puede comprender esta regla **fácilmente.**

Bei aufeinanderfolgenden abgeleiteten Adverbien hat nur das letzte die Endung -mente.

- Puede ser que el problema se resuelva **lenta** o **rápidamente**.

Häufig wirken die auf -mente gebildeten Adverbien schwerfällig und werden deshalb im Spanischen nicht so häufig verwendet. Mit den folgenden Stilmitteln können diese Adverbien vermieden werden.

Adverbien, die durch Umschreibung gebildet werden

Einige Adjektive können entweder kein Adverb bilden, sie werden auch als Adverb verwendet, oder das Adverb klingt schwerfällig. Man kann sie dann durch Ausdrücke wie de manera, de modo + Adjektiv oder con + Substantiv umschreiben.

- Pedro habla siempre tan **alto**.
- María habla siempre tan **bajo**.
- Lo explica **de manera fácil.**
- Trabaja **de manera precisa.**
- Trabaja **con precisión.**
- Obra de **modo paciente**.
- Obra **con paciencia**.

Umschreibung durch de manera, de modo, con

Häufig wird im Spanischen ein verbaler Ausdruck verwendet, wo im Deutschen ein Adverb steht.

- **Está leyendo.**
  (Er liest **gerade.**)
- **Prefiere** hacer sus deberes en seguida.
  (Er macht seine Hausaufgaben **lieber** gleich.)
- Le **gusta** leer.
  (Er liest **gern**.)

verbaler Ausdruck

adverbiale Angaben

Adverbiale Angaben können aus verschiedenen Elementen zusammengesetzt sein. Häufig werden zu ihrer Bildung Präpositionen verwendet.

- **en general** (generalmente)
- **de nuevo** (nuevamente)
- **a tiempo** (puntualmente)

Bedeutungsunterschied

Einige Adverbien haben eine andere Bedeutung als das entsprechende Adjektiv.

- Ha salido un **nuevo** libro de G. Márquez.
  (Es kam ein **neues** Buch von G. Márquez heraus.)
- Surgió **nuevamente** el mismo problema.
  (Das gleiche Problem tauchte **wieder** auf.)

Die Steigerung des Adverbs (la comparación del adverbio)

Das Spanische kennt neben der Grundstufe die folgenden Steigerungsstufen beim Adverb.

Positiv (el positivo)

Der Positiv ist die Grundstufe des Adverbs. Er drückt aus, dass mehrere Wesen, Dinge bezüglich eines Merkmals gleich sind; gleicher Grad.

- María y Mercedes cantan **maravillosamente.**
  (María und Mercedes singen **wunderbar.**)

Im Vergleichssatz wird der Positiv mit tan como angeschlossen.

- María se comporta tan **correctamente** como Mercedes.
  (María verhält sich so **korrekt** wie Mercedes.)

Komparativ (el comparativo)

Der Komparativ drückt aus, dass mehrere Wesen, Dinge bezüglich eines Merkmals ungleich sind; ungleicher Grad.

- María canta **más maravillosamente** que Mercedes.
  (María singt **schöner** als Mercedes.)

Im Vergleichssatz wird der Komparativ mit que angeschlossen.

- Estos libros se leen **más fácilmente** que esos.
  (Diese Bücher lesen sich **leichter** als jene.)

Zum Ausdruck der allmählich zunehmenden Steigerung bzw. Verminderung wird dem Komparativ cada vez vorangestellt.

- María canta cada vez **más maravillosamente**.
  (María singt immer **schöner.**)
- Mercedes trabaja cada vez **menos esmeradamente.**
  (Mercedes arbeitet immer **weniger sorgfältig.**)

Superlativ (el superlativo)

Der Superlativ drückt aus, dass von mehreren Wesen, Dingen einem der höchste Grad eines Merkmals zukommt; höchster Grad.

- María es **la que** trabaja **más esmeradamente.**
  (María arbeitet **am sorgfältigsten.**)

Elativ (el elativo)

Der Elativ drückt einen sehr hohen Grad aus.
Das Spanische kennt beim Adverb keinen Elativ. Ein sehr hoher Grad wird durch lo + Superlativ + posible ausgedrückt.

- Tienes que trabajar **lo más esmeradamente** posible.
  (Du musst **so sorgfältig wie möglich** arbeiten.)

Komparativ und Superlativ werden wie folgt gebildet:

	Nu.	Genus	Steigerung	Verminderung
Komparativ	Sing.	mask.	**más** + Adverb	**menos** + Adverb
		fem.		
	Plur.	mask.		
		fem.		
Superlativ	Sing.	mask.	**el más** + Adverb	**el menos** + Adverb
		fem.	**la más** + Adverb	**la menos** + Adverb
		neutr.	**lo más** + Adverb	**lo menos** + Adverb
	Plur.	mask.	**los más** + Adverb	**los menos** + Adverb
		fem.	**las más** + Adverb	**las menos** + Adverb
		neutr.	-	-

Unregelmäßig gesteigerte Adverbien

Positiv	Komparativ	Superlativ
bien	**mejor**	**el mejor**
mal	**peor**	**el peor**
mucho	**más**	**Relativsatz,** **la mayoría de, la mayor parte**
muy	**más**	**Relativsatz**
poco	**menos**	**Relativsatz, muy poco**

Mucho, muy und poco können keinen Superlativ bilden. Ein sehr hoher Grad wird hier durch einen Relativsatz oder bei mucho durch la mayoría de, la mayor parte und bei poco durch muy poco ausgedrückt.

- **La que más** lee en nuestra familia es mi madre.
  (**Diejenige, die am meisten** in unserer Familie liest, ist meine Mutter.)
- **La mayoría de** la gente no lo sabe.
  (**Die meisten** Leute wissen es nicht.)

Übungen zur Steigerung des Adverbs

1. Setzen Sie die Adverbien in Klammern in den Komparativ und verwenden Sie más.

1. Lorena corre **(rápidamente)** que tú.
2. El tren llegó **(temprano)** que ayer.
3. Lucía toca la guitarra **(armónicamente)** que su prima.
4. Ana aprende **(fácilmente)** que su hermana.
5. Carlos toca **(bien)** el piano que el violín.
6. Esta exposición fue **(mal)** que la última que había hecho.
7. A mis abuelos les viene **(bien)** el clima cálido que el frío.
8. Este verano me sentí **(feliz)** que el anterior.
9. La reunión transcurrió **(tranquilamente)** que la anterior.
10. Mis abuelos paternos me visitan **(frecuentemente)** que mis abuelos maternos.

richtig falsch

2. Setzen Sie die Adverbien in Klammern in den Komparativ und verwenden Sie menos.

1. Los niños comieron **(poco)** que de costumbre.
2. Me parece que el tiempo pasa ahora **(rápidamente)** que antes.
3. Conozco **(bien)** el oeste de mi país que el este.
4. Luisa trabaja **(mucho)** que su colega Lorena.
5. Javier come **(lentamente)** que yo.
6. El tren llega **(puntualmente)** que el avión.
7. Habla español **(fluidamente)** que su hermano mayor.
8. Carolina escucha **(atentamente)** que su compañera Ana.
9. Martín regresó de viaje **(tranquilamente)** que yo.

10. Sandra conduce **(lentamente)** que yo.

richtig falsch

3. Setzen Sie die Adverbien in Klammern in den Superlativ und verwenden Sie el más.

1. Sebastián es **(tocar, bien)** la guitarra de todos los del grupo.
2. Camilo es **(aprender, lentamente)** de toda su clase.
3. Felipe es **(correr, rápidamente)** que todos los demás.
4. Elisabeth es **(llegar, puntualmente)** que todos los demás invitados.
5. Claudia es **(conducir, rápidamente)** en toda la autopista.
6. La Señora García es **(explicar, claramente)** de todos los profesores en la escuela.
7. Eva es **(hablar, bien)** español de todos los de su grupo.
8. Luis fue el invitado **(llegar, tarde)**.
9. Este televisor es **(funcionar, mal)** de todos.
10. Sebastián y Lucía son **(divertirse, mucho)** en la fiesta.

richtig falsch

4. Setzen Sie die Adverbien in Klammern in den Superlativ und verwenden Sie el menos.

1. Nuestro tren es **(ir, lentamente)** que todos los demás.
2. Carlos fue **(hablar, alto y directo)** de todos.
3. Nuestro avión fue **(despegar, retrasadamente)**.
4. Lucía es **(trabajar, efectivamente)** de toda la compañía.
5. Fabio es la persona **(asumir, tranquilamente)** los problemas.
6. Es la persona **(tocar, divertidamente)** el piano.
7. Mi tío Antonio es el familiar **(me, visitar, frecuentemente)**.
8. Ese es el ejercicio **(resolverse, fácilmente)**.

9. Esta casa es **(venderse, caro)** de todas.

10. Ernesto es **(me, visitar, frecuente)** que Pablo.

richtig falsch

Die entsprechenden Lösungen befinden sich auf Seite 371 ff.

Die Stellung des Adverbs (la posición del adverbio)

Das Adverb kann im Satz an verschiedene Stellen treten. An welche Position das Adverb tritt, hängt von seiner Funktion im Satz, von der Art des Adverbs, von der Satzmelodie und nicht zuletzt vom Empfinden des Sprechers ab.

	Nach dem Verb	Vor dem Verb
Adverbien	Die Adverbien stehen in der Regel in den einfachen und zusammengesetzten Zeiten nach dem Verb bzw. nach dem Hilfsverb und Verb.	
	▪ Me gusta **mucho** leer. ▪ Me ha ayudado **mucho.** ▪ Dice que no deberías comer **tanto.**	
entonces		Entonces steht zum Ausdruck eines bereits genannten Zeitpunkts oder Zeitraums der Vergangenheit vor dem Verb.
		▪ El lunes rechacé el puesto que me ofrecieron. Luego me arrepentí y volví a llamar al día siguiente, pero **entonces** ya era demasiado tarde.
recientemente		Recientemente steht vor dem Partizip und wird dann meist zu recién verkürzt. In Lateinamerika wird es statt des zeitlichen sólo (erst) verwendet.
		▪ Esta tarde tenemos la visita de un amigo **recién** llegado de Madrid. ▪ Llegamos **sólo/recién** la semana pasada.

Vor Adjektiven	Vor Adverbien	Nach Adverbien	
Die Adverbien stehen in der Regel vor Adjektiven.	Die Adverbien stehen in der Regel vor anderen Adverbien.		
▪ Este libro es **muy** interesante.	▪ Habla **muy** bien el español y el francés.		
Mucho steht vor dem Komparativ des Adjektivs in der Bedeutung *viel.*	Mucho steht vor dem Komparativ eines anderen Adverbs in der Bedeutung *viel.*		mucho
▪ Estos libros son **mucho** más interesantes.	▪ Ahora los obreros ganan **mucho** más que antes.		
Poco steht vor dem Adjektiv und drückt in diesem Fall das Gegenteil mit negativem Sinn aus.	Poco steht vor einem anderen Adverb und drückt in diesem Fall das Gegenteil mit negativem Sinn aus.		poco
▪ La mujer que vive en esta casa es **poco** amable. (Die Frau, die in diesem Haus lebt, ist **wenig** freundlich.)	▪ María trabaja **poco** esmeradamente. (María arbeitet **wenig** sorgfältig.)		
Demasiado steht in der Bedeutung *zu* vor dem Adjektiv. Es wird gelegentlich durch muy ersetzt, vor tarde entfällt es meist.			demasiado
▪ Estos libros me parecen **demasiado** aburridos. ▪ Estos libros me parecen **muy** caros.			
		Mismo steht nach Zeit- und Ortsadverbien zur Hervorhebung oder Präzisierung.	mismo
		▪ Mi madre ha venido hoy **mismo.** ▪ Mañana nos encontramos aquí **mismo.**	

Am Satzanfang	Am Satzende
Die Adverbien können zur Hervorhebung an den Satzanfang treten.	Die Adverbien können zur Hervorhebung an das Satzende treten.
▪ **Naturalmente,** me gusta leer.	▪ Me gusta leer, **naturalmente.**

Die folgende Übersicht stellt die wichtigsten Positionen des Adverbs dar.

Me gusta **mucho** leer.	Prädikat	**Adverb**		
		entonces	Verb	**Entonces** ya era demasiado tarde.
		recién, recientemente	Partizip	He encontrado un amigo **recién** llegado de Madrid.
		Adverb	Adjektiv, Adverb	Este libro es **muy** interesante.
Mi madre ha venido hoy **mismo.**	Orts-, Zeitadverb	**mismo**		
		Adverb	Satz	**Naturalmente,** me gusta leer.
Me gusta leer, **naturalmente.**	Satz	**Adverb**		

Übungen zur Stellung des Adverbs

1. Setzen Sie die Adverbien in Klammern vor oder hinter das Verb.

1. A Inés la veo. **(poco)**
2. Alonso trabaja. **(demasiado)**
3. Ana llega puntual a su trabajo. **(siempre)**
4. El Señor Álvarez se queda en su oficina hasta altas horas de la noche. **(normalmente)**
5. Ellos se sintieron bien en esta ciudad. **(nunca)**
6. Eva habla el español. **(perfectamente)**
7. Julián volvió de su viaje de trabajo. **(ya)**
8. La profesora de español explica. **(claramente)**
9. Los invitados llegaron a la ceremonia. **(puntualmente)**
10. María habla para que sus estudiantes le comprendan. **(lentamente)**
11. Me encontré con Isabel en el cine. **(casualmente)**
12. No te preocupes Julián vendrá. **(luego)**
13. No te preocupes que solucionaremos el problema. **(lentamente)**
14. No tardes. **(tanto)**
15. Pedro estuvo un par de minutos en nuestra casa. **(sólo)**
16. Te esperaré a las ocho en mi casa. **(hoy)**
17. Te quiero. **(mucho)**
18. Ya me siento. **(mejor)**
19. Yo estoy muy cansado. **(también)**
20. Yo estudié nada para el examen. **(tampoco)**

richtig falsch

2. Setzen Sie die Adverbien in Klammern vor das Adverb oder Adjektiv.

1. A pesar de la noticia ella está tranquila. **(muy)**
2. Aunque ese hombre es mayor aún es activo. **(muy)**
3. El problema es complicado. **(enormemente)**
4. Esa familia discute frecuentemente. **(muy)**
5. Esa pareja se entiende bien. **(muy)**
6. Ese país es peligroso. **(altamente)**
7. Este ejercicio es difícil para los estudiantes. **(demasiado)**
8. Gloria es alta. **(muy)**
9. Gloria es buena deportista. **(muy)**
10. José es una persona seria. **(muy)**
11. La situación no es grave como parece. **(tan)**
12. Lina y Martín bailan bien. **(increíblemente)**
13. Los mineros trabajan duramente. **(muy)**
14. María es orgullosa. **(demasiado)**
15. Me saludó cortésmente. **(muy)**
16. Patricia se muestra insegura ante la gente. **(poco)**
17. Sara me visita ocasionalmente. **(muy)**
18. Se acercaron a mí lenta y cautelosamente. **(muy)**
19. Se despidió tranquilamente de todos y luego se marchó. **(muy)**
20. Se le veía afectada por su situación. **(muy)**

richtig falsch

3. Setzen Sie die Adverbien in Klammern an den Satzanfang oder an das Satzende.

1. ¿Por qué no nos ha informado usted? **(antes)**

2. Cecilia no se siente nada. (bien)
3. Ellos nunca se sintieron cómodos. (allá)
4. Esperé el resultado del examen. (impacientemente)
5. Esperó el público al artista. (pacientemente)
6. Expresó lo que pensaba a todos sus colegas. (claramente)
7. Habla español e inglés. (perfectamente)
8. Iré mañana a visitarte. (quizás)
9. Leo artículos científicos. (ocasionalmente)
10. Llegue tarde hoy del trabajo, por lo tanto, no me esperes. (seguramente)
11. Llegué a tiempo. (afortunadamente)
12. Me levanto a las seis de la mañana. (generalmente)
13. Pablo ha bebido. (mucho)
14. Regreso, tardo sólo cinco minutos. (en seguida)
15. Saludó a todos los invitados. (amablemente)
16. Sofía siempre llega. (tarde)
17. Traigo el té para los invitados. (aquí)
18. Viajaré a Sudamérica a finales de este mes. (posiblemente)
19. Visito a mi abuela. (frecuentemente)
20. Se acercó a mí. (cautelosamente)

richtig falsch

4. Setzen Sie die Adverbien in Klammern an die richtige Position.

1. ¿Qué haces? (aquí)
2. Voy a casa de Ana. (ahora)
3. Ana estaba preocupada por tu ausencia. (muy)

4. Ana recibió la noticia. **(tranquilamente)**

5. Ángela trabaja poco y gana bien. **(muy, muy)**

6. El tiempo es bueno. **(bastante)**

7. Elisa fuma. **(demasiado)**

8. Es un barrio peligroso. **(altamente)**

9. Ese cliente se informa meticulosamente sobre cada artículo que desea comprar. **(muy)**

10. ¡Habla, por favor! **(alto)**

richtig falsch

Die entsprechenden Lösungen befinden sich auf Seite 372.

Die Grundzahlen (los números cardinales)

Einer		Zehner		Hunderter, Tausender	
0	**cero**	10	**diez**	100	**ciento, cien**
1	**uno**	11	**once**	101	**ciento uno**
2	**dos**	12	**doce**	102	**ciento dos ...**
3	**tres**	13	**trece**	200	**doscientos**
4	**cuatro**	14	**catorce**	300	**trescientos**
5	**cinco**	15	**quince**	400	**cuatrocientos**
6	**seis**	16	**dieciséis**	500	**quinientos**
7	**siete**	17	**diecisiete**	600	**seiscientos**
8	**ocho**	18	**dieciocho**	700	**setecientos**
9	**nueve**	19	**diecinueve**	800	**ochocientos**
		20	**veinte**	900	**novecientos**
		21	**veintiuno**	1.000	**mil**
		22	**veintidós**	1.001	**mil uno**
		23	**veintitrés**	1.002	**mil dos ...**
		24	**veinticuatro**	2.000	**dos mil**
		25	**veinticinco**	3.000	**tres mil ...**
		26	**veintiséis**	10.000	**diez mil ...**
		27	**veintisiete ...**	100.000	**cien mil ...**
		30	**treinta**	200.000	**doscientos mil ...**
		31	**treinta y uno**	1.000.000	**un millón ...**
		32	**treinta y dos ...**	2.000.000	**dos millones ...**
		40	**cuarenta**		
		50	**cincuenta**		
		60	**sesenta**		
		70	**setenta**		
		80	**ochenta**		
		90	**noventa**		

uno, una, un

Uno und die mit uno zusammengesetzten Zahlen werden vor männlichen Substantiven meist zu un verkürzt.
Vor weiblichen Substantiven steht una, das nicht verkürzt werden kann.

- Tenemos que esperar todavía **un** día.
- Tiene ya **veintiún** años.
- En la cesta hay sólo **una** manzana.
- Dentro de **veintiuna** horas estaremos en Los Ángeles.

Ist das erste von zwei durch y oder o verbundenen Zahlwörtern bei einem Substantiv uno oder una, so wird das zweite Zahlwort oft nachgestellt.

- Hemos andado **una** hora o dos.
- Estábamos ausentes **una** hora o tres.

ciento, cien

Ciento steht, wenn ihm die Zahlen 1 - 99 folgen. Von 200 - 900 erhält es ein -s, wenn es sich auf männliche Substantive im Plural bezieht. Bezieht es sich auf weibliche Substantive im Plural, endet es auf -as. In allen anderen Fällen steht cien.

- Tiene **ciento** dos discos.
- Tiene **doscientos** discos.
- Este libro cuesta **novecientas** pesetas.
- Tiene **cien** millones de euros.
- Tiene **cien** años.

millón, billón, trillón

vor Substantiven steht de

Millón, billón, trillón gelten als Substantive und erhalten im Plural ein -es.
Nachfolgende Substantive werden mit de angeschlossen.

- Ha ganado tres **millones** de euros.
- El proyecto cuesta dos **billones** de euros.

Milliarden werden im Spanischen als 1.000 Millionen umschrieben.

- Es muy rico. Tiene **1.000 millones** de euros.

In Lateinamerika wird billón häufig anstelle von millones verwendet.

- El proyecto cuesta **dos billones (millones)** de euros.

Dezimalzahlen

Zahlen von vier und mehr Stellen werden drei Stellen von rechts durch Punkt getrennt.

- **10.000**
- **100.000**
- **1.000.000**

Die Ordnungszahlen (los números ordinales)

Einer		Zehner		Hunderter, Tausender	
1°	primero	10°	décimo	100°	centésimo
2°	segundo	11°	undécimo	101°	centésimo primero
3°	tercero	12°	duodécimo	102°	centésimo segundo
4°	cuarto	13°	decimotercero	200°	ducentésimo
5°	quinto	14°	decimocuarto	300°	tricentésimo
6°	sexto	15°	decimoquinto	400°	cuadringentésimo
7°	séptimo	16°	decimosexto	500°	quingentésimo
8°	octavo	17°	decimoséptimo	600°	sexcentésimo
9°	noveno	18°	decimo(o)ctavo	700°	septingentésimo
		19°	decimonoveno	800°	octingentésimo
		20°	vigésimo	900°	noningentésimo
		21°	vigésimo primero	1.000°	milésimo
		22°	vigésimo segundo...	2.000°	dos milésimo ...
		30°	trigésimo	10.000°	diez milésimo
		40°	cuadragésimo	100.000°	cien milésimo
		50°	quincuagésimo	200.000°	doscientos milésimo
		60°	sexagésimo	1.000.000°	millonésimo
		70°	septuagésimo	2.000.000°	dos millonésimo
		80°	octogésimo		
		90°	nonagésimo		

Ordnungszahlen richten sich in Geschlecht und Zahl nach dem Bezugswort

Die Ordnungszahlen richten sich in Geschlecht und Zahl nach dem Wort, auf das sie sich beziehen.

- Mis padres están sentados en la **primera** mesa.
- Vivo en el **primer** piso desde hace 5 años.

Die Ordnungszahlen werden im Spanischen meist nur bis décimo verwendet. Statt der übrigen Ordnungszahlen werden Grundzahlen verwendet.

- Este escritor ha terminado su **séptimo** libro.
- Pedro y María viven en el piso **doce.**

primero, tercero

Primero und tercero werden vor männlichen Substantiven im Singular im Allgemeinen zu primer und tercer verkürzt.

- Vivimos en el **primer** piso.
- Mis padres viven en el **tercer** piso.

als Ziffer

Als Ziffer geschrieben, wird der Ordnungszahl für männliche Substantive ° und für weibliche Substantive ª hinzugefügt.

- Mis padres están sentados en la **1ª** mesa.
- Vivo en el **2°** piso desde hace 5 años.

Herrschernamen kein Punkt nach römischen Ziffern

Bei Herrschernamen und den Jahrhunderten wird die Ordnungszahl als römische Ziffer und, im Gegensatz zum Deutschen, ohne Punkt geschrieben.

- **Juan Carlos I (Juan Carlos Primero)** es el actual rey de España.
  (Juan Carlos I. (Juan Carlos der Erste) ist der derzeitige König von Spanien.)

Die Bruchzahlen (los números quebrados)

Gemeine Brüche (las fracciones ordinarias)

Für die gemeinen Brüche gilt folgende Formel:

$$\frac{\text{Zähler}}{\text{Nenner}} = \frac{\text{Grundzahl}}{\text{Ordnungszahl}}$$

Ist die Grundzahl > 1, so erhält die Ordnungszahl ein Plural -s und richtet sich im Geschlecht nach ihrem Bezugswort.

- $\frac{1}{5}$ $\frac{\text{un}}{\text{quinto}}$
- $\frac{3}{7}$ $\frac{\text{tres}}{\text{séptimos}}$

Plural-s bei Grundzahl > 1

Statt der Verwendung der Bruchzahlen bevorzugt die spanische Sprache jedoch eher die Umschreibung mit parte.

- $\frac{3}{7}$ **las tres séptimas partes**

Umschreibung mit parte

Bei Brüchen, die eine ganze Zahl enthalten, wird zwischen der ganzen Zahl und dem Bruch y eingefügt.

- **2 2/5 dos y dos quintos**
- **1 1/2 uno y medio**
- **3 1/2 tres y medio**

Bruch mit ganzen Zahlen

1/2 medio und 1/3 un tercio haben ihre eigene Form.
Medio steht ohne Artikel, tercio und cuarto stehen mit dem unbestimmten Artikel.

- Este paquete pesa **medio (1/2)** kilogramo.
- Posee **un tercio (1/3)** de esta casa.
- **Un cuarto (1/4)** de esta finca es mía.

1/2, 1/3, 1/4

In der Mathematik verwendet man für Bruchzahlen ab 11 im Nenner die Endung -avo. Diese Formen werden in Lateinamerika auch als Ordnungszahlen verwendet und können auch mit parte verbunden werden.

- **1/11 un onceavo**
- **5/12 cinco doceavos**
- **6/13 seis treceavos**
- **8/15 ocho quinceavos**
- **1/15 la quinceava parte**
- **1/20 la veinteava parte**

Bruchzahl auf -avo

Dezimalbrüche (las fracciones decimales)

Für die Dezimalbrüche gilt folgende Formel:

Grundzahl Komma Grundzahl

Die Ziffern nach dem Komma werden nicht einzeln gesprochen.

- **52,45 cincuenta y dos coma cuarenta y cinco**

Die Vervielfältigungszahlwörter (los números proporcionales)

Ab triple werden - außer céntuplo - sämtliche Vervielfältigungszahlwörter meist gebildet aus:
Grundzahl + veces más.
Duplo (doppelt) wird in der Mathematik verwendet.

- Ha merecido **el doble.**
  (Er hat **das Doppelte** verdient.)
- Ha recibido **el triple**.
  (Er hat **dreimal so viel** bekommen.)
- Ha recibido **nueve veces más.**

Die Vervielfältigungszahlwörter *einmal, zweimal* etc. werden gebildet aus:
Grundzahl + veces.

- Ya te he dicho **diez veces** que tienes que dejarla en paz.
  (Ich habe dir schon **zehnmal** gesagt, dass du sie in Ruhe lassen sollst.)

▪ simple	einfach
▪ (el) doble; duplo	das Doppelte
▪ (el) triple	das Dreifache
▪ (el) cuádruplo	das Vierfache
▪ (el) quíntuplo	das Fünffache
▪ (el) séxtuplo	das Sechsfache
▪ (el) séptuplo	das Siebenfache
▪ (el) óctuplo	das Achtfache
▪ nueve veces más	das Neunfache
▪ diez veces más, décuplo	das Zehnfache
...	...
▪ (el) céntuplo	das Hundertfache

Die Uhrzeit und weitere Zeitangaben (la hora y otras relaciones temporales)

Die Uhrzeit (la hora)

Zeitangaben in Stunden stehen mit dem bestimmten Artikel, wobei hora(s) und minuto(s) meist weggelassen werden.

- Es **la una (hora) y cinco (minutos).**
- Llegamos a **las nueve y cinco**.
- Partimos a **las dos y media.**

Bei offiziellen Zeitangaben werden 24 Stunden gezählt.

- El tren llega a **las quince treinta y cinco**.

Das Datum (la fecha)

Beim Datum werden, im Gegensatz zum Deutschen, Grundzahlen verwendet. Nur für den Ersten des Monats kann die Ordnungszahl stehen. In allen anderen Fällen steht die Grundzahl, aber ohne Punkt bei den Tausenderschritten in der Jahreszahl.

- Madrid, **el primero** de abril
- Madrid, **el uno** de abril
- Madrid, quince de abril de **2005**

keine Ordnungszahlen im Datum !

Das Datum im Brief wird nicht wie im Deutschen durch Punkt, sondern durch Bindestrich getrennt.

- **Madrid, quince de abril de 2005**
  (Madrid,) 15-4-2005

Die Zeitangaben 15 días und una quincena (14 Tage), weichen vom Deutschen ab. Dem deutschen Ausdruck *8 Tage* entspricht der Ausdruck una semana.

- Tengo **una semana** libre.
  (Ich habe **8 Tage** frei.)
- Estuve **15 días** en casa.
  (Ich war **14 Tage** zu Hause.)
- Estuve en casa **una quincena.**
  (Ich war **14 Tage** zu Hause.)

In Jahreszahlen darf mil nie fehlen. Die Jahreszahlen stehen mit en. Im Deutschen stehen die Jahreszahlen ohne Präposition.

- Nació **en mil** novecientos sesenta y cuatro (1964).
  (Er ist **neunzehnhundertvierundsechzig** geboren.)

Jahreszahlen müssen mil und en enthalten !

Das Alter (la edad)

Das Alter wird angegeben mit tener + Grundzahl + años.
Im Deutschen wird *sein* + Grundzahl + *Jahre.*

- **Tengo treinta años.**
  (Ich **bin 30 Jahre** alt.)

in Altersangaben steht tener nicht ser !

Die Uhrzeit (la hora)

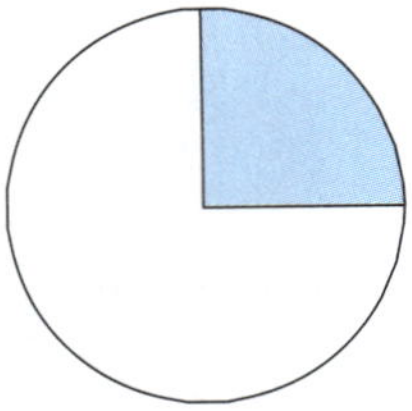

un cuarto de hora

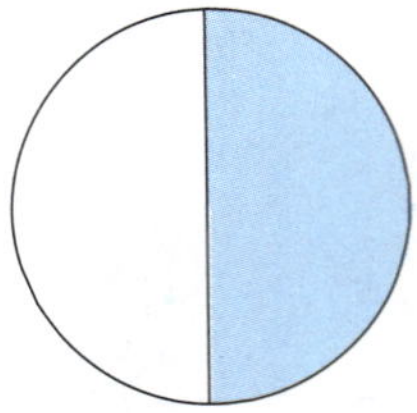

media hora

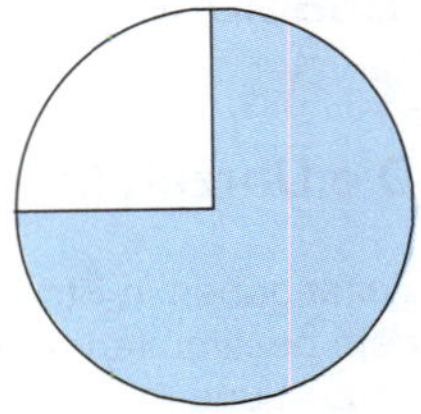

tres cuartos de hora

¿Qué hora es?

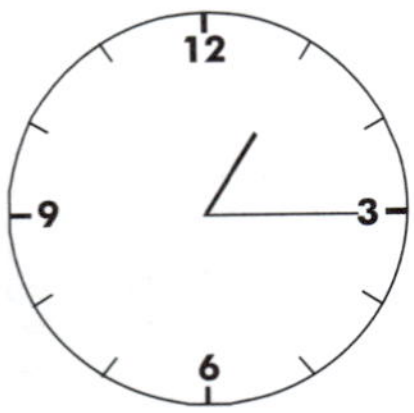

es la una y cuarto

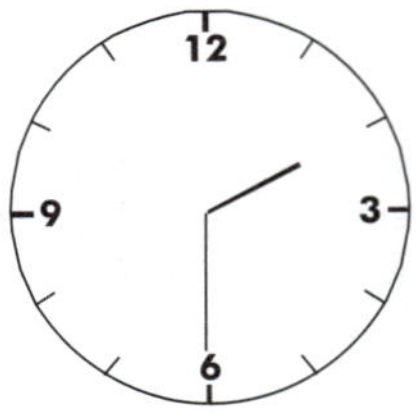

son las dos y media

son las cuatro menos cuarto

son las doce (en punto),
es mediodía,
es medianoche

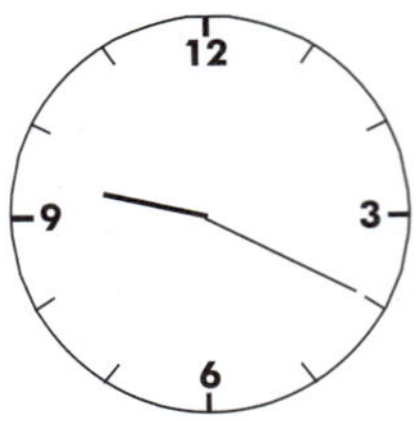

son las nueve y veinte

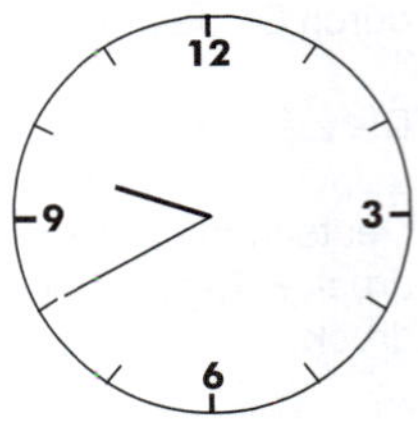

son las diez menos veinte

Das Pronomen (el pronombre)

Die Pronomen (Fürwörter) vertreten bestimmte Satzglieder, die Subjekt oder Objekt sind, d. h. das Subjekt wird durch ein Subjektpronomen, ein indirektes Objekt, es wird meist mit der Präposition a angeschlossen, wird durch ein indirektes Objektpronomen ersetzt. Ein direktes Objekt, es wird meist ohne Präposition angeschlossen, wird auch durch ein direktes Objektpronomen ersetzt.

Juan escribe una carta. — **Él** escribe una carta.
Subjekt

Los hijos **de María** fueron detenidos. — **María, cuyos** hijos fueron detenidos.
de-Ergänzung

Doy el libro **a María** — **Le** doy el libro.
Indirektes Objekt: dar algo a alguien

He visto **a María y Leticia.** — **Las** he visto.
Direktes Objekt: ver a alguien

Substantivische Pronomen (los pronombres)

Die substantivischen Pronomen stehen ohne Substantiv, sie stehen anstelle eines Substantivs.

- ¿Dónde está tu libro? He olvidado **el mío.**

Attributive Pronomen (los pronombres atributivos)

Die attributiven Pronomen können nicht ohne Substantiv stehen. Sie sind die Begleiter des Substantivs.

- ¿Dónde está **tu** libro?
- He leído **este** libro.

Das Personalpronomen (el pronombre personal)

Das Personalpronomen (persönliches Fürwort) steht stellvertretend für Personen und Sachen.

Das unverbundene, selbständige Personalpronomen (el pronombre personal tónico)

Das unverbundene, betonte Personalpronomen steht stellvertretend für Personen und Sachen, die Subjekt, indirektes oder direktes Objekt sind.

Nu.	Pers.	Genus	Subjekt	Indirektes Objekt	Direktes Objekt
Sing.	1	mask. / fem.	yo	mí	mí
	2	mask. / fem.	tú (vos)	tí	tí
	3	mask.	él	él	él
		fem.	ella	ella	ella
		neutr.	ello	-	-
	Anrede	mask. / fem.	usted (Vd.)	usted (Vd.)	usted (Vd.)
Plur.	1	mask.	nosotros	nosotros	nosotros
		fem.	nosotras	nosotras	nosotras
	2	mask.	vosotros (ustedes)	vosotros	vosotros
		fem.	vosotras (ustedes)	vosotras	vosotras
	3	mask.	ellos	les; se	les, los
		fem.	ellas	les; se	las
		neutr.	-	-	-
	Anrede	mask.	ustedes (Vds.)	les; se	les, los
		fem.	ustedes (Vds.)	les; se	las

Die Subjektpronomen

Die Subjektpronomen vertreten Personen, die Subjekt sind. Sie werden meist weggelassen, da aus der konjugierten Verbform ersichtlich ist, um welche Person es sich handelt. Sie stehen nur zur Hervorhebung, meist nach dem infinitivo und dem gerundio.

- **(Yo)** compro un libro.
- **(Tú)** has dormido.
- Estando **ella** con los niños, no estoy preocupado.

Personen, die Subjekt sind

Die Subjektpronomen stehen in Fragen und Antworten ohne Verb.

- Venga aquí, por favor. ¿Quién, **yo?**

in Sätzen ohne Verb,

Die Subjektpronomen stehen häufig im Vergleich nach como und que.

- ¿Tienes tanto trabajo como **yo?**
- Tengo más trabajo que **tú.**

im Vergleich nach como und que

Nach der Präposition entre stehen die Subjektpronomen.

- Entre **tú** y **yo** lo discutimos.

nach entre

Vos ist veraltet, wird in Argentinien und Uruguay jedoch noch oft für tú verwendet. Als Verbform wird die 2. Person Plural etwas abgewandelt (queréis wird zu querés, compráis wird zu comprás etc.).

- ¿Qué querés **vos?** (¿Qué quieres **tú?**)
- Tengo tanto trabajo como **vos.** (Tengo tanto trabajo como **tú.**)

vos

Ello bezeichnet Sachen männlichen Geschlechts im Singular. Es wird sehr selten verwendet und meistens durch das Demonstrativpronomen esto ersetzt.

- **Ello** no es obstáculo para irse.
- **Esto** ha costado 500 euros.

ello

Die Objektpronomen

Die Objektpronomen stehen auch meist nur zur Betonung, vor allem nach Präpositionen. Sie werden dann durch ein redundantes Pronomen ergänzt.

- A **mí** no me han invitado.
- A **tí** no te hemos visto.

nach Präpositionen

Mí und tí werden mit der Präposition con zu conmigo und contigo zusammengefasst. Alle anderen Pronomen bleiben unverändert.

- ¿Vienes **conmigo?** Sí, voy **contigo.**
- ¿Vienes **conmigo?** No, voy con él.

conmigo, contigo

Die Anredepronomen

Tú, tí bzw. vosotros, vosotras sind Anredepronomen für eine bzw. mehrere Personen, die man duzt.

- ¿Puedes **(tú)** venir mañana? (Kannst **du** morgen kommen?)
- ¿Podéis **(vosotros)** venir mañana? (Könnt **ihr** morgen kommen?)

Personen, die man duzt

Dabei werden mit vosotros männliche Personen angeredet, mit vosotras werden weibliche Personen angeredet.
Die Anredepronomen können auch weggelassen werden.

- ¿María y Sofía, podéis **(vosotras)** venir mañana?

statt ustedes

In Lateinamerika wird statt vosotros häufig ustedes verwendet.
Als Verbform wird dann die 3. Person Plural verwendet.

- ¿Qué queréis **vosotros?**
(Was wollt **ihr?)**
- ¿Qué quieren **ustedes?**
(Was wollt **ihr?)**

Personen, die man siezt

Usted bzw. ustedes sind Anredepronomen für eine bzw. mehrere Personen, die man siezt. Vd. bzw. Vds. sind die entsprechenden Abkürzungen.
Die Anredepronomen können auch weggelassen werden.

- ¿Puede **(usted) (Vd.)** abrir la puerta?
(Können **Sie** die Tür öffnen?)
- ¿Pueden **(ustedes) (Vds.)** llamarme hoy?
(Können **Sie** mich heute anrufen?)

Das verbundene, unbetonte Personalpronomen (el pronombre personal átono)

Das verbundene oder unbetonte Personalpronomen vertritt Personen und Sachen, die indirektes Objekt oder direktes Objekt sind und steht in Verbindung mit einem Verb. Subjekte werden von den unverbundenen, betonten Personalpronomen vertreten.

Nu.	Pers.	Genus	Indirektes Objekt	Direktes Objekt
Sing.	1	mask.	**me**	**me**
		fem.		
	2	mask.	**te**	**te**
		fem.		
	3	mask.	**le; se**	**le, lo**
		fem.		**la**
		neutr.	**-**	**lo**
	Anrede	mask.	**le; se**	**le, lo**
		fem.	**le; se**	**la**
Plur.	1	mask.	**nos**	**nos**
		fem.		
	2	mask.	**os**	**os**
		fem.		
	3	mask.	**les; se**	**les, los**
		fem.		**las**
	Anrede	mask.	**les; se**	**les, los**
		fem.		**las**

Die indirekten Objektpronomen

le, les

Die indirekten Objektpronomen le und les vertreten Personen und Sachen, die indirektes Objekt sind. Dabei vertritt le eine männliche oder weibliche Person oder Sache, les mehrere.

- Escribo una carta a Juan. **Le** escribo.
- Escribo una carta a las amigas. **Les** escribo.
- Doy importancia a esta cosa. **Le** doy importancia.
- Doy importancia a estos libros. **Les** doy importancia.

se

Treffen die indirekten Objektpronomen le, les auf ein direktes Objektpronomen, das eine Sache vertritt, werden sie durch se ersetzt.

- Doy un libro a Juan. **Le** doy un libro. **Se** lo doy.
- **Les** escribo una carta. **Se** la escribo.

Die direkten Objektpronomen

le, les, lo, los, la, las

Die direkten Objektpronomen le, les, lo, los und la, las vertreten Personen und Sachen, die direktes Objekt sind. Dabei vertreten le bzw. les eine bzw. mehrere männliche Personen, lo bzw. los vertreten eine bzw. mehrere männliche Personen oder Sachen. La bzw. las vertreten eine bzw. mehrere weibliche Personen oder Sachen.

- Busco a Juan. **Le/lo** busco.
- Busco a Juan y Alfonso. **Les/los** busco.
- Compro un libro. **Lo** compro.
- Compro dos libros. **Los** compro.
- Busco a María. **La** busco.
- Busco a María y Mercedes. **Las** busco.
- Compro una casa. **La** compro.
- Compro las casas. **Las** compro.

Das neutrale Objektpronomen lo

ganzer Satzinhalt

Neben seiner ursprünglichen Funktion, in der lo ein direktes Personen- oder Sachobjekt ersetzt, steht es auch in neutraler Funktion für einen ganzen Satzinhalt (es) oder bezüglich eines unbestimmten Subjekts (esto etc.).

- ¿Viene? No **lo** sé.
  (Kommt er? Ich weiß **es** nicht.)
- Buenos días, que Vd. **lo** pase bien.
  (Sehr höflich für: **Auf Wiedersehen.)**
- ¿Qué es esto? No **lo** sé.
  (Was ist das? Ich weiß **es** nicht.)

Das neutrale Objektpronomen las

ohne Bezug auf ein Substantiv

Das neutrale Pronomen las steht in einigen Ausdrücken ohne Bezug auf ein Substantiv.

- Es un coche que se **las** tira.
  (Dies ist ein Auto, das **es** in sich hat.)

Die Anredepronomen

te, os

Te bzw. os sind Anredepronomen für eine bzw. mehrere Personen, die indirektes oder direktes Objekt sind und die man duzt.

- Juan, **te** doy el libro.
  (Juan, ich gebe **dir** das Buch.)
- María y Mercedes, **os** doy el libro.
  (María und Mercedes, ich gebe **euch** das Buch.)

Le bzw. les sind Anredepronomen für eine bzw. mehrere Personen, die indirektes oder direktes Objekt sind, die man siezt.
Le und les werden, wenn sie auf ein direktes Objektpronomen treffen, das eine Sache vertritt, durch se ersetzt.

- Señor García, **le** doy el documento. (Señor García, ich gebe **Ihnen** das Dokument.)
- Señoritas, **les** doy los documentos. (Doy este documento **a usted** (Vd.).)
- **Le** doy este documento. - **Se** lo doy.

le, les, se

Le, lo bzw. les, los dienen zur Anrede von einer bzw. mehreren männlicher Personen, die direktes Objekt sind und die man siezt.
Le, les werden vor allem in Spanien verwendet, lo, los werden vor allem in Lateinamerika verwendet.
La bzw. las dienen zur Anrede von einer bzw. mehreren weiblichen Personen, die man siezt.

- Señor García, **le/lo** he visto. (Señor García, ich habe **Sie** gesehen.)
- Señores, **les/los** he visto. (Meine Herren, ich habe **Sie** gesehen.)
- Señora García, **la** he visto. (Señora García, ich habe **Sie** gesehen.)
- Señoras, **las** he visto. (Meine Damen, ich habe **Sie** gesehen.)

le, les, lo, los, la, las

Das redundante verbundene Personalpronomen (el pronombre personal redundante)

Das redundante, verbundene Personalpronomen ist eine Besonderheit der spanischen Sprache und ein beliebtes Stilmittel, vor allem in der Umgangssprache.
Es hat dieselben Formen wie das verbundene, unbetonte Personalpronomen und bleibt im Deutschen unübersetzt.

bereits erwähnter Satzteil

Durch das redundante Personalpronomen wird ein bereits erwähnter Satzteil nochmals aufgenommen.

- **Le** he dicho a Pedro muchas veces que no lo haga.
- A Pedro no **le** conocen tampoco.

vorangestellte direkte Objekte

Vorangestellte und dadurch hervorgehobene direkte Objekte werden durch das entsprechende Pronomen wieder aufgenommen.
Ist das direkte Objekt ein vor dem Verb stehendes Fragewort, ein Relativpronomen oder ein Substantiv mit unbestimmtem Artikel oder ohne Artikel, wird das redundante Pronomen nicht verwendet.

- Esto ya **lo** he hecho yo.
  (**Dies** habe ich schon gemacht.)
- **A él** ya **le** he visto.
  (**Ihn** habe ich schon gesehen.)
- ¿A **quién** ha visto?
- El libro **que** ha sido publicado esta semana ha tenido mucho éxito.
- **Buenos vinos** he bebido.
- **Personas amables** que he encontrado.

lo bei todo als direktes Objekt

Ist todo direktes Objekt, so wird es durch das Pronomen lo vor dem Verb wieder aufgenommen.
Todos wird gelegentlich wieder aufgenommen.

- Pedro **lo** sabe **todo.**
- Pedro **los** ha visto **a todos.**
- **Lo** tiene **todo** para triunfar.
- **Lo** hace **todo** bien.

Die Stellung des Personalpronomens (la posición del pronombre personal)

Die verbundenen, unbetonten Personalpronomen, die eine Person bezeichnen stehen in der Regel vor den Pronomen, die eine Sache bezeichnen.

Beim Verb

Die Pronomen stehen vor dem Prädikat, d. h. in den einfachen Zeiten stehen sie vor dem Verb, in den zusammengesetzten Zeiten stehen sie vor dem Hilfsverb.

vor dem Vollverb, vor dem Hilfsverb

Subjekt(pron.)	indir. Obj.pron.	dir. Obj.pron.	Prädikat
■ Juan	me	lo	dice.
■ Juan	me	lo	ha dicho.

In der literarischen Sprache wird das verbundene, unbetonte Personalpronomen gelegentlich an das konjugierte Verb angehängt, um zu verhindern, dass das Pronomen am Anfang des Satzes steht.

am konjugierten Verb angehängt

Prädikat + **Pronomen**	Subjekt
■ Adorában**se**	el molinero y su mujer.
(**Se** adoraban	el molinero y su mujer.)

Treffen die indirekten Objektpronomen le, les auf ein direktes Objektpronomen der Sache, werden diese durch se ersetzt.

le, les werden vor lo, los, la, las zu se

indirektes Obj.pron.	direktes Objektpron.	Prädikat
■ **Se**	**la**	escribí.
(**Le** escribí	una carta.)	

Beim Infinitiv

Die Pronomen werden an den Infinitiv angehängt. Da sich die Betonung des Infinitivs dadurch nicht verändern darf, erhält der Infinitiv auf der letzten Silbe einen Akzent, wenn zwei Pronomen angehängt werden.

am Infinitiv angehängt

Subjekt(pron.)	Vollverb	Infinitiv + **Pronomen**
■ Pedro	va a	llamar**te**.

Subjekt(pron.)	Vollverb	Infinitiv + **Pronomen**
■ Pedro	va a	explicár**telo**.

Akzent bei zwei Pronomen !

Ist das Verb eng mit einem Infinitiv verbunden, können die Pronomen vor das konjugierte Verb treten. Häufiger werden sie jedoch an den Infinitiv angehängt.

vor dem konjugierten Verb, am Infinitiv angehängt

Subjekt(pron.)	Prädikat	Inf. + **Pron.**	Objekt	adv. Best.
■ Pedro	suele	dar**se**	un paseo	cada día.

Subjekt(pron.)	Pronomen	Präd. + Inf.	Objekt	adv. Best.
Pedro	**se**	suele dar	un paseo	cada día.

zwei Infinitive

Bei zwei Infinitiven kann das Pronomen, das Objekt des zweiten Infinitivs ist, auch an den ersten Infinitiv angehängt werden.

Subjekt(pron.)	Prädikat	1. Inf. + Pron.	2. Infinitiv	Objekt
Pedro	se apresuraba para	poder**les**	dar	la noticia.

Beim gerundio

Akzent beim gerundio

Die Pronomen werden an das gerundio angehängt. Da sich die Betonung des gerundio dadurch nicht verändern darf, erhält es den Akzent.

gerundio + **Pronomen**	Objekt	Restsatz
Lavándo**me**	el pelo	se me cayó el jabón.

estar + gerundio

Bei der Konstruktion estar + gerundio tritt das Pronomen meist vor estar.

Pronomen	estar + gerundio	Objekt
Me	estoy preparando	para el examen.

Beim Imperativ

Akzent beim bejahten Imperativ

Die Pronomen werden an den bejahten Imperativ angehängt. Da sich die Betonung des Imperativs dadurch nicht verändern darf, erhält der Imperativ den Akzent.

Imperativ + **Pronomen**
¡Oiga**me**!
¡Díga**selo**!

verneinter Imperativ

Beim verneinten Imperativ stehen die Pronomen zwischen no und der Imperativform.

No	**indir. Obj.pron.**	**dir. Obj.pron.**	Imperativ
¡No	**se**	**lo**	creas!

Die folgende Übersicht stellt die wichtigsten Positionen der Pronomen dar.

		Subj.	**indir. Obj.pr.**	**dir. Obj.pr.**	Präd.	Juan **me lo** dice. Juan **me lo** ha dicho.
			indir. Obj.pr. (le, les)	**dir. Obj.pr.**		**Se la** escribí.
		Infinitiv	**indir. Obj.pr.**	**dir. Obj.pr.**		Juan va a llamar**te.** Juan va a explicár**telo.**
Subj.	Präd.	Infinitiv	**Obj.pr.**			Juan suele dar**se** un paseo cada día.
		Subj.	**Obj.pr.**	Präd.	Infinitiv	Juan **se** suele dar un paseo.
Subj.	Präd.	Infinitiv	**Obj.pr.**	Infinitiv		Juan se apresuraba para poder**les dar** la noticia.
		ge-rundio	**Obj.pr.**			Lavándo**me** el pelo se me cayó el jabón.
			Obj.pr.	gerundio **+ estar**		**Me** estoy preparando para el examen.
		Impe-rativ	**indir. Obj.pr.**	**dir. Obj.pr.**		Oiga**me.** Díga**selo.**
		no	**indir. Obj.pr.**	**dir. Obj.pr.**	Impe-rativ	No **se lo** creas.

Übungen zum Personalpronomen

1. Setzen Sie das entsprechende betonte Personalpronomen ein.

1. A ... le gustó mucho el regalo que le he dado.
2. A ... los conocí anoche en la fiesta de Pedro.
3. A ... me gusta más el té que el café.
4. A ... os llamo mañana para confirmar la cita.
5. La policía detuvo a..., porque estaba alterando el orden público en la protesta.
6. No existe nada más importante para ... que tu trabajo.
7. No quiero hablar más con ..., es más no quiero volverlas a ver nunca más.
8. Nuestros padres se preocupan tanto por ...
9. La situación económica de Paula es preocupante, por eso ... me pidió ayuda.
10. Desde que Ernesto se fue no hemos tenido noticias de ...

richtig falsch

2. Ersetzen Sie die blau gedruckten Substantive durch das entsprechende indirekte unbetonte Personalpronomen.

1. ¿Has contado toda la verdad **a Lorena?** Sí, ... he contado toda la verdad.
2. ¿Has escrito la carta **a Rodolfo?** No, no ... he escrito todavía.
3. ¿Qué das **a tus hijos** para el cumpleaños? ... doy un libro de García Lorca.
4. ¿María escribía **a sus padres**? Sí, ... escribía con frecuencia.
5. ¿Compras tú todos los implementos escolares a tu hijo? Sí, ... compro todos.
6. ¿Conocéis **a Julia** desde hace mucho tiempo? No, ... conocemos sólamente desde hace dos meses.

7. ¿Juan prometió que escribiría **a Ana**? Sí, prometió que ... escribiría.

8. ¿La casa de al lado siempre ha pertenecido **a la familia López**? Sí, esta casa siempre ... ha pertenecido.

9. ¿La madre dio permiso **a los niños** para que fueran al cine? Sí, ... dio permiso para que fueran al cine.

10. No fue fácil **para Ana y Felipe,** pero finalmente lograron sus objetivos. De verdad, no ... fue fácil.

richtig falsch

3. Ersetzen Sie die blau gedruckten Substantive durch das entsprechende direkte unbetonte Personalpronomen.

1. ¿Conoces a **Catalina y Valentina**? No, no ... conozco.
2. ¿Conoces **esta canción**? No, no ... conozco.
3. ¿Conoces a **las hermanas de Sofía**? No, nunca ... he visto.
4. ¿Dónde compraste **las camisas**? ... compré en oferta en la tienda central.
5. ¿Ha firmado ya **los documentos**? Sí, ya ... he firmado todos.
6. ¿Has escrito **el E-mail**? No ... he escrito todavía.
7. ¿Has traído **los libros de gramática española**? Sí, ... he traído.
8. ¿Has visitado a **tus padres** en los últimos días? Sí ... vi el fin de semana pasado.
9. ¿Has visto a **Catalina y Pablo**? No ... he visto.
10. ¿Has visto **alguna película de Pedro Almodóvar**? Sí, ... he visto todas.
11. ¿Tienes **mi lápiz**? No ... tengo.
12. ¿Ves a **Rodrigo**? No ... veo.
13. Esa es **María** ¿Por que no ... saludas?
14. Has escuchado **la noticia de última hora**? No ... he escuchado.
15. Has hablado con **la directora del proyecto.** No ... encontré.

richtig falsch

4. Ersetzen Sie die blau gedruckten Substantive durch das entsprechende direkte oder indirekte unbetonte Personalpronomen.

1. ¿Cuándo vas a comprar **los regalos** para **los niños?** ... ... voy a comprar el próximo sábado.
2. ¿Has enviado **los pedidos a todos los clientes?** Sí, ya ... ... he enviado.
3. ¿Has escrito **la carta a Rodolfo?** No, no ... ... he escrito todavía.
4. ¿Les has dicho **a los Señores López el mensaje?** No, aún no ... he dicho nada.
5. ¿Tú prestas **el coche a tu hijo?** Sí, a veces ... ... presto.
6. ¿Quieres regalar **estos libros a tu hermano menor?** Sí, ... quiero regalar.
7. ¿Les gustó **la comida a los niños?** Sí, ... gustó mucho.
8. Deseo hacerle **un obsequio a la familia García.** Deseo hacer... .
9. ¿Le has devuelto a **Ana todos los libros** que ella te prestó ? Sí, ... he devuelto.
10. Llamaré al electricista que le reparó **el televisor a José.** Sí, ... reparó.

richtig falsch

5. Setzen Sie das entsprechende betonte oder unbetonte Personalpronomen ein.

1. Sabes que a ... (2. Pers. Sing.) yo siempre ... he amado.
2. ¿Cómo puede un hombre hablar de ... que no conoce?
3. ¿Has visto a las niñas? Sí, ... vi en el jardín.
4. Necesito las llaves de la casa ¿... tienes tú?
5. ¿Qué le pasa a esta puerta, que no ... puedo abrir?
6. ¿Qué quieres hacer con todos estos vestidos? ... quiero vender a una tienda de segunda mano.
7. ¿Sabe si a su gato ya ... han vacunado?

8. ¿Visitas con frecuencia a tus abuelos? Sí, ... visito casi todos los domingos.

9. A vosotros ... escribiré una vez tenga noticias nuevas.

10. Adiana está tan diferente que no ... reconocí.

11. Ana y Mercedes no compraron el coche porque el precio no ... pareció bien.

12. ¿Cuándo vas a reservar el pasaje para tu viaje? El martes a primera hora ... reservo.

13. Desde el día que la conocí, me enamoré de ...

14. Dile a tu esposa que ... agradezco mucho su invitación pero no puedo ir, porque tengo otros compromisos.

15. Disculpe usted si ... interrumpo, pero tengo un mensaje que darle.

16. Disculpen que ... interrumpa, pero tengo un mensaje para ustedes.

17. Los animales no necesitan mucho, ... basta vivir.

18. Mira el regalo que ... (1. Person Singular) trajo mi abuela Inés.

19. Perdón si ... interrumpo, Señoras.

20. Señor García, ... llamo mañana para confirmar la cita.

richtig falsch

6. Setzen Sie das entsprechende redundante Personalpronomen ein.

1. ... di permiso a los niños para ir al cine.

2. ... he dicho muchas veces a Luisa que ha cometido un error, pero ella no lo acepta.

3. ... pregunté a Juan y a Luis si deseaban beber algo pero dijeron que no.

4. ... voy a escribir una carta a mis padres, que están en Sudamérica.

5. ¿Sabes qué ... ha sucedido a Sebastián y a Liliana?

6. A José no ... invites a la fiesta, por favor.

7. A las amas de casas se ... exige que trabajen todo el día sin remuneración alguna.
8. A los abuelos ... sienta muy bien el clima cálido.
9. A los jóvenes de hoy en día ... interesa poco temas como la política o la religión.
10. A los padres ... hace mucha falta sus hijos, quienes están de vacaciones en casa de los abuelos.
11. A Lucía no ... sienta bien el clima tan húmedo de esta ciudad.
12. A María ... resulta más fácil venir en coche que en autobús.
13. Con mis hijos siempre ... cumplí lo que les prometí.
14. A Rodrigo no ... quiero ver más en mi vida.
15. A su hijo ... han vacunado cuando tenía tres meses, ahora no es necesario más.
16. A todos los invitados ... manifesté mi agradecimiento por su asistencia a la fiesta.
17. A todos ustedes ... agradezco la colaboración que me han dado.
18. Al niño no ... gustó nada la comida que le he hecho, sólo quiere comer hamburguesas.
19. Alguien me contó que a la familia Sánchez ... van a embargar todas sus propiedades.
20. Anoche ... di el dinero a Sandra.
21. Cada vez que... pedí un favor a Pedro siempre me lo hizo.
22. Estoy segura que a Carmen ... gustará mucho el regalo que compraste.
23. Juan siempre ha sido muy desconfiado, no ... fía a nadie.
24. Llamaré al electricista que ... arregló la instalación a Luis.
25. No ... compré un regalo a Pedro porque no encontré nada apropiado para él, he decidido invitarle a comer.

richtig falsch

Die entsprechenden Lösungen befinden sich auf Seite 372 ff.

Das Reflexiv- und Reziprokpronomen (el pronombre reflexivo y recíproco)

Das Reflexivpronomen (el pronombre reflexivo)

Das Reflexivpronomen (rückbezügliches Fürwort) bezieht sich „zurück" auf das Subjekt, d. h. Pronomen und Subjekt bezeichnen dieselbe Person.
Das Reflexivpronomen kann sich nur auf Personen und nicht auf Sachen beziehen und gehört immer zu einem Verb, dem reflexiven Verb.

Genus	1. Pers. Sg.	2. Pers. Sg.	3. Pers. Sg.	1. Pers. Pl.	2. Pers. Pl.	3. Pers. Pl.
mask. fem.	**me**	**te**	**se**	**nos**	**os**	**se**
			sí			**se**

Me bzw. nos beziehen sich auf die 1. Person Singular bzw. Plural, te bzw. os beziehen sich auf die 2. Person Singular bzw. Plural und se bezieht sich auf die 3. Person Singular oder Plural.

- ¿Por qué (tú) **te** ríes?
  (Warum lachst du?)
- Juan **se** queja siempre de su esposa.
  (Juan beklagt **sich** immer über seine Frau.)

me, te, se, nos, os

Se wird mit der Präposition con zu consigo zusammengezogen.

- El proyecto futuro lleva **consigo** inversiones grandísimas.

se

Das Reflexivpronomen sí bezeichnet ein unbestimmtes Subjekt und wird häufig durch mismo verstärkt.

- Nadie puede vivir por **sí** mismo.
- El egoísta piensa solamente en **sí** mismo.

sí

Das Reziprokpronomen (el pronombre recíproco)

Das Reziprokpronomen (Pronomen der Gegen-, Wechselseitigkeit) drückt ein gegenseitiges Verhältnis (einander, gegenseitig) aus und kommt nur in der 1. und 3. Person Plural vor.
Es hat die gleichen Formen wie das Reflexivpronomen.

- **Nos** conocemos desde hace mucho tiempo.
  (Wir kennen **uns/einander** seit langem.)
- María y Pedro **se** quieren mucho.

Gegenseitigkeit

Übungen zum Reflexivpronomen

1. Setzen Sie das entsprechende Reflexivpronomen ein.

1. ... acosté muy tarde anoche y ahora me siento muy cansado.
2. ¿... acuerda usted de eso?
3. ¿... diviertes viendo la película?
4. ... enamoraron muy rápido.
5. ... levantó muy despacio y en silencio, pues todos dormían aún.
6. ... rieron mucho de los comentarios de Pedro.
7. ¡Cuánto ... alegro de verte!
8. Con el tiempo ... acostumbramos a la nueva gente y su cultura.
9. Espero que ... comportéis mejor.
10. Me parece que ... conocemos.

richtig falsch

2. Setzen Sie se oder sí ein.

1. Ana ... aburre de ... misma.
2. Ella tiene confianza en ... misma.
3. Por ... misma busca alternativa de progreso.
4. ... conoce a ... misma, sabe muy bien cuales son sus puntos fuertes.
5. A veces sueña con... misma.
6. ... dirigió al mercado para escoger por ... misma el pescado.
7. Sentía lástima de ... mismo al pensar en ello.
8. Ana había recobrado el dominio de ... misma.
9. Ninguna nación puede pretender encarnar por ... sola el bien.
10. Se prometió a ... misma no hablar.

richtig falsch

Die entsprechenden Lösungen befinden sich auf Seite 373.

Das Possessivpronomen (el pronombre posesivo)

Das Possessivpronomen (besitzanzeigendes Fürwort) drückt ein Besitzverhältnis aus und steht stellvertretend für Personen und Sachen.

Das unbetonte Possessivpronomen (el pronombre posesivo átono)

Das unbetonte Possessivpronomen vertritt Personen und Sachen und richtet sich in Geschlecht und Zahl nach dem Substantiv, das es vertritt.

Nu.	Pers.	Genus	Singular	Plural
Sing.	1	mask. / fem.	**mi**	**mis**
	2	mask. / fem.	**tu**	**tus**
	3	mask. / fem.	**su**	**sus**
	Anrede	mask. / fem.	**su**	**sus**
Plur.	1	mask.	**nuestro**	**nuestros**
		fem.	**nuestra**	**nuestras**
	2	mask.	**vuestro**	**vuestros**
		fem.	**vuestra**	**vuestras**
	3	mask. / fem.	**su**	**sus**
	Anrede	mask. / fem.	**su**	**sus**

Das unbetonte Possessivpronomen richtet sich in Geschlecht und Zahl nach dem Besitzobjekt und nicht nach dem Besitzer.

- Pedro y Juan dicen: «Es **nuestra** casa.»
- María y Elena dicen: «Son **nuestros** libros.»

richtet sich nach dem Besitzobjekt, nicht nach dem Besitzer

Su bzw. sus sind Anredepronomen für eine bzw. mehrere Personen, die man siezt.
Wenn nicht klar ist, ob es sich um das Anredepronomen handelt oder um das Possessivpronomen der 3. Person, wird de + Personalpronomen eingesetzt. Statt su steht der bestimmte Artikel.

- ¿Ha venido **su** padre?
  (Ist **Ihr/sein/ihr** Vater gekommen?)
- ¿Ha venido **el** padre **de Vd.?**
  (Ist **Ihr** Vater gekommen?)

su, sus

Das betonte Possessivpronomen (el pronombre posesivo tónico)

Das betonte Possessivpronomen vertritt Personen und Sachen und richtet sich in Geschlecht und Zahl nach dem Substantiv, das es vertritt.

Nu.	Pers.	Genus	Singular	Plural
Sing.	1	mask.	**mío**	**míos**
		fem.	**mía**	**mías**
	2	mask.	**tuyo**	**tuyos**
		fem.	**tuya**	**tuyas**
	3	mask.	**suyo**	**suyos**
		fem.	**suya**	**suyas**
	Anrede	mask.	**suyo**	**suyos**
		fem.	**suya**	**suyas**
Plur.	1	mask.	**nuestro**	**nuestros**
		fem.	**nuestra**	**nuestras**
	2	mask.	**vuestro**	**vuestros**
		fem.	**vuestra**	**vuestras**
	3	mask.	**suyo**	**suyos**
		fem.	**suya**	**suyas**
	Anrede	mask.	**suyo**	**suyos**
		fem.	**suya**	**suyas**

nach Substantiven mit unbestimmtem Artikel

Die betonten Possessivpronomen stehen nach einem Substantiv mit unbestimmtem Artikel.

- Tenemos que visitar a un amigo **mío.**
- Podemos tomar un coche **mío.**

mit bestimmtem Artikel

In Verbindung mit dem bestimmten Artikel stehen die betonten Possessivpronomen in der Bedeutung *der, die, das meinige* etc.

- **Los suyos** son personas muy amables.
  (**Die Seinigen** sind sehr nette Leute.)

mit ser

In der Bedeutung von *gehören* stehen die betonten Possessivpronomen mit ser.

- Este coche es **mío**.
  (Das Auto gehört **mir.**)

in Ausrufen

Die betonten Possessivpronomen stehen in Ausrufen nach dem Subjekt.

- **¡Dios mío!**
- **¡Madre mía!**

Übungen zum Possessivpronomen

1. Setzen Sie das richtige unbetonte Possessivpronomen ein.

1. ¿Podría decirme cuál es el objetivo real de ... visita?
2. ¿Por qué no dejas... estudios por un momento?
3. ¿Sabes si Lina está en ... casa? Quisiera ir a visitarla hoy.
4. A los tres años de ser presidente había adquirido la amistad y la consideración de ... colegas.
5. Ana le dice a sus amigos: «... libro ha sido de gran utilidad en mi trabajo.»
6. Ana quiere visitarme con ... hermanos y ... padres, pues hace ya muchos años que no vienen a España.
7. Cuando hacemos ... espectáculos en la calle, muchos vecinos protestan por el ruido.
8. El abuelo Antonio disfrutaba mucho con ... nietos a quienes les profesaba gran cariño.
9. El fin de semana yo visitaré a ... hija, quien vive en Suiza.
10. Ernesto ha perdido ... libro de español.
11. Expresó agradecimiento a su familia: «... manifestaciones de afecto y apoyo me llenan de valor.»
12. Fue ... decisión y ahora usted debe asumir las consecuencias de la misma.
13. Hemos perdido el control de la socialización de ... hijo, se lamenta Lorenzo Díaz.
14. Juan dice con gran orgullo: «Durante ... estudios viví con ... hermana en Barcelona.»
15. Juan le dice a sus invitados: «Gracias por ... regalos y por ... compañía en este día.»

richtig falsch

2. Setzen Sie das richtige betonte Possessivpronomen ein.

1. ¡Que desastre, Dios ..., yo no lo puedo creer!

2. ¿Este es el coche ... o de tu padre?
3. Cristina, esas ideas ... son siempre estupendas.
4. En las vacaciones yo me voy con unas amigas ... para Mallorca.
5. Esta deuda no es directamente ..., pero de su hijo.
6. La artista se quejó porque algunas esculturas ... no fueron expuestas como se había acordado.
7. La próxima semana me visitará María con los parientes ...
8. No te preocupes, la culpa del accidente no fue ...
9. Si te falta, yo te puedo prestar algunos instrumentos ...
10. Yo tengo mi negocio, Juan tiene el ... y así cada cual se ocupa de lo que le corresponde.

richtig falsch

3. Setzen Sie das richtige unbetonte oder betonte Possessivpronomen ein.

1. «... consejo me ha ayudado mucho», dice la hija a sus padres.
2. Me pregunto cómo realizar ... proyecto, sin recibir el apoyo financiero del banco.
3. ¿Es ésta la casa del jefe de Luis? No, ésa es la casa de ... compañera Ana.
4. ¿Ya no reconoces a ... amigos?
5. Anoche estaba en casa de Diana y conocí tres amigos ... quienes, al igual que yo, venían de Sudamérica.
6. Cada uno hizo lo ... y así se terminó el trabajo pronto.
7. Carlos, un amigo ..., viene a visitarme la próxima semana.
8. El niño siempre pedía a ... padres que le narraran cuentos antes de dormir.
9. Ernesto ¿es verdad que Luisa es hija ...?
10. Esas fueron ... decisiones, de las cuales tenéis que asumir las consecuencias.

11. Hemos conversado constantemente con ... hijos buscando siempre lo mejor para ellos.

12. Las dos jóvenes que están sentadas a tu izquierda son las hijas ... y yo he venido con ellas.

13. Lo más difícil para nosotros como padres fue admitir que ... hija tenía un problema de adicción a las drogas.

14. No puedes imaginarte lo mucho que esperé ... visita.

15. Perdóneme usted si... palabras la han ofendido.

richtig falsch

Die entsprechenden Lösungen befinden sich auf Seite 373 ff.

Das Demonstrativpronomen (el pronombre demostrativo)

Das Demonstrativpronomen (hinweisendes Fürwort) weist auf bestimmte Personen oder Sachen. Es steht nur in der 3. Person und richtet sich in Geschlecht und Zahl nach dem Substantiv, das es vertritt bzw. auf das es sich bezieht.

Das substantivische Demonstrativpronomen (el pronombre demostrativo)

Nu.	Pers.	Genus	Éste	Ése	Aquél
Sing.	3	mask.	**éste**	**ése**	**aquél**
		fem.	**ésta**	**ésa**	**aquélla**
		neutr.	**esto**	**eso**	**aquello**
Plur.	3	mask.	**éstos**	**ésos**	**aquéllos**
		fem.	**éstas**	**ésas**	**aquéllas**
		neutr.	-	-	-

bezüglich des Näherliegenden; Fernerliegenden

Éste	Ése	Aquél
Éste weist auf Personen oder Sachen in der Nähe oder in Aufzählungen auf das Zuletztgenannte (dieser).	Ése weist auf Personen oder Sachen in der Ferne (jener).	Aquél weist auf Personen oder Sachen, die örtlich und zeitlich weiter entfernt sind oder in Aufzählungen auf das Zuerstgenannte (jener).
▪ ¿Quién es este hombre? **¿Éste?** No sé. ▪ Picasso y Dalí eran pintores españoles; **éste** (Dalí) era un pintor del surrealismo.	▪ ¿Quién es ese hombre? **¿Ése?** No sé. ▪ ¿De quién son esas cosas? **¿Ésas?** Son mías.	▪ ¿Quién es ese hombre? **¿Aquél?** No sé. ▪ Picasso y Dalí eran pintores españoles; **aquél** (Picasso) era un pintor del modernismo.

bezüglich ganzer Satzinhalte, unbestimmter Substantive

! Akzent entfällt

Esto	Eso	Aquello
Esto bezieht sich auf einen ganzen Satzinhalt oder ein unbestimmtes Substantiv und trägt keinen Akzent.	Eso bezieht sich auf einen ganzen Satzinhalt oder ein unbestimmtes Substantiv und trägt keinen Akzent.	Aquello bezieht sich auf einen ganzen Satzinhalt oder ein unbestimmtes Substantiv und trägt keinen Akzent.
▪ **Esto** no me gusta nada. (**Das** gefällt mir gar nicht.)	▪ Ocuparse de los niños y trabajar, **eso** sí que es difícil. (Sich um die Kinder zu kümmern und zu arbeiten, **das** ist wirklich schwierig.)	▪ **Aquello** que vaticinaste no se ha cumplido. (**Das was** du prophezeit hast, hat sich nicht erfüllt.)

Das attributive Demonstrativpronomen (el pronombre demostrativo atributivo)

Nu.	Pers.	Genus	Este	Ese	Aquel
Sing.	3	mask.	**este**	**ese**	**aquel**
		fem.	**esta**	**esa**	**aquella**
Plur.	3	mask.	**estos**	**esos**	**aquellos**
		fem.	**estas**	**esas**	**aquellas**

bezüglich des Näherliegenden, Fernerliegenden

Este	Ese	Aquel
Este weist auf Personen oder Sachen in der Nähe (dieser).	Ese weist auf Personen oder Sachen in der Ferne (jener).	Aquel weist auf Personen oder Sachen, die örtlich und zeitlich weiter entfernt sind (jener).
▪ ¿Quién es **este** hombre? ▪ ¿De quién son **estas** cosas?	▪ ¿Quién es **ese** hombre? ▪ ¿De quién son **esas** cosas?	▪ ¿Quién es **aquel** hombre? ▪ ¿De quién son **aquellas** cosas?

Geringschätzung

Este	Ese
Este steht zum Ausdruck der Geringschätzung, jedoch weniger häufig als ese.	Ese steht zum Ausdruck der Geringschätzung häufiger als este.
▪ **Este** tipo no me gusta nada.	▪ **Ese** tipo no me gusta nada.

Übungen zum Demonstrativpronomen

1. Setzen Sie éste und seine Formen oder este und seine Formen oder esto ein.

1. ... debe ser la persona a la que debemos dirigirnos.
2. ... fotografías son muy bonitas, debes conservarlas.
3. ... misma semana voy a viajar a Madrid.
4. ... problemas me ponen muy nerviosa.
5. ... situación se está complicando demasiado, tenemos que hacer algo.
6. ¡... es una dicha!
7. ¿Crees que ... coche deba ser reparado pronto?
8. ¿Qué ha pasado en ... semanas en las que no he estado?
9. Dicho ..., salió cerrando violentamente la puerta.
10. Durante sus estudios estaba enamorado de Claudia pero ... se casó inesperadamente con otro hombre.
11. Esas son flores de Colombia muy exóticas y ... quiero regalartelas en este día tan especial.
12. Jamás he hablado de ... con nadie.
13. Juan logró vender todas sus pinturas cuando ... las expuso en el museo de arte moderno.
14. Las crisis como ... también pueden generar cambios positivos.
15. Los heridos fueron asistidos rápidamente, pero ... estaban de tal gravedad, que los médicos no pudieron hacer nada más que remitirlos al hospital.

richtig falsch

2. Setzen Sie ése und seine Formen oder ese und seine Formen oder eso ein.

1. ... argumentos que dice Juan no son válidos.
2. ... coche que te has comprado es demasiado caro.

3. ... consejos de Ana me ayudaron mucho.
4. ... manera de dirigirse a la gente no es muy apropiada.
5. ... momento es inolvidable para nosotros dos.
6. ... no significa nada.
7. ... zapatos son muy bonitos, pero muy caros, lástima.
8. ¿No es ... tu opinión?
9. ¿Qué clase de pájaro es ...?
10. Aunque ... es otra historia, también es válida para mencionarla.
11. Ir a una congregación de ... es muy importante para tu formación profesional.
12. Las escuelas, ... de las que te hablé, son muy conocidas en toda la ciudad.
13. Los objetivos del proyecto, ... que ustedes explicaron, no son realizables en tan corto tiempo.
14. Teniendo tanto dinero me compraría un coche como ... que está allá estacionado.
15. No comprendo como puede ocurrir ..., pero es así.
16. No es ... mi intención, ¡discúlpame!
17. No sé si ... respuesta es la correcta.
18. ¿Quién es ... hombre?
19. Seis meses en España para hacer un curso de español, ... fue el regalo que recibió por parte de sus padres.
20. Si ... actitud de egoísmo no la cambias, te quedarás sola.

richtig falsch

3. Setzen Sie aquél und seine Formen oder aquel und seine Formen oder aquello ein.

1. ... momento fue determinante para tomar la decisión.
2. ... niños son los hijos de Leticia y Pedro.

3. Ahora todo está solucionado, pues la crisis ... por la que pasamos, la logramos superar relativamente rápido.

4. Aprender diferentes lenguas es muy importante, especialmente ... que se hablan en la comunidad europea.

5. Creo que en ... tiempo las condiciones laborales eran mejores.

6. El joven, ... que está a tu derecha, asiste a clases de español en mi escuela.

7. En momentos como ... de tanta presión, ella no sabía como actuar.

8. En un palacio como ... quisiera vivir toda mi vida.

9. Mi padre estaba a la orilla de ... río, en el cual fue molinero por más de quince años.

10. Pedro se ha comprado una casa en Marbella, ... que fueron construidas por arquitectos alemanes.

11. Por momentos todo ... tan cruel parecía no ser verdad.

12. Sin embargo reconocía que ... ideas eran de un orden superior, ajenas a su voluntad.

13. Sin su ayuda no hubiese vencido todas ... dudas que le atormentaban.

14. Todo ... le pareció muy extraño y decidió irse rápidamente.

15. Todo ... que me aclaraste, me ayudó mucho para hacer los ejercicios.

richtig falsch

Die entsprechenden Lösungen befinden sich auf Seite 374.

Das Relativpronomen (el pronombre relativo)

Das Relativpronomen (bezügliches Fürwort) bezieht sich auf ein oder mehrere unmittelbar vorausgehende Substantive, die Subjekt, direktes oder indirektes Objekt oder eine de-Ergänzung sind. Sie leiten einen Nebensatz, den so genannten Relativsatz ein.

Rel.pron.	Nu.	Per.	Gen.	Subjekt	de-Ergänz.	indir. Obj.	dir. Obj.
que	Sing.	3	mask.	que	de que	a que	que
			fem.				
	Plur.	3	mask.				
			fem.				
el que	Sing.	3	mask.	el que	del que	al que	el que
			fem.	la que	de la que	a la que	la que
			neutr.	lo que	de lo que	a lo que	lo que
	Plur.	3	mask.	los que	de los que	a los que	los que
			fem.	las que	de las que	a las que	las que
			neutr.	-	-	.	-
el cual	Sing.	3	mask.	el cual	del cual	al cual	el cual
			fem.	la cual	de la cual	a la cual	la cual
			neutr.	lo cual	de lo cual	a lo cual	lo cual
	Plur.	3	mask.	los cuales	de los cuales	a los cuales	los cuales
			fem.	las cuales	de las cuales	a las cuales	las cuales
			neutr.	-	-	-	-
quien	Sing.	3	mask.	quien	de quien	a quien	quien
			fem.				
	Plur.	3	mask.	quienes	de quienes	a quienes	quienes
			fem.				
cuyo	Sing.	3	mask.	-	cuyo	-	-
			fem.	-	cuya	-	-
	Plur.	3	mask.	-	cuyos	-	-
			fem.	-	cuyas	-	-
cuanto	Sing.	3	mask.	cuanto	-	a cuanto	cuanto
			fem.	cuanta	-	a cuanta	cuanta
			neutr.	cuanto	-	a cuanto	cuanto
	Plur.	3	mask.	cuantos	-	a cuantos	cuantos
			fem.	cuantas	-	a cuantas	cuantas
			neutr.	-	-	-	-

Donde (wo) und cuando (wann) sind unveränderlich.

	Que	Quien
bezüglich von Personen, Sachen	Que bezieht sich auf Personen oder Sachen. Dabei ändert sich seine Form nicht. Es kann nur mit einem vorausgehenden Substantiv stehen.	Quien bezieht sich auf Personen (nicht auf Sachen), wobei quien eine Person vertritt, quienes mehrere. Es kann mit einem vorausgehenden Substantiv stehen und ohne (Korrelativpronomen). Es steht vor allem nach einsilbigen Präpositionen. Ist keine Präposition vorhanden, wird que bevorzugt.
	▪ La mujer **que** ha olvidado su coche. ▪ Los libros **que** he olvidado esta mañana.	▪ **Quien** lo crea, está equivocado. ▪ Éste es el hombre para **quien** trabajo desde hace 10 años. ▪ Éstas son las mujeres para **quienes** trabajo desde hace 10 años.

	El que	El cual
bezüglich von Personen, Sachen Angleichung des Artikels	El que bezieht sich auf Personen oder Sachen. Es ist zu beachten, dass sich der Artikel in Geschlecht und Zahl nach dem Bezugswort richtet, d. h. bei mehreren männlichen Bezugswörtern steht los, bei einem bzw. mehreren weiblichen Bezugswörtern steht la bzw. las. Bei männlichen und weiblichen Bezugswörtern steht los. Die Form von que ändert sich nicht. Es kann mit einem vorausgehenden Substantiv stehen und ohne (Korrelativpronomen).	El cual bezieht sich auf Personen oder Sachen. Es ist zu beachten, dass sich el cual in Geschlecht und Zahl nach dem Bezugswort richtet, d. h. bei mehreren männlichen Bezugswörtern steht los cuales, bei einem bzw. mehreren weiblichen Bezugswörtern steht la cual bzw. las cuales. Bei männlichen und weiblichen Bezugswörtern steht los cuales. Es kann mit einem vorausgehenden Substantiv stehen und ohne (Korrelativpronomen).

El que

Es steht meist nach mehrsilbigen Präpositionen und vor allem nach de, por und para.

- **Los que** conocen a Antonio le quieren mucho.
- Éste es el hombre para **el que** trabajo desde hace 10 años.
- Éstas son las mujeres para **las que** trabajo desde hace 10 años.

El cual

Es steht meist nach mehrsilbigen Präpositionen und vor allem nach de, por und para.

- Éste es el hombre para **el cual** trabajo desde hace 10 años.
- Éstas son las mujeres para **las cuales** trabajo desde hace 10 años.

Lo que

Lo que ist in Geschlecht und Zahl unveränderlich und bezieht sich auf einen ganzen Satzinhalt oder auf ein unbestimmtes Bezugswort wie todo und esto.

- Yo sé **lo que** he visto. (Ich weiß, **was** ich gesehen habe.)
- Esto es todo **lo que** tenía que decir.

Lo cual

Lo cual ist in Geschlecht und Zahl unveränderlich und bezieht sich auf einen ganzen Satzinhalt. Es wird seltener verwendet als lo que.

- Tengo que levantarme muy temprano **lo cual** no me gusta mucho. (Ich muss sehr früh aufstehen, **was** mir nicht sehr gefällt.)

berzüglich eines Satzinhalts, unbestimmter Be zugswörter

lo ist unveränderlich

Cuyo

Cuyo bezeichnet ein (folgendes) Besitzobjekt, das eine Person oder Sache ist.
Es ist zu beachten, dass sich cuyo in Geschlecht und Zahl nach dem Besitzobjekt richtet, d. h. bezüglich mehrerer männlicher Besitzobjekte steht cuyos, bezüglich eines bzw. mehrerer weiblicher Besitzobjekte steht cuya bzw. cuyas. Bei männlichen und weiblichen Besitzobjekten

Del cual

Del cual bezeichnet ein (vorangehendes) Besitzobjekt, das eine Person oder Sache ist.
Es ist zu beachten, dass sich del cual in Geschlecht und Zahl nach dem Besitzobjekt richtet, d. h. bezüglich mehrerer männlicher Besitzobjekte steht de los cuales, bezüglich eines bzw. mehrerer weiblicher Besitzobjekte steht de la cual bzw. de las cuales. Bei männlichen und weiblichen

bezüglich folgender; vorangehender Besitzobjekte

Angleichung in Geschlecht und Zahl

Cuyo	Del cual
steht cuyos. Es ist zu beachten, dass sich das Relativpronomen im Spanischen nach dem Besitzobjekt richtet und nicht wie im Deutschen nach dem Besitzer.	Besitzobjekten steht de los cuales. Es ist zu beachten, dass sich das Relativpronomen im Spanischen nach dem Besitzobjekt richtet und nicht wie im Deutschen nach dem Besitzer. Nach Indefinitpronomen kann nur del cual stehen.
▪ La madre **cuya** hija ha tenido un accidente. ▪ La escritora **cuyo** libro fue publicado el otro día.	▪ El asunto **del cual** te hablé se ha solucionado. ▪ Los asuntos **de los cuales** te hablé se han solucionado.

Anzahl; Menge

keine Angleichung bei Bezeichnung der Menge

Cuantos	Cuanto
Cuanto bezeichnet die Anzahl von Personen oder Sachen. Es ist zu beachten, dass sich cuanto in Geschlecht und Zahl nach dem Bezugswort richtet, d. h. bei mehreren männlichen Bezugswörtern steht cuantos, bei einem bzw. mehreren weiblichen Bezugswörtern steht cuanta bzw. cuantas. Bei männlichen und weiblichen Bezugswörtern steht cuantos.	Cuanto ist in Geschlecht und Zahl unveränderlich und bezeichnet die Menge. Es steht ohne Bezug auf ein vorangehendes Substantiv.
▪ No puedes imaginarte **cuántos** turistas han esperado en el aeropuerto. ▪ ¡No puedes imaginarte **cuántas** casas tiene!	▪ Decía **cuanto** sabía.

Donde	Cuando	Que
Zur Bezeichnung des Ortes kann donde mit und ohne Bezug auf ein vorangehendes Substantiv stehen. Relativpronomen ohne Bezug auf ein vorangehendes Substantiv heißen Korrelativpronomen.	Zur Bezeichnung der Zeit kann cuando mit und ohne Bezug auf ein vorangehendes Substantiv stehen.	Zur Bezeichnung der Zeit steht que immer mit Bezug auf ein vorangehendes Substantiv.
▪ La Universidad de Madrid **donde** he estudiado. ▪ **Donde** mejor se come es allí.	▪ **Cuando** llegó mi padre fue un día de alegría. ▪ Recuerdo **cuando** éramos chicos.	▪ El día **que** llegó mi padre fue un día de alegría.

bezüglich Ortsangaben; Zeitangaben

Übungen zum Relativpronomen

1. Setzen Sie que, quien, el que, el cual, lo que oder lo cual ein.

1. ... diga la respuesta correcta, gana un premio.
2. ¿Hubo gente a ... no extrañaste durante tu viaje?
3. 'Televisión basura' es una expresión que se utiliza para designar a un cierto tipo de programas ... son de 'mala calidad'.
4. El acusado será sometido a un proceso judicial, ... permitirá establecer su culpabilidad o no.
5. El amigo de Ana, ... está en Argentina, me llamó ayer.
6. El hombre ... está sentado a tu derecha es mi profesor de español.
7. Ese es un conflicto en ... yo no deseo verme involucrado.
8. Estuvimos hablando de las cosas que él me preguntaba y ... yo respondía lo que sabía.
9. He encontrado a Antonio en el club, ... me alegró mucho.
10. Hoy voy a trabajar hasta tarde por ... no podremos cenar juntos esta noche.
11. Iré a ver ... ha pasado.
12. Juan, con su gran simpatía, logra cautivar a todos ... lo conocen.
13. La persona a ... le escribo esta carta es mi mejor amiga.
14. La propuesta ... haces me parece totalmente descabellada e inapropiada.
15. La situación por ... se desencadenó un conflicto no la entendió.
16. Las críticas ... te he hecho son positivas y sólo prentendo que mejores.
17. Le deseo lo mejor y no soy ... para opinar sobre su vida.
18. Los dos chicos ... están sentados al frente nos miran mucho.
19. Los invitados de honor son ... están sentados en las primeras filas.

20. Mi mejor amigo, ... vive en Suiza, va a casarse en primavera. richtig falsch

2. **Setzen Sie que, quien, el que, el cual, lo que oder lo cual ein.**

1. No sé **...** has hecho.
2. El avión tiene retraso por ... no alcanzaré la conexión con el otro vuelo cuando llegue a Frankfurt.
3. El cantante Colombiano, Juanes, ... está de gira de conciertos en Europa, también estará en España.
4. Ella es la única **...** sabe toda la verdad de los hechos, pero no acepta dar la declaración ante la justicia.
5. Ese grupo de personas ... están a tu derecha son turistas que vienen de Sudamérica.
6. Fue una semana muy penosa por ... necesito un descanso.
7. Gabriel García Márquez, ... es colombiano y recibió el premio Nobel de literatura, vive actualmente en México.
8. Hay muchos **...** piensan que nuestro boda se hizo por otros intereses diferentes al amor, pero realmente eso no nos importa.
9. La casa ... me compré tiene un jardín muy grande y bonito.
10. La comida ha sido excelente, y le citó los nombres de ... habían cocinado.
11. La mujer ... está vestida de rojo es la esposa del profesor Luis.
12. La novela es una obra en **...** el autor transporta a los lectores a la época de los Austrias.
13. La persona ... te entrevistó es el gerente general de la compañía.
14. La propuesta del candidato me parece muy interesante por ... votaré por él en las elecciones.
15. La próxima semana viene a visitarme mi hermana, ... vive en Alemania desde hace varios años.
16. Las razones por ... le abandonó su esposa aún no las entiende.
17. Los turistas ... más visitaron esta ciudad en la temporada de verano fueron los alemanes.

18. No aceptaba la razón por ... la trató tan mal, por eso jamás le perdonó.

19. No podía entender **...** ocurriría.

20. No te he dicho más que **...** pienso.

richtig falsch

3. **Setzen Sie cuyo oder del cual ein.**

1. A mediados del siglo XVII, España tenía una población de unos cinco millones de habitantes, ... 160.000 eran mendigos.

2. Creo que es un buen hombre ... propósito sólo es el de ayudarte.

3. El Colegio Cardenalicio está integrado por 195 miembros, 60 ... tienen más de 80 años.

4. El único medio mecánico para llegar a Vall de Núria es el tren cremallera, ... primeros pasos se remontan a 1928.

5. Ella es una de esas mujeres ... sentimientos no se pueden juzgar a la ligera.

6. Es un hombre ... promesas se le pueden creer.

7. Es un médico ... fama lo acredita como el mejor en su especialidad.

8. Es un menor ... padres le abandonaron sin dejar rastro.

9. Es un vino ... uvas se cultivaban en los terrenos pizarrosos.

10. Es una casa que ha estado siempre abandonada, ... propietario no se conoce.

11. Es una mujer de ... reputación se puede desconfiar.

12. Estoy seguro que se trata de un hombre ... intenciones son serias.

13. Juan y Antonia se conocen hace poco pero se quieren como aquellos ... amistad data desde la infancia.

14. Es un gran novelista y escritor de historias cortas, ... obras y colecciones han sido llevadas asiduamente al cine.

15. Tiene trece restaurantes, algunos ... son catalogados como los mejores.

richtig falsch

4. Setzen Sie cuando, cuanto, donde oder que ein.

1. Cada vez ... él fuma, ella se lo reprocha.
2. ... veces me lo repitas nunca te escucharé, pues no tienes razón en lo que dices.
3. ... esfuerzos hicimos fueron inútiles.
4. El viernes es ... nos vamos de vacaciones.
5. En el momento, ... reflexioné sobre mis actos, me di cuenta de mis errores.
6. En esta ciudad no hay ... se pueda comer comida latina.
7. En Sudamérica hay lugares muy agradables e interesantes ... se pueden pasar unos días maravillosos.
8. No sé ... gente visita esta ciudad en el verano.
9. Este es el hotel ... nos hospedaremos durante nuestras vacaciones.
10. He estudiado cinco años en la misma universidad ... estudiaron mis hermanos y también mis padres.

richtig falsch

Die entsprechenden Lösungen befinden sich auf Seite 374.

Das Interrogativpronomen (el pronombre interrogativo)

Das Interrogativpronomen (Fragefürwort) leitet Fragesätze ein und fragt nach einer oder mehreren Personen oder Sachen, die Subjekt oder indirektes oder direktes Objekt sind.

Interrogativpronomen tragen den Akzent

Es ist zu beachten, dass die Interrogativpronomen den Akzent erhalten, um Verwechslungen mit formgleichen Relativpronomen zu vermeiden.

Int. Pron.	Nu.	Pers.	Genus	Subjekt	Indir. Obj.	Dir. Obj.
qué	Sing.	3	mask.	**qué**	**a qué**	**qué**
			fem.			
	Plur.	3	mask.			
			fem.			
quién	Sing.	3	mask.	**quién**	**a quién**	**quién**
			fem.			
	Plur.	3	mask.	**quiénes**	**a quiénes**	**quiénes**
			fem.			
cuál	Sing.	3	mask.	**cuál**	**a cuál**	**cuál**
			fem.			
	Plur.	3	mask.	**cuáles**	**a cuáles**	**cuáles**
			fem.			
cuánto	Sing.	3	mask.	**cuánto**	**a cuánto**	**cuánto**
			fem.	**cuánta**	**a cuánta**	**cuánta**
			neutr.	**cuanto**	**a cuánto**	**cuánto**
	Plur.	3	mask.	**cuántos**	**a cuántos**	**cuántos**
			fem.	**cuántas**	**a cuántas**	**cuántas**
			neutr.	-	-	-

Cómo (wie), **cuándo** (wann) und **dónde** (wo) sind unveränderlich.

Fragen nach Personen, Sachen

Qué

Qué fragt nach einer oder mehreren beliebiger Personen oder Sachen oder nach Unterscheidungsmerkmalen (was für ein?).
In Verbindung mit parecer fragt es nach der Meinung.
Es steht immer mit einem folgenden Substantiv oder Pronomen.

- **¿Qué** persona has encontrado en la estación? (**Was für eine** Person hast du am Bahnhof getroffen?)
- **¿Qué** libros has comprado?
- **¿Qué** le parece? (**Wie** gefällt es Ihnen?)

Quién

Quién fragt nach Personen (nicht nach Sachen), wobei quién nach einer Person fragt, quiénes nach mehreren. Es kann nicht vor einem nachfolgenden Substantiv stehen.

- **¿Quién** es este hombre? (**Wer** ist dieser Mann?)
- **¿Quiénes** son estas mujeres?

Cuál

Cuál fragt nach Personen oder Sachen aus einer Gruppe, wobei cual nach einer Person oder Sache fragt und cuáles nach mehreren.
Es kann mit und ohne nachfolgendes Substantiv stehen.

- **¿Cuál** de esos niños que están jugando en el jardín es tu hijo? (**Welcher** dieser Jungen, die im Garten spielen, ist dein Sohn?)
- **¿Cuál** es tu casa?

Fragen nach Satzinhalten

Qué fragt nach einem ganzen Satzinhalt.

- **¿Qué** hacemos si no ha terminado el trabajo? (**Was** machen wir, wenn er die Arbeit nicht erledigt hat?)

Fragen nach der Art und Weise

Cómo

Cómo fragt nach der Art und Weise.
Im Deutschen steht hier oft die Frage *wie* + Adjektiv/Adverb.

- **¿Cómo** se puede resolver este problema? (**Wie** kann man dieses Problem lösen?)
- **¿Cómo** has llegado a conocerle?

Fragen nach der Anzahl; Menge

Cuántos

Cuánto fragt nach der Anzahl von Personen oder Sachen.

Cuánto

Cuánto ist in Geschlecht und Zahl unveränderlich und fragt

cuánto zur Bezeichnung der Menge ist unveränderlich

Cuántos	Cuánto
Es ist zu beachten, dass sich cuanto in Geschlecht und Zahl nach dem Bezugswort richtet, d. h. bezüglich mehrerer männlicher Bezugswörter steht cuantos, bezüglich eines bzw. mehrerer weiblicher Bezugswörter steht cuanta bzw. cuantas. Bei männlichen und weiblichen Bezugswörtern steht cuantos.	nach der Menge. Es steht ohne Bezug auf ein vorangehendes Substantiv.
■ ¿A **cuántas** personas has encontrado en la ciudad? (**Wie viele** Personen hast du in der Stadt getroffen?)	■ ¿Puede Vd. decirme **cuánto** cuesta este libro? (Können Sie mir sagen, **wie viel** dieses Buch kostet?)

in Ausrufen

Qué	Cuánto
Im Ausruf steht qué vor Substantiven, Adjektiven und Adverbien. Qué + Adjektiv/Adverb wird oft durch lo + Adjektiv/Adverb + que ersetzt.	Im Ausruf steht cuánto vor Substantiven, Adjektiven und Adverbien.
■ ¡**Qué** mentiroso! (**Was für ein** Lügner!) ■ ¡**Qué** poco sabemos! ■ ¡**Lo poco que** sabemos!	■ ¡**Cuánta** gente! ■ ¡**Cuánto** tiempo ha tardado! ■ ¡**Cuánto** ha llovido!

Fragen nach der Zeit; dem Ort

Zusammen- und Getrenntschreibung mit Präpositionen

Cuándo	Dónde	Qué
Cuándo fragt nach der Zeit. Es ist zu beachten, dass Präpositionen und cuándo getrennt geschrieben werden (para cuándo, desde cuándo).	Dónde fragt nach dem Ort. Es ist zu beachten, dass manche Präpositionen und dónde getrennt und manche zusammengeschrieben werden (adónde, de dónde).	Qué steht in Fragen nach der Uhrzeit in der Wendung qué hora?
■ ¿Para **cuándo** puede terminar este trabajo?	■ ¿**Dónde** está Vd.? ■ ¿De **dónde** viene Vd.?	■ ¿**Qué hora** es? (**Wieviel Uhr** ist es?)

Übungen zum Interrogativpronomen

1. Setzen Sie qué, quién oder cuál ein.

1. ¿ ... de los cuadros te parece mejor?
2. ¿ ... de ustedes viajarán a Sudamérica?
3. ¿ ... es la justificación que tienes para lo que ha ocurrido?
4. ¿ ... es lo que he hecho tan mal para que me trates de esta manera?
5. ¿ ... es tu opinión sobre este tema?
6. ¿ ... le diré si me pregunta del tema?
7. ¿ ... pensaría que un muchacho tan pequeño era tan listo?
8. ¿ ... podrían ser los procedimientos más rentables en este caso?
9. ¿ ... son sus proyectos para después del verano?
10. ¿ ... son tus padres? ¿Acaso los conozco?
11. ¿ ... tiene la culpa?
12. ¿ A ... viene esa pregunta?
13. ¿... es el oficio de tu padre?
14. ¿... más se podía decir?
15. ¿... quiere usted de mí?
16. ¿... será el resultado de todas estas acciones?
17. ¿... te parece si vamos a cenar?
18. ¿A ... estás esperando?
19. ¿A ... hora llegarán los invitados?
20. ¿A ... vienes a buscar?
21. ¿Con ... sino contigo podría hablar sobre tal situación?
22. ¿De ... has recibido esa carta?

23. ¿De ... trata la pregunta que quieres plantear?

24. ¿En ... pensáis?

25. ¿En ... se diferencia este trabajo de los que habías hecho hasta entonces?

richtig falsch

2. Setzen Sie cuánto, cuándo, cómo oder dónde ein.

1. ¿ ... cambiará esta mala suerte?
2. ¿ ... es el examen?
3. ¿ ... es la entrega de los certificados?
4. ¿ ... está Leticia? La llevo buscando ya mucho tiempo.
5. ¿ ... están los libros de español?
6. ¿ ... llega el correo?
7. ¿ ... marchan los negocios?
8. ¿ ... puedo verte?
9. ¿ ... son las inscripciones para el curso de español?
10. ¿ ... son ustedes?
11. ¿ ... te sientes después de la operación?
12. ¿ ... tienes vacaciones?
13. ¿ ... vienes a visitarme?
14. ¿ ... y .... es la boda de Luis y María?
15. ¿... años tiene usted?
16. ¿... dinero necesitas que te preste?
17. ¿... es posible que no le quiera?
18. ¿... estás?
19. ¿... importancia tomaba aquel tema?
20. ¿... pudo ocurrir un accidente como éste?

21. ¿... se escribe tu nombre?

22. ¿... te va?

23. ¿...gente hay en la conferencia?

24. ¿...hijos tiene?

25. ¿...personas vinieron a la representación teatral?

richtig falsch

Die entsprechenden Lösungen befinden sich auf Seite 375.

Die Indefinitpronomen (los pronombres indefinidos)

Die Indefinitpronomen (unbestimmte Fürwörter) bezeichnen unbestimmte Personen oder Sachen.

Alguien, alguno und cualquiera

	Alguien	Alguno	Cualquiera
unbestimmte Personen; Sachen	Alguien ist substantivisches Indefinitpronomen und bezeichnet eine unbestimmte Person (irgendjemand). Es ist in Geschlecht und Zahl unveränderlich.	Alguno ist substantivisches und attributives Indefinitpronomen und bezeichnet eine oder mehrere unbestimmte Personen oder Sachen (irgendeiner). Es richtet sich nach dem Substantiv, auf das es sich bezieht bzw.das vertritt. Vor einem männlichen Substantiv im Singular wird es meist zu algún verkürzt.	Cualquiera ist substantivisches und attributives Indefinitpronomen und bezeichnet eine oder mehrere unbestimmte Personen oder Sachen (irgendeiner, jeder beliebige). Vor einem (männlichen oder weiblichen) Substantiv im Singular wird es meist zu cualquier verkürzt. Der Plural cualesquiera wird selten verwendet.
	▪ **Alguien** quiere hablar con Vd. ▪ Su padre es **alguien** bien enterado.	▪ **Alguno** de ellos lo hará. ▪ He visto **algunas** cosas que no me han gustado. ▪ ¿Has visto **algún** libro interesante?	▪ Esto no le conviene a **cualquiera.** ▪ **Cualquier** persona puede hacer un trabajo así. ▪ **Cualquier** cosa que hagas me da igual. ▪ **Cualesquiera** que sean, no me importan.
unbestimmte Anzahl		Zur Bezeichnung einer unbestimmten Anzahl steht es im Plural (einige). Es richtet sich dann in Geschlecht und Zahl nach dem Substantiv, auf das es sich bezieht.	
		▪ He consultado a **algunos** doctores. (Ich habe **einige** Ärzte aufgesucht.) ▪ He visto **algunas** cosas que no me han gustado.	

Nu.	Pers.	Genus	Alguien	Alguno	Cualquiera
Sing.	3	mask.	alguien	alguno, algún	cualquiera, cualquier
		fem.	alguien	alguna	cualquiera, cualquier
Plur.	3	mask.	-	algunos	cualesquiera
		fem.	-	algunas	cualesquiera

Ninguno und nadie

unbestimmte Personen, Sachen

Ninguno	Nadie
Ninguno ist substantivisches und attributives Indefinitpronomen und bezeichnet eine unbestimmte Person oder Sache (keiner). Steht ninguno hinter dem Verb, so muss no vor das Verb treten, no entfällt, wenn ninguno vor das Verb tritt. Es richtet sich im Geschlecht nach dem Substantiv, auf das es sich bezieht bzw. das es vertritt. Vor einem männlichen Substantiv im Singular wird es meist zu ningún verkürzt.	Nadie ist substantivisches Indefinitpronomen und bezeichnet eine unbestimmte Person (niemand). Steht nadie hinter dem Verb, so muss no vor das Verb treten, no entfällt, wenn nadie vor das Verb tritt. Nadie ist in Geschlecht und Zahl unveränderlich.
▪ No ha llamado **ninguno** de ellos. ▪ **Ninguno** de los presentes le ha visto. ▪ No ha consultado a **ningún** doctor.	▪ No hay **nadie** en la calle. ▪ **Nadie** dijo nada.
Bezüglich eines Substantivs im Plural wird es in der gesprochenen Sprache auch im Plural verwendet (keine).	
▪ Dame los libros. No tengo **ningunos** libros.	

Nu.	Pers.	Genus	Ninguno	Nadie
Sing.	3	mask.	**ninguno, ningún**	**nadie**
		fem.	**ninguna**	**nadie**
Plur.	3	mask.	**(ningunos)**	-
		fem.	**(ningunas)**	-

Algo und nada

unbestimmte Sachen

Algo	Nada
Algo ist substantivisches Indefinitpronomen und bezeichnet eine unbestimmte Sache ((irgend)etwas). Es ist in Geschlecht und Zahl unveränderlich.	Nada ist substantivisches Indefinitpronomen und bezeichnet unbestimmte Sachen (nichts). Steht nada hinter dem Verb, so muss no vor das Verb treten, no entfällt, wenn nada vor das Verb tritt. Es ist in Geschlecht und Zahl unveränderlich.
▪ Yo sé **algo** que no sabes. ▪ ¿Has visto **algo** como esto?	▪ No puedo ver **nada**. ▪ **Nada** sabemos de lo que ocurrió.

Cada uno und cada

jede einzelne Person; Sache aus einer Gruppe

Cada uno	Cada
Cada uno ist substantisches Indefinitpronomen und bezeichnet jede einzelne Person aus einer Gruppe (jeder). Es steht nur im Singular, wobei sich uno im Geschlecht nach dem Substantiv richtet, das cada uno vertritt.	Cada ist attributives Indefinitpronomen und bezeichnet jede einzelne Person oder Sache aus einer Gruppe (jeder). Es ist in Geschlecht und Zahl unveränderlich.
▪ **Cada uno** de vosotros tiene un libro. ▪ **Cada una** de vosotras tiene un libro.	▪ Me levanto **cada** día a las siete. ▪ **Cada** alumno recibió un libro.

Nu.	Pers.	Genus	Cada uno	Cada
Sing.	3	mask.	**cada uno**	**cada**
		fem.	**cada una**	**cada**

Uno

Uno

unbestimmte Personen, Sachen

Uno ist substantivisches und attributives Indefinitpronomen und bezeichnet unbestimmte Personen oder Sachen (einer).
Es richtet sich im Geschlecht nach dem Substantiv, auf das es sich bezieht bzw. das es vertritt.

- **Una** de ellas me ha preguntado si tú vienes.
(**Eine** von ihnen hat mich gefragt, ob du kommst.)

unbestimmte Anzahl

Zur Bezeichnung einer unbestimmten Anzahl steht es im Plural (einige).
Es richtet sich dann in Geschlecht und Zahl nach dem Substantiv, auf das es sich bezieht.

- **Unos** lo saben mejor que otros.
(**Einige** wissen es besser als andere.)
- He visto a **unas** niñas.
- Ha escrito **unos** libros.

Nu.	Pers.	Genus	Uno
Sing.	3	mask.	**uno** (einer)
		fem.	**una** (eine)
Plur.	3	mask.	**unos** (einige)
		fem.	**unas** (einige)

Todo, todo el und todo lo

„alle“
Personen, Sachen;
Gesamtheit

Todo	Todo el	Todo lo
Todo ist substantivisches und attributives Indefinitpronomen und bezeichnet „alle“ Personen oder Sachen ohne Ausnahme (alle, jeder). oder eines Ganzen (alles, der ganze). Es richtet sich in Geschlecht und Zahl nach dem Substantiv, das es vertritt bzw. auf das es sich bezieht.	Todo el ist attributives Indefinitpronomen und bezeichnet „alle“ Personen, Sachen (alle), des Ganzen“ (der ganze). Statt des bestimmten Artikels kann auch ein Possessiv- oder Demonstrativpronomen stehen. In einer Reihe von festen Wendungen fehlt der Artikel (a todas horas, a/en todas partes, de todos modos etc.).	Todo lo bezeichnet ein Ganzes, die Gesamtheit (alles). Es steht vor Adjektiven, Possessivpronomen oder in Verbindung mit que. Todo lo ist in Geschlecht und Zahl unveränderlich.
▪ Venid **todos** aquí. ▪ **Toda** casa en esta calle cuesta más de dos millones de euros. ▪ **Todo** está en orden. (**Alles** ist in Ordnung.)	▪ **Toda la** escuela se burla de esta maestra. (Die **ganze** Schule macht sich über diese Lehrerin lustig.) ▪ He leído **todos** estos libros. (Ich habe **alle** diese Bücher gelesen.)	▪ Me creo **todo lo** que me digas. (Ich glaube **alles**, was du mir sagst.) ▪ Ella le ha abandonado a pesar de **todo lo** que él ha hecho por ella. ▪ **Todo lo** bueno para tí. (**Alles** Gute für dich.)

Nu.	Pers.	Genus	Todo	Todo el	Todo lo
Sing.	3	mask.	**todo** der ganze	**todo el** der ganze	-
		fem.	**toda** die ganze	**toda la** die ganze	-
		neutr.	**todo** alles	-	**todo lo** alles
Plur.	3	mask.	**todos** alle	**todos los** alle	-
		fem.	**todas** alle	**todas las** alle	-
		neutr.	-	-	-

Mucho, tanto und poco

„viele“, so viele;
„wenige“
Personen, Sachen

Mucho	Tanto	Poco
Mucho ist substantivisches und attributives Indefinitpronomen und bezeichnet „viele“ Personen oder Sachen (viele.)	Tanto ist substantivisches und attributives Indefinitpronomen und bezeichnet „so viele“ Personen oder Sachen	Poco ist substantivisches und attributives Indefinitpronomen und bezeichnet „wenige“ Personen oder Sachen

Mucho	Tanto	Poco
Es kann mit dem bestimmten (nicht mit dem unbestimmten) Artikel verbunden werden. Es richtet sich in Geschlecht und Zahl nach dem Substantiv, das es vertritt bzw. auf das es sich bezieht.	(so viele). Es richtet sich in Geschlecht und Zahl nach dem Substantiv, das es vertritt bzw. auf das es sich bezieht.	(wenige). Es kann mit dem unbestimmten Artikel verbunden werden (ein bisschen). Es richtet sich in Geschlecht und Zahl nach dem Substantiv, das es vertritt bzw. auf das es sich bezieht.
▪ **Muchos** lo saben. ▪ Las **muchas** ganas que tenía.	▪ ¡**Tantos** lo saben! ▪ ¡Ha comprado **tantas** cosas!	▪ **Pocos** lo saben. ▪ Tiene **poco** dinero. ▪ ¿Hablas español? Sí, un **poco**.
Als Neutrum bezeichnet es eine unbestimmte Menge (viel) und ist in Geschlecht und Zahl unveränderlich.	Als Neutrum bezeichnet es eine unbestimmte Menge (so viel) und ist in Geschlecht und Zahl unveränderlich.	Als Neutrum bezeichnet es eine unbestimmte Menge (wenig) und ist in Geschlecht und Zahl unveränderlich.
▪ Ha pasado **mucho** entretanto.	▪ Ha pasado **tanto** desde mi partida.	▪ Ha pasado **poco** entretanto.

unbestimmte Menge

Nu.	Pers.	Genus	Mucho	Tanto	Poco
Sing.	3	mask.	**mucho** viele	**tanto** so viele	**poco** wenige
		fem.	**mucha** viele	**tanta** so viele	**poca** wenige
		neutr.	**mucho** viel	**tanto** so viel	**poco** wenig
Plur.	3	mask.	**muchos** viele	**tantos** so viele	**pocos** wenige
		fem.	**muchas** viele	**tantas** so viele	**pocas** wenige
		neutr.	-	-	-

Otro und los demás

„andere“; „die übrigen“ Personen, Sachen

Otro	Los demás
Otro ist substantivisches und attributives Indefinitpronomen und bezeichnet „andere“ Personen oder Sachen (der andere). Es kann zur Bezeichnung bestimmter Personen oder Sachen mit dem bestimmten Artikel	Los demás ist attributives Indefinitpronomen und bezeichnet „die übrigen“ Personen oder Sachen (die übrigen). Es steht nur im Plural und wird stets mit dem bestimmten Artikel verbunden, der sich in Geschlecht und Zahl

kein unbestimmter Artikel vor otro (also nicht un otro)

Otro	Los demás
verbunden werden, jedoch nicht mit dem unbestimmten Artikel. Es richtet sich in Geschlecht und Zahl nach dem Substantiv, auf das es sich bezieht bzw. das es vertritt.	nach dem Bezugswort richtet.
▪ Que venga **otro** en mi lugar. ▪ He comprado el **otro** coche. ▪ Lo haremos en **otra** ocasión. ▪ Dadme **otros** libros.	▪ **Los demás** pasajeros están salvados. ▪ **Las demás** proposiciones han sido desestimadas.
Lo otro bezeichnet „das andere" und ist in Geschlecht und Zahl unveränderlich.	Lo demás bezeichnet „das Übrige" und ist in Geschlecht und Zahl unveränderlich.
▪ **Lo otro** me gusta más. (**Das andere** gefällt mir besser.)	▪ **Lo demás** no me gusta. (**Das Übrige** gefällt mir nicht.)

„das andere"; „das übrige"

Nu.	Pers.	Genus	Otro		Los demás	
Sing.	3	mask.	**(el) otro**	der, ein anderer	-	
		fem.	**(la) otra**	die, eine andere	-	
		neutr.	**lo otro**	das andere	**lo demás**	das Übrige
Plur.	3	mask.	**(los) otros**	die anderen	**los demás**	die Übrigen
		fem.	**(las) otras**	die anderen	**las demás**	die Übrigen
		neutr.	-		-	

Tal und un tal

„solche" Personen, Sachen; „eine gewisse" Person

Tal	Un tal
Tal ist attributives Indefinitpronomen und bezeichnet „solche" Personen oder Sachen (solcher). Es ist im Geschlecht unveränderlich und steht bezüglich von	Un tal ist attributives Indefinitpronomen und bezeichnet „eine gewisse" Person (ein gewisser). Es ist stets mit dem unbestimmten Artikel verbunden, der sich in

Tal	Un tal
Substantiven im Plural ebenfalls im Plural.	Geschlecht und Zahl nach dem Substantiv richtet, auf das sich un tal bezieht.
▪ No he visto nunca **tal** persona. ▪ No he visto **tales** cosas antes. ▪ De **tal** palo, **tal** astilla.	▪ **Un tal** señor Garrote ha llegado esta mañana. ▪ **Una tal** señora Garrote ha llegado hoy.

Nu.	Pers.	Genus	Tal		Un tal	
Sing.	3	mask.	**tal**	solch einer	**un tal**	ein gewisser
		fem.	**tal**	solch eine	**una tal**	eine gewisse
Plur.	3	mask.	**tales**	solche	**unos tales**	gewisse
		fem.	**tales**	solche	**unas tales**	gewisse

Mismo, el mismo und lo mismo

Mismo	El mismo	Lo mismo
Mismo ist substantivisches Indefinitpronomen und steht nach Substantiven oder Pronomen zur Bezeichnung „der gleichen" Person (selbst). Es richtet sich in Geschlecht und Zahl nach dem Substantiv, das es vertritt.	El mismo ist substantivisches und attributives Indefinitpronomen und steht zur Bezeichnung „der gleichen" Person oder Sache (der gleiche). Es richtet sich in Geschlecht und Zahl nach dem Substantiv, das es vertritt bzw. auf das es sich bezieht.	Lo mismo steht in der Bedeutung *dasselbe.*
▪ Lo va a hacer él **mismo.** ▪ Lo van a hacer ellas **mismas.**	▪ La vida no es **la misma** de antes. ▪ Tiene siempre **los mismos** problemas.	▪ Hablar y hacer no es **lo mismo.** ▪ Me pagan **lo mismo** que a tí.

„gleiche" Personen, Sachen; *dasselbe*

Nu.	Pers.	Genus	Mismo		El mismo		Lo mismo	
Sing.	3	mask.	**mismo**	selbst	**el mismo**	der gleiche		
		fem.	**misma**	selbst	**la misma**	die gleiche		
		neutr.	-		-		**lo mismo**	das gleiche
Plur.	3	mask.	**mismos**	selbst	**los mismos**	die gleichen		
		fem.	**mismas**	selbst	**las mismas**	die gleichen		
		neutr.	-		-		-	

Übungen zu den Indefinitpronomen

1. Setzen Sie alguien, alguno oder cualquiera und ihre Formen ein.

1. ... de estos hombres es el culpable del robo.
2. ... de las apreciaciones del Señor Gómez me parecieron bastante injustas.
3. ... de sus palabras fueron crueles e injustas.
4. ... días me siento muy mal, especialmente cuando no duermo bien.
5. ... en mi lugar habría hecho lo mismo.
6. ... ha olvidado su cartera en el restaurante.
7. ¿ ... de ustedes tiene una idea diferente?
8. ¿Conoces... ciudad en Sudamérica?
9. ¿Hay ... en casa?
10. ¿Quiere ... un café?
11. ¿Tienes ... libro de gramática española que me puedas prestar?
12. ¿Ves a ... conocido en la fiesta?
13. Durante la práctica de ... deporte debemos reponer líquido, al menos unos 250 ml.
14. Ella es ... en quien se puede confiar.
15. Es una sorpresa tu regalo, porque ya no me acuerdo cuando fue la última vez que ... me regaló un libro.
16. Es ... de quien hay mucho que aprender.
17. Esperaba ... oportunidad para poder huir del lugar sin tener que dar explicaciones.
18. ¿Has visto ... de mis primas en el centro?
19. Hemos visto en el centro deportivo ... futbolistas famosos.
20. No te sientas mal, pues eso le puede ocurrir a ...

richtig falsch

2. Setzen Sie ninguno oder nadie und ihre Formen ein.

1. ... se rió de él, sólo de su comentario.
2. ... de ellos sabe por que Ana reaccionó así.
3. ... de las chicas aceptó bailar con el hombre aquel.
4. ... de los empleados está conforme con las nuevas estrategias impuestas por la gerencia.
5. ... día de los que propones me parece bien.
6. ... logra entender lo que estás diciendo.
7. ... palabra lograba consolarle, pues estaba muy deprimida.
8. ... puede aceptar una decisión como ésta.
9. ... sabe nada todavía.
10. ¡De... manera aceptaré tal cosa!
11. A ... le pareció justo lo que hiciste.
12. Aunque ... estaba conforme, ... decía nada.
13. El Señor García está en su oficina y pidió que... le molestara.
14. En ... momento he dicho semejante cosa.
15. Ernesto no cumple ... de sus pomesas.

richtig falsch

3. Setzen Sie algo oder nada ein.

1. ¿He hecho ... malo?
2. ¿Sucede...?
3. ¿Tiene usted ... para declarar?
4. De ... sirvieron mis consejos, pues finalmente hiciste lo que quisiste.
5. El chico no hace ... para mejorar su rendimiento escolar.
6. Es ... que no sucedía antes.
7. Esa situación tan confusa no me gusta ...

8. No creo que tengas ... que reprocharme.

9. No tengo ... de qué arrepentirme.

10. Sentí la necesidad de hacer ... y entonces hablé con ella.

richtig falsch

4. Setzen Sie cada oder cada uno und seine Formen ein.

1. ... de los artistas explicará sus obras al público.

2. ... de los invitados a la fiesta puede llevar un acompañante.

3. ... tiene lo que se merece.

4. Al llegar a la fiesta, ... invitado recibió una copa de licor.

5. ... alumno tiene sus implementos escolares.

6. ... debe luchar ... día por ser mejor persona.

7. Durante el recorrido en el museo habrá una explicación sobre ... de los cuadros exhibidos.

8. Ernesto y yo nos podemos encontrar ... tercer día.

9. Para ... de los ganadores en las distintas categorías habrá premios especiales.

10. Seis de ... diez turistas de sol y playa consumen productos turísticos culturales.

richtig falsch

5. Setzen Sie todo und seine Formen ein.

1. ... los que estaban en la fiesta se divirtieron mucho.

2. ... pasajero debe someterse primero a un control de seguridad antes de tomar su vuelo.

3. A esa joyería llegan piezas de mucho valor, ... preciosas.

4. El profesor de historia no sólo sabe mucho sobre su área sino de ... un poco.

5. Fue muy bonito ver cómo ... mis compañeras de trabajo se mostraron tan solidarias en el momento que más las necesitaba.

6. La niña es la alegría de ... esa familia.

7. La Tierra ha sufrido ciclos naturales de cambios climáticos durante... su historia.

8. No creo nada de ... lo que me dices.

9. Para ... nosotros fue una sorpresa cuando mi hermana Patricia nos dijo que se casaría.

10. Una de las mayores preocupaciones es la de conservar ... la masa forestal.

richtig falsch

Die entsprechenden Lösungen befinden sich auf Seite 375.

Die Konjunktion (la conjunción)

Konjunktionen sind Bindewörter, die ganze Sätze oder Satzteile miteinander verbinden.

einige Konjunktionen verlangen den subjuntivo

Es ist zu beachten, dass manche Konjunktionen den subjuntivo verlangen. Diese sind im Folgenden durch * gekennzeichnet.

Nebenordnende, beiordnende Konjunktionen (conjunciones de coordinación)

Nebenordnende oder beiordnende Konjunktionen verbinden gleichartige Satzglieder oder Sätze (zum Beispiel Hauptsatz und Hauptsatz).

Unterordnende Konjunktionen (conjunciones de subordinación)

Unterordnende Konjunktionen leiten Nebensätze ein.

Temporale Konjunktionen (conjunciones temporales)

Zeitpunkt, -raum

Die temporalen Konjunktionen geben einen Zeitraum, Zeitpunkt an.

- Te he echado de menos **desde que** te fuiste.

- antes (de) que * — bevor
- así que * — sobald
- cuando (*) — (jedesmal) wenn
- desde que — seit
- después de que — nachdem
- en cuanto * — sobald
- hasta que (*) — bis
- mientras (*) — während
- siempre que — immer wenn
- a la vez que — während
- cada vez que — immer wenn
- tan pronto como * — sobald

Cuando, hasta que und mientras stehen zum Ausdruck eines bekannten Zeitpunkts, -raums mit dem indicativo, ist der Zeitpunkt, -raum unbekannt, steht der subjuntivo.

- Esta mañana he leído **hasta que** ha llamado mi madre.
- Voy a esperar **hasta que** mi hermano venga a buscarme.

Finale Konjunktionen (conjunciones finales)

Absicht, Zweck

Die finalen Konjunktionen drücken eine Absicht, einen Zweck aus.

- Partimos pronto **a fin de que llleguemos/a fin de llegar** a tiempo.

- a que * — damit
- a fin de que * — damit
- a fin de (+ Inf.) — damit
- de manera que * — so dass
- de modo que * — so dass
- para que * — damit
- porque * — damit
- de tal forma que * — so dass

Kausale Konjunktionen (conjunciones causales)

Kausale Konjunktionen geben den Grund, die Ursache an.

- No puedo venir **porque** llueve.
- **Como** llueve, no puedo venir.

Grund, Ursache

- como — da
- porque — weil
- por eso — deshalb
- por esto — deshalb
- pues — denn
- puesto que — da
- que — da
- ya que — da

Steht der Nebensatz vor dem Hauptsatz, so werden hauptsächlich como, ya que oder puesto que verwendet. In der Umgangssprache wird als kausale Konjunktion meist nur que verwendet.

- **Ya que** estás aquí, ayúdame un poco.
- **Puesto que** le dolía la pierna, se sentó a descansar un rato.

Konsekutive Konjunktionen (conjunciones consecutivas)

Konsekutive Konjunktionen drücken die Folge, die Wirkung aus.

- Hoy no saldremos, **de modo que** podremos reunirnos en casa.

Folge, Wirkung

- conque — also, nun
- de manera que — so dass
- de modo que — so dass

Es ist zu beachten, dass de manera que und de modo que als finale Konjunktion, also zum Ausdruck der Absicht den subjuntivo verlangen.

Konzessive Konjunktionen (conjunciones concesivas)

Konzessive Konjunktionen dienen zum Ausdruck der Einräumung, des Zugeständnisses.

- Hazme caso **aunque** sólo sea por una vez.
- **Por mucho que** trabaja, no tiene dinero.

Einräumung, Zugeständnis

- aun cuando * — auch wenn, obwohl
- aunque (*) — auch wenn, obwohl
- a pesar de que — obwohl, trotzdem
- por mucho que * — so sehr auch
- por más que (*) — so sehr auch
- por (muy) + Adj. que (*) — so sehr auch
- sino * — obgleich, obwohl

Aun cuando, aunque, por más que und por (muy) que stehen bei konzessivem Sinn mit dem subjuntivo, bei adversativem Sinn mit indicativo.

- **Aunque** no tenga mucho tiempo, te ayudaré.
- **Aunque** no tengo mucho tiempo, te ayudaré.

Konditionale Konjunktionen (conjunciones condicionales)

Konditionale Konjunktionen dienen zum Ausdruck der Bedingung.

- Te lo doy **si** lo quieres.
- **En el caso de que** llueva, no vendré.

Bedingung

- (en el) caso (de) que * — falls
- a condición de que * — unter der Bedingung, dass
- con tal (de) que * — vorausgesetzt, dass
- si (*) — wenn, falls
- siempre que * — falls, vorausgesetzt, dass

Im Bedingungssatz mit si (wenn, falls) steht zum Ausdruck der erfüllbaren Bedingung der indicativo.
Zum Ausdruck der unwahrscheinlichen bzw. unerfüllten Bedingung steht der subjuntivo imperfecto bzw. der subjuntivo pluscuamperfecto.
Es ist zu beachten, dass im Bedingungssatz mit si (wenn, falls) kein futuro oder condicional stehen darf.
Auf si (ob) kann ein futuro oder condicional folgen.

kein futuro oder condicional nach si (wenn, falls)

- Te iré a buscar **si** vienes a tiempo.
  (Ich hole dich, **wenn** du rechtzeitig kommst.)
  (erfüllbare Bedingung)
- Te iría a buscar **si** vinieras/vinieses a tiempo.
  (Ich würde dich abholen, **wenn** du rechtzeitig kämst.) (unwahrscheinliche Bedingung)
- Te habría ido a buscar **si** hubieras/hubieses venido a tiempo.
  (Ich hätte dich abgeholt, wenn du rechtzeitig gekommen wärst.) (unerfüllte Bedingung)
- **Si** llueve, no vengo.
  (**Wenn** es regnet, komme ich nicht..)
- Me ha preguntado **si** tú vendrías.
  (Er hat mich gefragt, **ob** du kommen würdest.)

Adversative Konjunktionen (conjunciones adversativas)

Gegensatz

Adversative Konjunktionen stellen Aussagen einander gegenüber und dienen zum Ausdruck des Gegensatzes.

- **Por una parte** me gustaría pasar las vacaciones en España; **por otra** ya he prometido que voy a pasar las vacaciones en Italia.

- sin embargo — trotzdem, dennoch
- en cambio — dagegen
- por una parte ... por otra — einerseits, andrerseits
- pero — aber
- ni — und nicht
- ni ... ni — weder ... noch
- o ... o — entweder ... oder
- sino — sondern

Vergleichende Konjunktionen (conjunciones comparativas)

Vergleichende Konjunktionen bringen einen Vergleich zum Ausdruck.

- Era **como si** ya estuviéramos en verano.
- Lo haremos **como** tú dices.

- como (*) — wie
- como si * — als ob, wie wenn
- tal como (*) — so wie
- conforme — so wie
- igual que — ebenso wie
- lo mismo que — ebenso wie

Nach como, como si und tal como steht der indicativo, wenn klar ist, wie ein Vorgang stattfindet, ist dies unklar, steht der subjuntivo.

- Haremos todo **como** Vd. desee.
- Haremos todo **como** Vd. desea.

Anreihende Konjunktionen (conjunciones copulativas)

Verbindung von Sätzen, Satzteilen

Anreihende Konjunktionen dienen zur Verbindung zweier Sätze oder Satzteile.

- y, e — und
- o, u — oder
- como — wie
- como por ejemplo — wie zum Beispiel

Vor i- und hi- wird y durch e ersetzt, vor o- und ho- wird o durch u ersetzt.

- No puedes salir **sin que** lo haya permitido.

- es decir que — das heißt
- o sea que — das heißt
- sea que — sei es, dass
- sin que * — ohne, dass

- María **e** Isabel se entienden muy bien.
- Te puedo prestar el coche **o** la moto.

Die Präposition (la preposición)

Mit der Präposition (Verhältniswort) werden bestimmte Verhältnisse und Beziehungen gekennzeichnet.
Für den Gebrauch der Präpositionen lassen sich keine allgemeingültigen Regeln aufstellen. Nicht jede Präposition kann in Verbindung mit jedem beliebigen Wort verwendet werden. Häufig ändert die Präposition die Bedeutung eines Wortes.
Es empfiehlt sich daher jedes Wort von Anfang an mit seinen möglichen Präpositionen zu lernen.

Präposition	In räumlicher Bedeutung	In zeitlicher Bedeutung	In übertragener Bedeutung
a	an, nach, zu	um (Zeitpunkt)	nach, zu
además de			außer
ante	vor	vor	angesichts
antes de		vor	
bajo	unter		unter
cerca de	nahe bei	ungefähr um, gegen	ungefähr, bei
con			mit
contra	gegen(über), an		gegen, wider
de	von, aus	in, bei	von, aus, wegen
debajo de	unter, unterhalb von		
debido a			wegen
delante de	vor		in Gegenwart von
dentro de	in	in, innerhalb, binnen	
desde	aus, von, von ... aus	seit, von ... an	
después de		nach	
detrás de	hinter		
durante		während	
en	an, auf, in, bei	in	bei
encima de	auf, über, oberhalb		über
entre	zwischen	zwischen	zwischen, unter
frente a	gegenüber, vor		gegen
fuera de	außerhalb		außer, ausgenommen
gracias a			dank
hacia	gegen, nach, auf, zu	gegen, etwa um	

Präposition	In räumlicher Bedeutung	In zeitlicher Bedeutung	In übertragener Bedeutung
hasta	bis	bis	bis
para	nach	an, zu	für, um, zu
por	nach, über, via	an, in, um	an, durch, für, von wegen
según			gemäß, laut
sin			ohne
sobre	auf, über		an, außer, gegen
tras	nach, hinter		
a través de	(quer) durch		

Übungen zur Präposition

1. Setzen Sie die korrekte Präposition ein.

1. ¿Sabes cuántos kilómetros hay ... esta ciudad y Barcelona?
2. ¿Sabe dónde hay una farmacia cerca de aquí? Siga ... arriba, y enfrente de la plaza central hay una.
3. ... pocos metros de mi casa sucedió el accidente.
4. Al pasar ... un espejo y verse tan pálida, se asustó.
5. Aragón se sitúa ... de las Islas Canarias, Extremadura, las Baleares y La Rioja.
6. Claudia es ... Madrid.
7. Creo que he dejado mis llaves ... la mesa, ¿puedes traérmelas, por favor?
8. ¿... dónde es usted?
9. Decidí irme... del pueblo buscando otras alternativas en la ciudad.
10. ... de nuestra casa hay un jardín muy grande.
11. ... de la casa hay objetos muy valiosos.
12. ... del ayuntamiento está la plaza del mercado.
13. El agua corre ... debajo del puente.
14. El presidente viajó ayer ... Michigan, Ohio y Pensilvania.
15. El tren pasa ... Alemania y luego ... Suiza.
16. ... España he tenido mis mejores vacaciones.
17. En poco tiempo saldrá un avión ... Francia y ... éste volara el nuestro.
18. Este es el centro de la ciudad, ... la plaza principal se encuentra la catedral mayor.
19. Este verano vamos ... Alemania, queremos visitar un tío que vive allí.
20. He puesto el vaso ... la mesa.

21. Iré en tren ... Madrid ... París.
22. José me ha invitado ... su casa a cenar.
23. Juan me esperará ... la estación central.
24. La llamaron a declarar ... el juez.
25. Los zapatos están ... la cama.
26. Los zapatos están ... de la cama.
27. Luisa y yo estuvimos todo el día ayer ... la playa.
28. ... el centro de la ciudad hay muchos restaurantes y bares.
29. ¿Vamos ... la ciudad o prefieres quedarte ... casa?
30. Volaremos ... Barcelona y después tomaremos el barco ... Mallorca.

richtig falsch

2. Setzen Sie die korrekte Präposition ein.

1. ¿... cuánto está el kilo de naranjas? A dos euros.
2. ¿... cuándo está planeado culminar las obras?
3. ... las ocho ... la noche nos encontramos para cenar.
4. ... medianoche me dio un fuerte dolor de cabeza y tuve que ir de inmediato al hospital.
5. Acuérdate de tomar tus medicinas ... de la comida.
6. Ana nació ... el año 1975.
7. ... quince días estaré viajando a Sudamérica.
8. ... que te conocí mi vida cambió.
9. ... de trabajar iré a nadar.
10. ... la hora de la siesta está todo cerrado.
11. El tren no sale ... las tres de la tarde.
12. ... el mes de noviembre llovió bastante.

13. En esta ciudad ... día hace calor, pero ... noche hace frío.

14. ... una hora tengo la entrevista de trabajo.

15. Es mejor que nos vamos ya, se hace tarde y ... de poco va a anochecer.

16. Estaré de vacaciones ... el dos hasta el veinte de agosto.

17. Faltan sólo diez minutos... de que salga el tren.

18. Hicimos gran parte del trabajo y la última parte la dejamos ... mañana.

19. La clase de español será dos veces a la semana ... seis ... ocho.

20. La reunión se realizará ... las cuatro y las cinco de la tarde.

21. Lea usted cada parte con cuidado... de escoger las respuestas.

22. Quisiera saber ... qué horas atiende la oficina.

23. Si no he llegado ... de diciembre, ya no me esperes más.

24. Siempre voy ... las mañanas a andar al parque.

25. Te esperaré en casa ... el mediodía.

26. Tengo libre sólo los domingos, pues ... semana tengo que trabajar todo el día.

27. Tienes que darte prisa si quieres llegar ... la iglesia ... de las tres.

28. Vamos a aterrizar... de un cuarto de hora, ... la hora señalada.

29. Estaré en la oficina ... las tres de la tarde, antes no.

30. Vivo con mi novia ... un año.

richtig falsch

3. Setzen Sie die korrekte Präposition ein.

1. No sé si se podría hacer algo... ella.
2. ¿... quién es este café?
3. Acostumbro a tomar café o té ... azúcar.
4. Ayer estuve tomando un café ... Julián.

5. ... niña se interesó ya por los animales.

6. El anillo es ... oro de veinticuatro quilates.

7. El congreso será en la ciudad ... Córdoba.

8. El ordenador ... Luis está dañado.

9. En esa fiesta también estarán muchos ... mis amigos.

10. En España, a los18 años fuma un 45 % de las chicas, ... 31 % de los chicos.

11. ... otras cosas he venido para pedirte un consejo.

12. Es una chica ... ojos azules grandes y piel morena muy atractiva.

13. Hasta luego y gracias ... la invitación.

14. La torta se debe hacer ... huevos, azúcar, harina y algo de licor.

15. Los pasajeros ya están embarcando ... viajar a Chile.

16. Me gustaría una copa ... coñac.

17. Miguel es un chico muy listo ... la edad que tiene.

18. Se nota que ... de esa mujer hay una historia triste.

19. ... política o religión prefiero no discutir.

20. Sólo será una fiesta ... los más amigos.

richtig falsch

4. Setzen Sie die korrekte Präposition ein.

1. Finalizada la obra, toda la gente se dirigió ... la salida.

2. Ana estaba sentada ... dos grupos, escuchando ... interés lo que se decía en ambos.

3. ... frecuencia vamos ... teatro o ... cine ... todos los colegas.

4. Confio ... tí y estoy seguro de que todo saldrá bien.

5. ¿Deseas ir ... cenar mañana conmigo?

6. Dicen que vas a casarte pronto ... Miguel, ¿es eso cierto?

7. El policía requisó ... hombre ... pies ... cabeza.
8. Ernesto me besó ... la boca.
9. Muchas personas creen ... un ser superior.
10. Espero que no hayas tomado ... serio mis palabras, sólo era una broma.
11. Habló muy claro ... de todos y nadie dijo una palabra en su contra.
12. He venido ... decirte la verdad.
13. Puedo jurar ... Dios que yo nunca he dicho algo semejante.
14. Luisa trabaja ... traductora en Madrid.
15. Nuestra amistad está por... de todo.
16. Se inclinó ... Ana para tomarle la mano y besarla.
17. Sandra se adelantó ... él, sin disimular el placer que le causaba su visita.
18. Tenía mucho miedo porque un desconocido se acercaba ... mí.
19. Es más seguro que te vayas ... el paso peatonal.
20. Quiero cambiar estas libras esterlinas ... euros, por favor.

richtig falsch

5. Setzen Sie die korrekte Präposition ein.

1. ¿Cuál fue la reacción de Juan ... las preguntas del padre?
2. ¿Cuándo estuvo usted en la estación ... primera vez?
3. ¿Por qué no dejas tus estudios ... un momento?
4. ¿Qué sentimientos tienes tú ... Gloria?
5. El juez ha levantado el secreto de sumario ... esta investigación.
6. Juan replicó enojado que, para él, la esposa estaba por... toda sospecha.
7. ... esas condiciones no deseo trabajar más.
8. Busqué a Lucía ... todas partes y no la encontré.

9. Quiero destacar que el talante y la personalidad de Manolo están ... lo normal.
10. Debes actuar ... conformidad con la ley.
11. Durante toda la misa estuvo ... pie.
12. El niño se aprendió la lección ... memoria.
13. ... efecto todo sucedió como yo lo había advertido.
14. Esas palabras se las escribiré ... paréntesis.
15. Llueve mucho y ... este tiempo no es agradable salir a pasear.
16. He tenido que ir a trabajar ... pie, pues mi coche no funciona bien.
17. La casa fue vendida ... dólares americanos.
18. Lea por favor este texto ... voz alta.
19. Lo detuvieron ... la sospecha de hurto.
20. Lo que más les exijo es respeto ... sus padres.
21. Me sorprende por qué ese precio está por ... lo normal.
22. Te ayudaré ... mucho gusto.
23. No hay mucha diferencia ... él y su esposa.
24. No pudimos ir al cine ... falta de tiempo.
25. ... mí, te puedes quedar en este restaurante toda la noche, pero yo me voy.
26. Prefiero vivir ... el campo que en la ciudad.
27. Puedes mandarme los informes ... correo o por fax, como puedas.
28. Quisiera una habitación individual ... vistas ... mar.
29. Se fue para ese país ... busca de trabajo, pero hasta ahora no ha encontrado ninguna opción laboral.
30. Tengo curiosidad por saber la opinión de mi amigo ... ese asunto.

richtig falsch

6. Setzen Sie die korrekte Präposition ein.

1. Carlos y Luisa están preocupados ... los costos tan altos de la casa.
2. ... vano fuimos a buscarle pues ya había partido.
3. Estaba claro que Juan se sentía impotente ... tantas dificultades.
4. Es mejor hacer la reclamación ... escrito.
5. Es un país rico ... materia prima.
6. He comido una tortilla ... la española, muy bueno.
7. Se siente muy orgulloso ... su graduación.
8. ¿Por qué se muestran celosos ... mí?
9. Tiene envidia ... mí.
10. ¿Cuándo vas a cambiarte ... piso?

richtig falsch

Die entsprechenden Lösungen befinden sich auf Seite 375 ff.

Der Satz (la oración)

Ein Satz besteht aus mindestens einem Hauptsatz (oración principal) oder einem Haupt- und Nebensatz (oración subordinada). Sätze, die aus Haupt- und Nebensatz bestehen, nennt man Satzgefüge (período caúsula). Der Hauptsatz ist der übergeordnete Teil eines Satzgefüges und kann, im Gegensatz zum Nebensatz, alleine stehen.

Die Satzglieder (las partes de la oración)

Subjekt (sujeto)

Das Subjekt (Satzgegenstand) drückt aus, wer oder was eine Handlung ausführt. Das Subjekt steht im Nominativ (Wer-Fall) und wird daher erfragt durch die Frage wer oder was tut etwas?

- **Pedro** escribe una carta.
  (**Wer** schreibt einen Brief? **Pedro.**)
- **El libro** se vende bien.
  (**Wer oder was** verkauft sich gut? **Das Buch.**)

wer tut etwas?

Prädikat (predicado)

Das Prädikat (Satzaussage) ist das Verb und besteht aus Vollverb oder Vollverb und Hilfsverb. Es drückt aus, was getan, welche Handlung ausgeführt wird und wird daher erfragt durch die Frage *was wird getan?*.

- Pedro **escribe** una carta.
  (**Was tut** Pedro? **Schreiben.**)
- Pedro **ha escrito** una carta.
  (**Was hat** Pedro **getan? Geschrieben.**)
- María **ha leído** un libro.
  (**Was hat** María **getan? Gelesen.**)

was wird getan?

Objekt (objeto)

Das Objekt ist ein Satzglied, das im Genitiv (wessen-Fall), Dativ (wem-Fall) oder Akkusativ (wen-Fall) steht.

Genitiv

Der Genitiv ist der 2. Fall (Wessen-Fall) und wird im Deutschen erfragt durch die Frage wessen oder was? Im Spanischen handelt es sich meist um eine Ergänzung mit de.

- Este es el libro **de la señora García.**
  (**Wessen** Buch ist das? **Señora Garcías** Buch.)
- El hijo **de María** ha tenido un accidente.
  (**Wessen** Sohn hatte einen Unfall? **Marías Sohn.**)

wessen?

Dativ

Der Dativ ist der 3. Fall (Wem-Fall) und wird im Deutschen erfragt durch die Frage wem oder was? Im Spanischen wird das indirekte Objekt mit der Präposition a angeschlossen.

- He dado el libro **a la señora García.**
  (**Wem** habe ich das Buch gegeben? **Frau García.**)
- Escribo una carta **a María.**
  (**Wem** schreibe ich einen Brief? **María.**)

wem?

Akkusativ

wen?

Der Akkusativ ist der 4. Fall (Wen-Fall) und wird im Deutschen erfragt durch die Frage wen oder was?
Im Spanischen wird das direkte Objekt, wenn es sich um eine Person handelt, mit der Präposition a angeschlossen. Handelt es sich um eine unbekannte Person oder um eine Sache, wird das direkte Objekt ohne Präposition angeschlossen.

- Esta mañana he encontrado **a la señora García.**
  (**Wen** habe ich getroffen? **Señora García.**)
- ¿Conoces **al señor Antonio Garrote?**
- ¿Conoces **un tal señor Garrote?**
- ¿Has visto **ese señor** con los pantalones rasgados?
- Pedro escribe **una carta.**
  (**Wen oder was** schreibt Pedro? **Einen Brief.**)

Präpositionales Objekt

Objekt + Präposition

Präpositionale Objekte werden mit einer Präposition an das Verb angeschlossen. Welche Präposition das ist, hängt davon ab, welche Präposition das Verb verlangt.

- He **hablado con** Pedro esta mañana.
  (hablar con)
- Si viene o no **depende de** su padre.
  (depender de)

Prädikative Ergänzung (complemento predicativo)

Substantiv, Adjektiv

Die prädikative Ergänzung kann ein Adjektiv oder Substantiv sein und bezieht sich entweder auf das Subjekt oder Objekt.

- María es muy **inteligente.**
  (Bezug auf das Subjekt)
- Te doy un libro **muy interesante.**
  (Bezug auf das Objekt)

Adverbiale Bestimmungen (complementos circunstanciales)

Zeitangaben, Ortsangaben, Art und Weise, Grund

Adverbiale Bestimmungen (Umstandsbestimmungen) sind Zeit- oder Ortsangaben, Angaben zur Art und Weise oder des Grundes, der Ursache.

- **Esta mañana** he leído un libro.
- Los alumnos han leído el libro **en la escuela.**
- Marchamos **lentamente.**

Der Aussagesatz (la oración enunciativa)

Im Aussagesatz wird ein Sachverhalt mitgeteilt bzw. behauptet.

Der bejahte Aussagesatz (la oración enunciativa afirmativa)

Im bejahten Aussagesatz gilt generell die folgende Wortstellung, wobei das Subjektpronomen meist weggelassen wird. Grundwortstellung

Subjekt(pronomen)	Prädikat	direktes Objekt
María	escribe	una carta.
(Ella)	escribe	una carta.

Aussagesatz mit 2 Objekten

Enthält der bejahte Aussagesatz ein direktes und ein indirektes Objekt, so steht das direkte Objekt in der Regel vor dem indirekten Objekt. direktes Objekt vor indirektem Objekt

Subjekt	Prädikat	direktes Objekt	indirektes Obj.
María	escribe	una carta	a su padre.

Enthält der bejahte Aussagesatz ein direktes und ein indirektes Objekt, so steht das indirekte Objekt vor dem direkten Objekt, wenn es länger ist als das indirekte Objekt. indirektes Objekt vor direktem Objekt

Subjekt	Prädikat	indirektes Obj.	direktes Objekt
María	escribe	a su padre	una carta de 50 páginas.

Ist das indirekte und das direkte Objekt ein Pronomen, so steht das indirekte Objektpronomen vor dem direkten Ojektpronomen, auf die das Prädikat folgt. indirektes Objektpronomen vor direktem Objektpronomen

Subjekt(pron.)	indir. Obj.pron.	dir. Obj.pron.	Prädikat
Pedro	me	lo	dice.
Pedro	me	lo	ha dicho.

Treffen die indirekten Objektpronomen le, les auf ein direktes Objektpronomen der Sache, werden diese durch se ersetzt. vor lo, los, la, las wird le, les zu se

indirektes Objektpron.	direktes Objektpron.	Prädikat
Se	la	escribí.
(Le escribí	una carta.)	

Aussagesatz mit prädikativer Ergänzung

Prädikative Ergänzungen stehen, wenn sie sich auf das Subjekt beziehen, unmittelbar nach dem Verb. nach dem Verb

Subjekt	Prädikat	**präd. Ergänzung**
María	es	**muy inteligente.**

nach dem direkten Objekt

Prädikative Ergänzungen stehen, wenn sie sich auf das direkte Objekt beziehen, unmittelbar nach dem direkten Objekt.

Subjekt	Prädikat	direktes Objekt	**präd. Ergänzung**
María	lee	un libro	**muy interesante.**

Aussagesatz mit adverbialen Bestimmungen

am Satzanfang, am Satzende

Adverbiale Bestimmungen können sowohl am Satzanfang als auch am Satzende stehen.

Adv. Best.	Subjekt(pron.)	Prädikat	Objekt
Esta mañana	Pedro	ha leído	este libro.

Subjekt	Prädikat	Objekt	**adv. Best.**
Los alumnos	han leído	este libro	**en la escuela.**

zwischen Subjekt und Prädikat

In der geschriebenen Sprache können adverbiale Bestimmungen auch zwischen dem Subjekt und dem Prädikat stehen.

Subjekt	**adv. Bestimmung**	Prädikat	Objekt
El automóvil	**antes de la guerra**	era	un lujo.

Der verneinte Aussagesatz (la oración enunciativa negativa)

Im verneinten Aussagesatz wird ein Sachverhalt verneint.
Die Verneinung wird durch zahlreiche Verneinungsmorpheme gebildet.

No

No (nicht) wird am häufigsten zur Bildung der Verneinung verwendet und kann durch en absoluto (überhaupt nicht, gar nicht) verstärkt werden.
No steht grundsätzlich vor dem Prädikat. Das Subjektpronomen wird meist weggelassen, en absoluto steht unmittelbar nach dem Prädikat.

vor dem Prädikat

Subjekt(pron.)	no	Prädikat	Objekt
María	no	compra	un libro.
(Ella)	no	ha comprado	un libro.

Subjekt	no	Obj.pron.	Prädikat	en absoluto
Esto	no	me	convence	en absoluto.

Wird das Objekt durch ein Pronomen ersetzt, so steht no vor dem Objektpronomen, auf das unmittelbar das Prädikat folgt.

vor dem Objektpronomen + Prädikat

Subjekt	no	Objektpronomen	Prädikat
María	no	lo	compra.
María	no	lo	ha comprado.

In Verbindung mit dem infinitivo presente bzw. infinitivo perfecto steht no vor denselben.

vor dem Infinitiv

Subjekt(pron.)	Prädikat	no	Infinitiv	Objekt
(Yo)	lamento	no	entender	tales palabras.
Pedro	espera	no	haber inquietado	al señor García.

Ist das Objekt ein Pronomen, so steht no vor dem Infinitiv, an den das Objektpronomen angehängt wird. Beim infinitivo perfecto wird das Objektpronomen an das Hilfsverb im Infinitiv angehängt, das Partizip folgt.

vor dem Infinitiv + Objektpronomen

Subjekt	Prädikat	no	Inf. + Obj.pron.	Partizip
Pedro	espera	no	inquietarlo.	
Pedro	espera	no	haberlo	inquietado.

Soll das Subjekt verneint werden, steht no unmittelbar vor diesem.

vor dem Subjekt

No	Subjekt	Prädikat	Ergänzung
No	pocos	creían	lo que decía.

vor dem Subjekt und nach dem Prädikat

Soll der gesamte Satz verneint werden, so kann das verneinte Subjekt auch nach dem Prädikat stehen. No steht unmittelbar vor dem Subjekt.

Prädikat	no	Subjekt	Objekt
Como él opinaban	**no**	pocos	de sus amigos.

Aún no, todavía no, ya no

vor dem Prädikat, um das Prädikat

Aún no (noch nicht), todavía no (noch nicht), ya no (nicht mehr) können geschlossen vor dem Prädikat stehen oder das Prädikat umschließen. Ya no steht jedoch vorzugsweise davor.

Subjekt	**aún no, todavía no, ya no**	Prädikat
Pedro	**aún no**	viene.
Pedro	**todavía no**	ha venido.
Pedro	**ya no**	viene.

Subjekt	**no**	Prädikat	**aún, todavía**
Pedro	**no**	ha venido	**aún.**
Pedro	**no**	ha venido	**todavía.**

No ... ni, no ... ni un sólo

um das Prädikat

No ... ni und no ... ni un sólo (nicht einmal) dienen zur Verstärkung der Verneinung und umschließen das Prädikat, wobei no davor und ni bzw. ni un sólo unmittelbar hinter dem Prädikat stehen.

Subjekt	**no**	Prädikat	**ni**	**un sólo**	Objekt
María	**no**	tiene	**ni**		un día festivo.
María	**no**	tiene	**ni**	**un sólo**	día festivo.

No ... ni siquiera

um das Prädikat

No ... ni siquiera (nicht einmal) umschließt das Prädikat, wobei no unmittelbar davor und ni siquiera unmittelbar dahinter steht.

Subjekt	**no**	Prädikat	**ni siquiera**	Objekt
María	**no**	descansa	**ni siquiera**	por las noches.

No ... sino (que)

vor dem Prädikat und vor dem Subjekt

Bei no ... sino (que) (nicht ... sondern) steht no unmittelbar vor dem Prädikat, sino steht vor dem zu benennenden Subjekt(pronomen).
No ... sino que steht statt no ... sino, wenn ein Verb folgt.

No	Prädikat	Subjekt	**sino**	Subjekt
No	va	mi madre	**sino**	mi padre.

No	Prädikat	Subjekt	sino que	Verb	Subjekt
▪ No	va	mi madre	sino que	va	mi padre.

No sólo ... sino (también)

Bei no sólo ... sino (también) (nicht nur ... sondern auch) steht no sólo geschlossen vor dem Prädikat, sino (también) steht vor dem einzuschränkenden Satzglied.

vor dem Prädikat und vor dem einzuschränkenden Satzglied

No sólo	Prädikat	präd. Ergänzung	sino (también)	präd. Ergänzung
▪ No sólo	es	guapo	sino (también)	inteligente.

Nadie und ninguno

Nadie und ninguno (niemand, keiner) können vor und nach dem Prädikat stehen. Stehen sie hinter dem Prädikat, so muss no vor das Prädikat treten, stehen sie vor dem Prädikat, entfällt no.

vor dem Prädikat, nach dem Prädikat

Nadie, ninguno	Prädikat	Ergänzung
▪ Nadie	ha dicho	que sea verdad.
▪ Ninguno	ha dicho	que sea verdad.

No	Prädikat	nadie, ninguno	adverbiale Bestimmung
▪ No	ha llamado	nadie	en toda la mañana.
▪ No	ha llamado	ninguno	en toda la mañana.

Nada

Nada (nichts) kann vor und nach dem Prädikat stehen. Steht es hinter dem Prädikat, so muss no vor das Prädikat treten, steht es vor dem Prädikat, entfällt no.

vor dem Prädikat, nach dem Prädikat

Nada	Prädikat	adverbiale Bestimmung
▪ Nada	ha pasado	desde la salida.

No	Prädikat	nada	adverbiale Bestimmung
▪ No	ha pasado	nada	desde la salida.

Nunca

Nunca (niemals) kann vor und nach dem Prädikat stehen. Steht es hinter dem Prädikat, so muss no vor das Prädikat treten, steht es vor dem Prädikat, entfällt no.

vor dem Prädikat, nach dem Prädikat

Nunca	Prädikat	Objekt
▪ Nunca	ha dicho	la verdad.

No	Prädikat	nunca	Objekt
▪ No	ha dicho	nunca	la verdad.

Jamás

vor dem Prädikat, nach dem Prädikat

Jamás (niemals) kann vor und nach dem Prädikat stehen. Steht es hinter dem Prädikat, so muss no vor das Prädikat treten, steht es vor dem Prädikat, entfällt no. Jamás tritt jedoch vorzugsweise vor das Prädikat.

Jamás	Prädikat	Objekt
Jamás	ha dicho	la verdad.

No	Prädikat	**jamás**	Objekt
No	ha dicho	**jamás**	la verdad.

Ni ... ni (tampoco)

vor dem Prädikat und vor dem einzuschränkenden Satzglied

Ni ... ni (tampoco) (weder ... noch) wird segmentiert, d. h. das erste ni steht unmittelbar vor dem Prädikat, das zweite ni und tampoco stehen vor dem zweiten einzuschränkenden Satzglied. Ni ... ni kann durch tampoco verstärkt werden.

Ni	Prädikat	präd. Ergänzung	**ni (tampoco)**	präd. Ergänzung
Ni	es	guapo	**ni (tampoco)**	inteligente.

Tampoco

vor dem Prädikat, nach dem Prädikat, am Satzende

Tampoco (auch nicht) kann vor und nach dem Prädikat oder am Schluss des Satzes stehen. Steht es nach dem Prädikat, so muss no vor das Prädikat treten, steht es vor dem Prädikat, entfällt no.

Tampoco	Prädikat	Objekt
Tampoco	ha dicho	la verdad.

No	Prädikat	**tampoco**	Objekt
No	ha dicho	**tampoco**	la verdad.

No	Prädikat	Objekt	**tampoco**
No	ha dicho	la verdad	**tampoco.**

Sin (que)

vor dem Infinitiv, vor dem Pronomen

Sin (que) (ohne dass) kann nur mit einem negativen Pronomen (nada, nadie etc.) stehen. Dabei steht sin unmittelbar vor dem Infinitiv, sin que steht, wenn ein negatives Pronomen folgt.
Es ist zu beachten, dass sin que den subjuntivo verlangt.

Subjekt	Prädikat	**sin**	Infinitiv	Pronomen
Pedro	trabaja	**sin**	decir	nada.

Subjekt	Prädikat	**sin que**	Pronomen	Prädikat	Pronomen
Ellos	seguían trabajando	**sin que**	nadie	dijera	nada.

Übungen zum verneinten Aussagesatz

1. Verneinen Sie die folgenden Sätze.

1. Paula lo sabe.
2. Ellos son españoles.
3. Esteban ha creído en mis palabras.
4. Puedo imaginármelo.
5. Su teoría me llama la atención.
6. Juan quiere comprar un coche.
7. María lo compró a tiempo.
8. Luis lamenta estar en su país.
9. Luis espera haber preocupado a Jorge.
10. Espera verlo pronto de regreso.
11. Me lo puedo imaginar.
12. Juan y yo nos vemos con frecuencia.
13. A Miguel le preocupa su futuro profesional.
14. Luisa le ha pedido perdón a Carlos.
15. Ese congreso ha sido organizado por la asociación de escritores.
16. Los secuestradores fueron capturados por la policía.
17. Me lo pudieron decir.
18. Juan me prestó su libro de español.
19. Antonio lo ha comprado.
20. Espero haber inquietado al señor González.

richtig falsch

Die entsprechenden Lösungen befinden sich auf Seite 376.

Der Fragesatz (la oración interrogativa)

Im Fragesatz wird eine Frage formuliert.

Die direkte Frage (la oración interrogativa directa)

Direkte Fragen (Fragen in der direkten Rede) bilden selbst den Hauptsatz, sie werden nicht wie die indirekten Fragen (Fragen in der indirekten Rede) in einen Nebensatz eingebettet und durch ein Verb des Sagens und Denkens (z. B. preguntar etc.) eingeleitet. Die direkte Frage wird durch Fragezeichen am Anfang und Ende des Satzes (¿?) gekennzeichnet.

Die Entscheidungsfrage (la oración interrogativa general)

Entscheidungsfragen enthalten kein Fragewort. Sie bedingen eine Ja- oder Nein-Antwort.

Die Inversionsfrage (la oración interrogativa con el verbo antepuesto)

Prädikat vor Subjekt

Bei dieser Art der Fragestellung tritt das Subjekt(pronomen) hinter das Prädikat. Das Subjektpronomen wird meist weggelassen.

Prädikat	Subjekt(pronomen)	adverbiale Bestimmung
¿Está	Pedro	en el jardín?
¿Está	(él)	en el jardín?

Die Intonationsfrage (la oración interrogativa con el verbo pospuesto)

Grundwortstellung

Die Frage wird durch die Intonation kenntlich gemacht, d. h. die Satzmelodie geht am Satzende nach oben. Die Wortstellung entspricht der des bejahten Aussagesatzes.
Diese Art der Fragestellung wird, vor allem in der gesprochenen Sprache, sehr häufig verwendet.

Subjekt(pronomen)	Prädikat	Objekt
¿María	ha encontrado	a su hermana?
¿(Ella)	ha visto	esa película?

Die verneinte Frage (la oración interrogativa negativa)

Grundwortstellung

Die verneinte Frage wird wie der verneinte Aussagesatz mit einem Verneinungsmorphem formuliert. Die Wortstellung entspricht der des entsprechenden verneinten Aussagesatzes.

Subjekt(pronomen)	no	Prädikat	Objekt
¿Pedro	no	viene?	
¿(Ella)	no	ha visto	esta película?

Die Frage mit Fragewort (la oración interrogativa con partícula interrogativa)

Fragen mit Fragewort enthalten Fragewort (z. B. ein Interrogativpronomen), das in der Regel am Satzanfang steht. Das Subjekt(pronomen) tritt hinter das Prädikat. Das Subjektpronomen wird meistens weggelassen.

Prädikat vor Subjekt

Fragewort	Prädikat	Subjekt(pronomen)
▪ **¿Cuándo**	llegas	(tú)?
▪ **¿Qué**	ha dicho	María?

Die indirekte Frage (la oración interrogativa indirecta)

Indirekte Fragen (Fragen in der indirekten Rede) werden durch ein Verb des Sagens und Denkens (z. B. preguntar) eingeleitet. Sie werden vom Einleitungssatz nicht durch Komma abgetrennt und nicht durch Fragezeichen, sondern durch Punkt abgeschlossen.

kein Komma vor indirekten Fragen!

Die indirekte Frage mit Fragewort (la oración interrogativa indirecta con partícula interrogativa)

Die indirekte Frage kann durch ein Fragewort (z. B. ein Interrogativpronomen) eingeleitet werden. Es gilt dann dieselbe Wortstellung wie im Fragesatz mit Fragewort.

Prädikat vor Subjekt

Einleitungssatz	**Fragewort**	Prädikat	Subjekt(pron.)
▪ Le pregunté	**cuándo**	llegaba	su hermana.

Die indirekte Entscheidungsfrage (la oración interrogativa indirecta general)

Indirekte Entscheidungsfragen werden mit si eingeleitet. Es gilt dann dieselbe Wortstellung wie im bejahten Aussagesatz.

Grundwortstellung

Einleitungssatz	**si**	Subjekt	Prädikat	Objekt
▪ Me ha preguntado	**si**	María	ha terminado	el trabajo.

Übungen zum Fragesatz

1. Ersetzen Sie die folgenden Sätze durch Inversionsfragen.

1. Luis está cansado.
2. La película me gusta mucho.
3. La señora García ha cocinado paella.
4. Luis conoce algunas ciudades suramericanas.
5. Paula sabe a qué hora se inicia el concierto.
6. Luis habla francés.
7. Es español.
8. A María le gusta viajar.
9. Pedro se divirtió en la fiesta.
10. A Laura le gusta mucho España.
11. Carlos te ha escrito.
12. Lina sabe algo de ese tema.
13. Luisa está bien.
14. A Sebastián no le gusta mucho su nuevo trabajo.
15. Gloria se siente segura en esta ciudad.
16. A Ana le agrada viajar.
17. Luis tiene hijos.
18. María es soltera.
19. Felipe está en el jardín.
20. Mercedes ha encontrado a tu hermana.

richtig falsch

2. Ersetzen Sie die fett gedruckten Wörter durch das entsprechende Fragewort und bilden Sie einen Fragesatz.

1. Me llamo **Lina Sofía Giraldo.**

2. Vivo **en Barcelona.**
3. Soy **psicóloga** de profesión.
4. El libro de gramática cuesta **20 euros**.
5. Sofía vive actualmente **en Alemania**.
6. Juan estudia arquitectura **en la Universidad de Valencia.**
7. Partimos **la próxima semana** de viaje.
8. Nací **el 10 de julio de 1975**.
9. Mis hobbys son **leer y escuchar música**.
10. Miguel trabaja **en la industria automotriz**.
11. Viajo **el 20 de enero** a las 8 de la mañana.
12. El fin de semana estaré **en Madrid.**
13. Fue un seminario **aburrido y largo.**
14. Hoy por la tarde estaré **en casa de Carola.**
15. Nos vamos para Argentina **la próxima semana.**
16. Mi idioma materno es el **inglés.**
17. Mi familia vive **en Sevilla.**
18. Ellos son **Gloria y Pedro.**
19. Juan viajará **a Madrid** el viernes.
20. En esa compañía trabajan **120 empleados.**
21. **Mañana** será la junta de socios.
22. La comida preferida de Luisa es **la paella.**
23. **Sevilla y Barcelona** fueron las ciudades de España que más bonitas le parecieron a Lina.
24. **Sebastián y Nicolás** quieren ir a la exposición del pintor Fernando Botero.
25. Carlos necesita hablar **con la gerente de la empresa,** ahora mismo.

26. A Luis le gusta **escuchar música** en su tiempo libre.

27. María estudia **psicología** en la Universidad de Valencia.

28. El profesor Domínguez nos acompañará **al Museo de la reina Sofía** en Madrid.

29. **Arturo** sabe las respuestas de ese cuestionario.

30. Juan toma **el tren que va a Barcelona.**

31. La reunión durará **aproximadamente una hora**.

32. Al evento asistieron **más de trescientas personas.**

33. Ana opina que **el libro es muy interesante pero sus diagramas son poco prácticos.**

34. Ella es **Ana García, nació el 10 de julio de 1980 en Barcelona.**

35. El viaje a París fue **muy largo y agotador.**

richtig falsch

Die entsprechenden Lösungen befinden sich auf Seite 376 ff.

Der Aufforderungssatz (la oración exhortativa)

Im Aufforderungssatz wird ein Befehl, eine Aufforderung formuliert.

Imperativsatz (la oración exhortativa con imperativo)

Im Imperativsatz werden Befehle, Aufforderungen formuliert.
Das den Befehl ausdrückende Prädikat tritt an den Satzanfang. Die zum Imperativ gehörenden Personalpronomen folgen unmittelbar nach dem Imperativ oder werden weggelassen.

Prädikat (im Imperativ) am Satzanfang

Imperativ	Pronomen	direktes Objekt
▪ **Lea**	(Vd.)	este texto.
▪ **Leed**	(vosotros)	este texto.

Dem verneinten Imperativ wird no vorangestellt.

no + Imperativ am Satzanfang

No	Imperativ	Pronomen	direktes Objekt
▪ **No**	lea	(Vd.)	este texto.
▪ **No**	leáis	(vosotros)	este texto.

Die unbetonten indirekten Personalpronomen werden an den Imperativ angehängt.

Personalpronomen nach Imperativ

Imperativ + Pronomen	direktes Objekt
▪ **Dame**	ese libro
▪ **Dadnos**	ese libro.

Infinitivsatz (la oración exhortativa con infinitivo)

Im Infinitivsatz werden Befehle, Aufforderungen an unbestimmte Personen erteilt. Diese Möglichkeit eine Aufforderung auszudrücken wird besonders in schriftlichen Anweisungen, Bedienungsanleitungen etc. verwendet.

Infinitiv am Satzanfang

Infinitiv	adverbiale Bestimmung
▪ **Agitar** (Vor Gebrauch **schütteln.)**	antes de usar.

Aussagesatz im Präsens oder Futur

Aussagesätze im Präsens oder Futur können Befehle, Aufforderungen ausdrücken.
Es gilt dieselbe Wortstellung wie im bejahten Aussagesatz.

Grundwortstellung

Aussagesatz im Präsens oder Futur

Grundwortstellung

Aussagesätze im Präsens oder Futur können Befehle, Aufforderungen ausdrücken.
Es gilt dieselbe Wortstellung wie im bejahten Aussagesatz.

Subjekt(pronomen)	Prädikat	adverbiale Bestimmung
Tú	sales	en seguida.
Tú	saldrás	en seguida.

Fragesätze mit querer und poder

querer, poder + Pronomen + Infinitiv am Satzanfang

Fragesätze mit querer und poder + Infinitiv ermöglichen die besonders höfliche Formulierung einer Aufforderung.

Querer, poder	Subjekt(pron.)	Infinitiv	adv. Bestimmung
¿Quiere	Vd.	partir	en seguida?
¿Puede	María	venir	en seguida?

Der Ausrufesatz (la oración exclamativa)

Im Ausrufesatz wird eine persönliche Empfindung (Erstaunen, Verwunderung, Überraschung etc.) in einem Ausruf formuliert.
Der Ausrufesatz wird am Anfang und Ende mit Ausrufezeichen (¡!) versehen, jedoch nur dann, wenn es sich tatsächlich um einen Ausruf handelt.

Ausrufezeichen nur beim Ausruf

Ausrufesatz mit Ausrufewort (oración exclamativa con interjección)

Der Ausrufesatz kann mit einem Ausrufewort (Interjektion) (qué, cuánto etc.) eingeleitet werden. Das Subjekt(pronomen) tritt hinter das Prädikat.

Prädikat vor Subjekt

Ausrufewort	prädikative Ergänzung	Prädikat	Subjekt(pron.)
¡Qué	guapa	es	(ella)!

Ausrufesatz ohne Ausrufewort (oración exclamativa sin interjección)

Der Ausrufesatz ohne Ausrufewort ist ein bejahter Aussagesatz. Er wird nicht durch ein Ausrufewort (Interjektion) eingeleitet. Die Wortstellung entspricht der des bejahten Aussagesatzes.

Grundwortstellung

Subjekt(pronomen)	Prädikat	prädikative Ergänzung
(¡)María	es	tan guapa(!)

Der Nebensatz (la oración subordinada)

Der Nebensatz ist der untergeordnete Tell eines Satzgefüges und kann im Gegensatz zum Hauptsatz nicht alleine stehen.
Einige Satzarten sind immer Nebensätze, sie können nie Hauptsätze sein.

Der Subjektsatz (la oración subordinada de sujeto)

anstelle des Subjekts

Ein Subjektsatz ist ein Nebensatz anstelle des Subjekts.

- **Que Pedro venga,** es dudoso.
(**Ob Pedro kommt,** ist ungewiss.)
(**Das** ist ungewiss.)

Der Objektsatz (la oración subordinada de objeto)

anstelle des Objekts

Ein Objektsatz ist ein Nebensatz anstelle eines Objekts.

- Yo no sé **si Pedro viene.**
(Ich weiß nicht, **ob Pedro kommt.**)
(Ich weiß **es** nicht.)

Der Adverbialsatz (la oración circunstancial)

manche Konjunktionen verlangen den subjuntivo

Ein Adverbialsatz ist ein Nebensatz anstelle einer adverbialen Bestimmung.
Es ist zu beachten, dass bestimmte Konjunktionen den subjuntivo verlangen.

Der Temporalsatz (la oración temporal)

Zeitpunkt, -raum

Der Temporalsatz gibt einen Zeitpunkt, -raum an und wird durch eine temporale Konjunktion eingeleitet.

- **Cuando salía de casa,** sonó el teléfono.
- Yo me quedo aquí **hasta que venga.**

Der Finalsatz (la oración final)

Absicht, Zweck

Der Finalsatz drückt die Absicht, den Zweck aus und wird durch eine finale Konjunktion eingeleitet.

- Voy a Madrid **para aprender español.**
- Partimos pronto **a fin de que lleguemos a tiempo.**

Der Kausalsatz (la oración causal)

Grund, Ursache

Der Kausalsatz gibt den Grund, die Ursache an und wird durch eine kausale Konjunktion eingeleitet.

- No puedo ir hoy **porque llueve a cántaros.**
- **Ya que estás aquí,** ayúdame un poco.

Der Konsekutivsatz (la oración consecutiva)

Folge, Wirkung

Der Konsekutivsatz drückt die Folge, Wirkung aus und wird durch eine konsekutive Konjunktion eingeleitet.

- Pasó tanta hambre **que se murió.**
- Hoy no saldremos **de modo que podremos reunirnos en casa.**

Der Konzessivsatz (la oración concesiva)

Einräumung, Zugeständnis

Im Konzessivsatz wird eine Einräumung, ein Zugeständnis formuliert. Er wird durch eine konzessive Konjunktion eingeleitet.

- Crece el trigo **a pesar de que no llueve.**
- **Por mucho que trabaja,** no tiene dinero.

Der Konditionalsatz (la oración condicional)

Bedingung

Im Konditionalsatz wird eine Bedingung ausgedrückt. Er wird durch eine konditionale Konjunktion eingeleitet. Zu beachten ist die Zeitenfolge in Bedingungssätzen.

- Vengo **si tú no tienes que trabajar.**
- **Si tú tienes que trabajar,** no vengo.
- Te lo doy **si lo quieres.**
- **En el caso de que llueva,** no vendré.

! kein futuro oder condicional nach si *(wenn, falls)*

Der Attributsatz (la oración atributiva)

anstelle eines Attributs

Ein Attributsatz ist ein Nebensatz anstelle eines Attributs. Das Attribut ist eine Beifügung, die zum Verständnis des Satzes nicht notwendig ist, jedoch diesen näher erklärt.

- Necesito el libro **que está en el escaparate.**
- El deber leer todo el libro hasta el **día siguiente** era demasiado difícil para los alumnos.

Der Relativsatz (la oración de relativo)

Nebensatz mit Relativpronomen

Der Relativsatz wird durch ein Relativpronomen eingeleitet, das unmittelbar nach dem Wort bzw. der Wortgruppe steht, auf das bzw. auf die es sich bezieht. Die Wortstellung des Relativsatzes entspricht der des bejahten Aussagesatzes, besonders wenn das Subjekt des Relativsatzes ein Pronomen (z. B. que) ist.

Der notwendige Relativsatz (la oración especificativa)

für das Verständnis notwendig

Notwendige Relativsätze sind für das Verständnis des Hauptsatzes unbedingt erforderlich und können demnach nicht weggelassen werden. Sie werden auch nicht durch Komma vom Hauptsatz abgetrennt.

- Los niños **que aprobaron el examen** pasarán unas felices vacaciones.
- La bolsa **que ella llevaba** se ha perdido.
- Tengo un amigo **que ha hecho el examen esta semana.**

! kein Komma vor notwendigen Relativsätzen

Der ausmalende Relativsatz (la oración explicativa)

für das Verständnis nicht notwendig

Ausmalende Relativsätze sind für das Verständnis des Hauptsatzes nicht unbedingt erforderlich und können demnach auch weggelassen werden. Sie werden vom Hauptsatz durch Komma abgetrennt.

- El último libro de García Márquez**, que es muy interesante,** se ha agotado en las librerías.
- Un señor**, que yo no conozco,** ha salido de la casa.

Groß- und Kleinschreibung (empleo de mayúsculas y minúsculas)

Im Spanischen wird, bis auf die folgenden Ausnahmen, alles kleingeschrieben.

Satzanfang

Der Anfangsbuchstabe eines Wortes am Satzanfang wird großgeschrieben.

- **E**sta mañana he visto al señor García.
- **L**a señora García es muy amable.

Eigennamen

Alle Eigennamen werden großgeschrieben. Die Adjektive, die die Nationalität, ein Volk bezeichnen, werden jedoch kleingeschrieben.

- Esta mañana he visto a **M**aría.
- El idioma **e**spañol es bonito.

Institutionen

Alle Bezeichnungen von öffentlichen und sonstigen Institutionen werden großgeschrieben.

- La **I**glesia **C**atólica tiene un gran número de miembros.

Studienfächer

Die Namen von Studienfächern werden großgeschrieben.

- Mi hermano estudia **M**atemáticas y **Q**uímica.

Der Akzent (el acento)

Jede Abweichung von den Regeln der Betonung erfordert den Akzent (Akut) auf der zu betonenden Silbe.

Akzent	Kein Akzent	
Wörter, die auf Vokal enden und nicht auf der vorletzten Silbe betont werden, tragen auf dem betonten Vokal den Akzent.	Wörter, die auf Vokal enden, werden in der Regel auf der vorletzten Silbe betont.	Wörter auf Vokal
■ falt**ó** ■ beb**é** ■ fant**á**stico	■ **ca**sa ■ **pla**za ■ tra**ba**ja	
Wörter, die auf Konsonant (außer -n und -s) enden und nicht auf der letzten Silbe betont werden, tragen auf der betonten Silbe den Akzent.	Wörter, die auf Konsonant (außer -n und -s) enden, werden in der Regel auf der letzten Silbe betont. Y zählt dabei zu den Konsonanten.	Wörter auf Konsonant (außer -n, -s)
■ **ár**bol ■ **lá**piz ■ **dé**bil	■ ciu**dad** ■ infor**mar** ■ Para**guay**	
Wörter, die auf -n oder -s enden und nicht auf der vorletzten Silbe betont werden, tragen auf der betonten Silbe den Akzent.	Wörter, die auf -n oder -s enden, werden in der Regel auf der vorletzten Silbe betont.	Wörter auf -n, -s
■ ingl**és** ■ sill**ón**	■ **ca**sas ■ tra**ba**jan	
Adverbien auf -mente tragen den Akzent des zugehörigen Adjektivs.		Adverbien auf -mente
■ **fá**cilmente ■ **há**bilmente ■ **lí**citamente		
Die substantivischen Demonstrativpronomen éste, ése und aquél.	Die attributiven Demonstrativpronomen este, ese und aquel.	éste, ése, aquél; este, ese, aquel
■ Mira los libros aquí. ¿Puedes darme **éste?**	■ ¿Puedes darme **este** libro? ■ Me gusta **esta** comida.	
Die folgenden Wörter erhalten, wenn sie als Ausrufe- und Interrogativpronomen verwendet werden, den Akzent. ■ cómo ■ dónde ■ cuál ■ qué ■ cuándo ■ quién ■ cuánto	Die folgenden Wörter erhalten, wenn sie als Relativpronomen verwendet werden, keinen Akzent. ■ como ■ donde ■ cual ■ que ■ cuando ■ quien ■ cuanto	Ausrufe-, Interrogativ-; Relativpronomen

	Akzent	Kein Akzent
	▪ ¿De **dónde** viene Vd.? ▪ ¿**Qué** persona has encontrado en la estación? ▪ ¡**Qué** difícil! ▪ ¡**Cuánta** gente!	▪ Me ha dicho **dónde** te ha visto. ▪ El día **que** llegó mi padre fue un día de alegría. ▪ ¿Puede pasarme ese libro **que** está sobre la mesa?
Homonyme	Gleichlautende Wörter (Homonyme) haben mit Akzent eine andere Bedeutung als ohne Akzent.	Gleichlautende Wörter (Homonyme) haben ohne Akzent eine andere Bedeutung als mit Akzent.
	▪ aún – noch ▪ dé – von dar ▪ él – Personalpronomen ▪ más – mehr ▪ mí – Personalpronomen ▪ sé – von saber, ser ▪ sí – ja; sich ▪ té – Tee ▪ tú – Personalpronomen	▪ aun – sogar ▪ de – Präposition ▪ el – bestimmter Artikel ▪ mas – aber ▪ mi – Possessivpronomen ▪ se – Pronomen ▪ si – wenn; ob ▪ te – Pronomen ▪ tu – Possessivpronomen
	▪ ¿Quién es **él?** (Wer ist **er?)** ▪ ¿Es para **mí?** (Ist das für **mich?)**	▪ Ayer compré **el** libro. (Gestern kaufte ich **das** Buch.) ▪ ¿Has visto a **mi** madre? (Hast du **meine** Mutter gesehen?)
Substantive im Singular mit und ohne Akzent	Einige Substantive, die im Singular keinen Akzent haben, erhalten durch die sich ändernde Betonung im Plural den Akzent. Manche ändern die Akzentuierung mit der sich ändernden Betonung.	Substantive, die im Singular den Akzent tragen, verlieren diesen meist im Plural.
	▪ **especimen - especímenes** ▪ **examen - exámenes** ▪ **régimen - regímenes**	▪ **melón - melones** ▪ **proposición - proposiciones** ▪ **solución - soluciones**
zusammengesetzte Wörter		In zusammengesetzten Wörtern verliert der erste Teil meist den Akzent.
		▪ **así - asimismo**

Die Zeichensetzung (la puntuación)

Die Zeichensetzung (Interpunktion) folgt im Spanischen nicht so strengen Regeln wie im Deutschen. Vielfach werden die Satzzeichen auch nach eigenem Ermessen gesetzt.

Der Punkt (el punto)

Der Punkt steht am Ende eines Satzes und nach Abkürzungen.

- Pedro es un hombre muy gentil.
- El Dr. García es mi dentista.

Satzende, Abkürzungen

Das Komma (la coma)

Komma	Kein Komma	
Nebensätze, die vor dem Hauptsatz stehen, werden von diesem durch Komma abgetrennt.	Nebensätze werden in der Regel nicht durch Komma vom Hauptsatz abgetrennt.	Nebensatz und Hauptsatz
▪ **Después de haber comido,** cerraron el local.	▪ **Que Pedro venga** es dudoso. ▪ Yo no sé **si Pedro viene.**	
Ausmalende Relativsätze, sie sind zum Verständnis des Satzes nicht notwendig, werden vom Hauptsatz durch Komma abgetrennt.	Notwendige Relativsätze, sie sind zum Verständnis des Satzes notwendig, dürfen vom Hauptsatz nicht durch Komma abgetrennt werden.	nicht notwendige; notwendige Relativsätze
▪ Mi amigo, **que hará el examen la próxima semana,** quiere continuar estudiando.	▪ Tengo un amigo **que ha hecho el examen la semana pasada.**	
Nebensatzverkürzungen durch *participio, gerundio* oder *infinitivo* werden zwischen Kommas gesetzt, wenn die Information des Nebensatzes für das Verständnis des Hauptsatzes nicht unbedingt erforderlich ist.	Nebensatzverkürzungen durch *participio, gerundio* oder *infinitivo* dürfen nicht durch Kommas abgetrennt werden, wenn die Information des Nebensatzes für das Verständnis des Hauptsatzes unbedingt erforderlich ist.	Nebensatzverkürzungen durch *participio, infinitivo, gerundio*
▪ Los turistas, **cansados del largo viaje,** fueron inmediatamente al hotel.	▪ Las personas **nombradas con anterioridad** pasen a esta sala.	
Eingeschobene Sätze werden durch Komma abgetrennt.		eingeschobene Sätze
▪ Pedro, **piensa María**, no es muy gentil.		

	Komma	Kein Komma
vorangestellte adversative oder konsekutive Konjunktionen	Kurze, adversative und konsekutive Konjunktionen werden, wenn sie dem Hauptsatz vorangestellt werden, durch Komma abgetrennt.	
	▪ **Aunque llueva**, mis padres darán un paseo.	
anstelle eines Verbs	Das Komma steht anstelle eines ausgelassenen Verbs.	
	▪ Al mal tiempo, buena cara. ▪ (Al mal tiempo **hay que ponerle** buena cara).	
Aufzählungen	In Aufzählungen ohne Konjunktion.	Werden die einzelnen Satzglieder in Aufzählungen durch y bzw. e oder durch o bzw. u verbunden, steht kein Komma.
	▪ He encontrado a **María, Pedro, Juan y Elena.**	▪ He encontrado a **María y Pedro y Juan y Elena.**

Das Fragezeichen (el signo de interrogación)

Fragen

Das Fragezeichen steht zur Kennzeichnung einer Frage. Am Anfang der Frage steht es in umgekehrter Form.

- ¿Has visto a mi hermano?
- ¿Puedes darme ese libro?
- ¿Quieres venir conmigo?

Das Ausrufezeichen (el signo de exclamación)

Ausrufe

Das Ausrufezeichen kennzeichnet einen Ausruf (der Begeisterung, Überraschung etc.). Am Anfang des Ausrufesatzes steht es in umgekehrter Form.

- ¡Qué alegría!
- ¡Qué terrible!
- ¡Qué guapo es él!
- ¡Cuánta gente!

Der Doppelpunkt (los dos puntos)

Anrede in Briefen

Der Doppelpunkt steht nach der Anrede in Briefen.

- Muy Sr. mío: Esta mañana hemos recibido su carta ...

Der Einleitungssatz der direkten Rede wird mit Doppelpunkt abgeschlossen.

- Pedro dice: «¿Has visto a mi hermano esta mañana?»

Einleitungssatz der direkten Rede

Der Doppelpunkt steht zur Einleitung von Zitaten.

- César dijo: «Vine, vi y vencí.»

Zitate

Der Doppelpunkt leitet Aufzählungen, Vorschläge ein und steht nach por ejemplo und a saber.

- Podemos visitar: el Museo del Prado, el Palacio Real o la ciudad antigua.

Aufzählungen

Die Anführungszeichen (las comillas)

Die Anführungszeichen stehen am Anfang und Ende einer direkten Rede oder eines Zitats sowie zur Kennzeichnung von Fremdwörtern.

- Dice: «Venga mañana.»
- Eres un «snob».

direkte Rede, Zitate, Fremdwörter

Der Strichpunkt (punto y coma)

Der Bindestrich trennt Konsekutiv- und Temporalsätze vom Hauptsatz ab.

- El tren no llega antes de las tres; por consiguiente podemos tomar un café.

Konsekutiv-, Temporalsätze

Der Bindestrich (el guión)

Der Bindestrich verbindet zusammengesetzte Wörter und dient als Trennungsstrich bei der Silbentrennung.

- coche-cama
- No llega antes de las tres; por con-siguiente podemos tomar un café.

zusammengesetzte Wörter, Silbentrennung

Der Gedankenstrich (la raya)

Der Gedankenstrich steht vor und nach der direkten Rede und dient als Klammerersatz.

- ¿De dónde vienes tan tarde? - preguntó su madre.
- Los celtíberos - no siempre iban a ser juguetes de Roma - mataron a los dos Escipiones.

direkte Rede

Die Silbentrennung (la división silábica)

Die Silbentrennung kann nur bei mehrsilbigen Wörter vorgenommen werden und erfolgt im Spanischen generell nach Sprechsilben.

Zweisilbige Vokalverbindungen	Zweisilbige Vokalverbindungen werden getrennt. Es wird allerdings vermieden, einen einzelnen Vokal am Zeilenanfang oder Zeilenende stehen zu lassen.	▪ te-atro ▪ dí-a ▪ Ma-rí-a
Vokal mit -i, -u	Die Vokale -i und -u werden zusammen mit anderen Vokalen als Einheit empfunden und dürfen daher nicht getrennt werden.	▪ cuen-to ▪ a-gua ▪ al-guien
Konsonant mit -l, -r	Konsonantenverbindungen mit -l oder -r werden als Einheit empfunden und dürfen daher nicht getrennt werden.	▪ ha-blar ▪ re-gla ▪ a-bra-zar ▪ a-pre-ciar
ch, ll, rr	Ch, ll und rr sind Buchstaben und dürfen daher nicht getrennt werden.	▪ mu-cha-cho ▪ bri-llar ▪ ca-rre-ra
-s + Konsonant	Verbindungen aus -s + Konsonant werden getrennt. Dazu gehört auch -st.	▪ es-ta-ción ▪ Es-pa-ña
Zusammengesetzte Wörter	Wörter, die aus Zusammensetzungen entstanden sind, können nach ihren Bestandteilen getrennt werden.	▪ **nos-o-tros/no-so-tros** ▪ **des-a-yu-no/de-sa-yu-no** ▪ **in-ú-til/i-nú-til**
Präfixe	Präfixe können vom Wortstamm abgetrennt werden.	▪ **re-u-ni-do/reu-ni-do** ▪ **des-o-be-de-cer/de-so-be-de-cer**

Präfixe (prefijos)

Das Spanische kennt einige Präfixe (Vorsilben), die an Substantive, Verben oder Adjektive angehängt werden können.
Es ist zu beachten, dass nicht jedes beliebige Präfix an jedes beliebige Substantiv, Verb oder Adjektiv angehängt werden darf, da sich die Bedeutung eines Wortes oder die Wortart durch das Anhängen eines Präfixes verändern kann.

Gegenteil	**ab-**	ab-	**ab**jurar	ableugnen
	abs-	abs-	**abs**tener	enthalten
	an-	an-	**an**alfabeto	Analphabet
	anti-	anti-, gegen-	**anti**alcohólico	Antialkoholiker
	contra-	gegen-, wider-, kontra-	**contra**indicación	Gegenanzeige
	de-	ab-, aus-, ent-, un-, zer-	**de**capitación	Enthauptung
	des-	ab-, aus-, ent-, un-, zer-	**des**cargar	ab-, entladen
	di-	ab-, aus-, ent-, un-, zer-	**di**solución	Auflösung
	dis-	ab-, aus-, ent-, un-, zer-	**dis**locación	Lageveränderung
	extra-	außer-, in-	**extra**oficial	inoffiziell
	i-	un-	**i**legal	illegal
	im-	un-	**im**paciencia	Ungeduld
	in-	in-, un-	**in**comprensible	unbegreiflich
	para-	gegen-, wegen-	**para**sol	Sonnenschirm
Steigerung, Verstärkung	**ad-**	an-, hinzu-	**ad**juntar	hinzufügen
	archi-	erz-	**archi**duque	Erzherzog
	hiper-	hyper-, über-	**hiper**función	Überfunktion
	sobre-	über-	**sobre**stima	Überschätzung
	supra-	supra-, über-	**supra**conductor	Supraleiter
	super-	über-	**super**población	Überbevölkerung
	ultra-	ultra-, über-	**ultra**pesado	überschwer
Verminderung	**hipo-**	hypo-, unter-	**hipo**función	Unterfunktion
	semi-	semi-, halb-	**semi**automático	halbautomatisch
	so-	unter-	**so**cavar	untergraben
	sub-	unter-	**sub**dividir	unterteilen
Wiederholung	**re-**	wieder-, zurück-	**re**producir	wieder herstellen
Ergebnis, Wirkung	**co-**	co-, mit-	**co**director	Kodirektor
	con-	gegen-, wider-	**con**fabulación	Verschwörung

	inter-	zwischen-, inter-	**inter**ceder	einschreiten
	intro-	ein-, innen-, intro-	**intro**misión	Einmischung
	ob-	ob-	**ob**sesión	Besessenheit
	per-	per-, hindurch-	**per**durable	fortdauernd, ewig
Vor-	**ante-**	vor-, voraus-, vorher-	**ante**cesor	Vorgänger
	ex-	ex-, aus-	**ex**presidente	Expräsident
	pre-	pre-, vor-	**pre**determinación	Vorherbestimmung
Nach-	**pos-**	nach-, post-	**pos**data	Nachschrift
	post-	nach-, post-	**post**balance	Nachbilanz
	retro-	retro-, zurück-	**retro**actividad	Rückwirkung
Sonstige	**bi-**	bi-, zwei-, doppel-	**bi**polar	zweipolig
	circun-	um-	**circun**locución	Umschreibung
	entre-	zwischen-	**entre**abrir	halb öffnen
	infra-	infra-	**infra**rrojo	infrarot
	intra-	inner-, intra-	**intra**muros	innerhalb der Stadt
	meta-	meta-	**meta**física	Metaphysik
	pro-	pro-, für-	**pro**nombre	Fürwort
	pseudo-	pseudo-	**pseudó**nimo	Pseudonym
	psic(o)-	psycho-	**psico**análisis	Pschoanalyse
	seudo-	pseudo-	**seudó**nimo	Pseudonym
	trans-	trans-, über-	**trans**formar	transformieren
	tras-	trans-, über-	**tras**pasar	überschreiten

Suffixe (sufijos)

Das Spanische kennt einige Suffixe (Nachsilben), die an Substantive, Verben oder Adjektive angehängt werden können.
Es ist zu beachten, dass nicht jedes beliebige Suffix an jedes beliebige Substantiv, Verb oder Adjektiv angehängt werden darf, da sich die Bedeutung eines Wortes oder die Wortart durch das Anhängen des Suffixes verändern kann.

Gesamtheit, Kollektivum	**-ado**	-ig, -isch, -lich	afemin**ado**	verweichlicht
	-ada	-ade	limon**ada**	Limonade
	-al	-ig, -isch, -lich, -bar	artesan**al**	handwerklich
	-algia	-heit, -keit, -ung	nost**algia**	Heimweh
	-azo	-heit, -keit, -ung	cabez**azo**	Kopfstoß
	-cida	-ig, -isch, -lich	infanti**cida**	kindesmörderisch
	-ción	-heit, -keit, -ung	desespera**ción**	Verzweiflung
	-cracia	-ie	demo**cracia**	Demokratie
	-fagia	-ismus	antropo**fagia**	Kannibalismus
	-grafía	-grafie	foto**grafía**	Fotographie
	-ismo	-ismus	comun**ismo**	Kommunismus
	-logía	-logie	eco**logía**	Ökologie
	-oso	-ig, -isch, -lich	ambici**oso**	ehrgeizig
	-ragia	-heit, -keit, -ung	hemor**ragia**	Blutung
	-teca	-thek	biblio**teca**	Bibliothek
	-voro	-end	omní**voro**	allesfressend
Beruf, Tätigkeit, Gruppierung	**-cola**		caverní**cola**	Höhlenbewohner
	-fago		antropó**fago**	Kannibale
	-ista	-ist	automovil**ista**	Autofahrer
	-logo	-loge	etnó**logo**	Völkerkundler
Sonstige	**-fobia**	-fobie	hidro**fobia**	wasserscheu
	-fugo	-fugal	centrí**fugo**	zentrifugal

Fachausdrücke

A

Abstraktum (Plural: Abstrakta) (sustantivo abstracto)
Substantiv mit dem etwas Nichtgegenständliches bezeichnet wird; *Begriffswort*

Adjektiv (adjetivo)
bezeichnet eine Eigenschaft, ein Merkmal; *Eigenschafts-, Wiewort*

Adjektiv, attributives (adjetivo atributivo)
Adjektiv, das unmittelbar beim Substantiv steht

Adjektiv, prädikatives (adjetivo predicativo)
Adjektiv, das mit dem Substantiv durch ein Verb verbunden ist

Adverb (adverbio)
bezeichnet die Art und Weise, den Ort oder die Zeit, die Menge, den Grad, die Intensität; *Umstandswort*

Adverbialsatz (oración circunstancial)
Nebensatz anstelle einer adverbialen Bestimmung

Akkusativ (acusativo)
der vierte der vier Kasus; *wen-Fall*

Direktes Objekt (objeto directo)
Satzteil, der im Akkusativ steht

Aktiv (voz activa)
beschreibt eine Handlung, die vom Subjekt durchgeführt wird; *Tatform, Tätigkeitsform* (vgl. Passiv)

Akut (acento)
spanischer Akzent

Antonym (antónimo)
Wort, welches das Gegenteil ausdrückt; *Gegen(satz)wort*

Appelativum (Plural: Appelativa) (sustantivo apelativo)
Substantiv, mit dem eine Gattung von Lebewesen oder Dingen bezeichnet wird

Apposition (aposición)
substantivisches Attribut, das meist im gleichen Kasus steht wie das Wort, auf das es sich bezieht; *Beisatz*

Artikel (artículo)
Begleiter des Substantivs; *Geschlechtswort*

Artikel, bestimmter (artículo definido)
der, die, das; el, la

Artikel, unbestimmter (artículo indefinido)
ein, eine; un, una

Attribut (complemento)
hinzugefügtes Satzglied, das für das Verständnis des Satzes nicht notwendig ist; *Beifügung*

Attributsatz (oración atributiva) Nebensatz anstelle eines Attributs

Aufforderungssatz (oración exhortativa)
Satz, der eine Aufforderung, einen Befehl ausdrückt

Ausrufesatz (oración exclamativa)
Satz, in dem ein Ausruf ausgedrückt wird

Ausrufewort
vgl. Interjektion

Aussagesatz (oración enunciativa)
Satz, in dem ein Sachverhalt behauptet oder mitgeteilt wird

B

Bedingungssatz
vgl. Konditionalsatz

Befehlsform
vgl. Imperativ

Begriffswort
vgl. Abstraktum

Beifügung
vgl. Attribut

Beisatz
vgl. Apposition

Bestimmung, adverbiale (complemento adverbial)
Zeit-, Ortsangaben, Angaben der Art und Weise, des Grundes und der Ursache; *Umstandsbestimmung*

Beugung
vgl. Flexion

Bindewort
vgl. Konjunktion

D

Dativ (dativo)
der dritte der vier Ka-

sus, *wem-Fall*

Dativobjekt
Satzteil, der im Dativ steht

Deklination (declinación)
Abwandlung der Form von Substantiven, Artikeln, Pronomen und Adjektiven

Direktes Objekt (objeto directo)
Satzglied, das im Spanischen ohne Präposition oder mit der Präposition a an das Verb angeschlossen wird

Demonstrativpronomen (pronombre demostrativo)
weist auf eine bestimmte Person oder Sache hin; *hinweisendes Fürwort*

Dingwort
vgl. Substantiv

Diphthong (diptongo)
Doppellaut, Gleitlaut aus zwei Vokalen

E

Eigenschaftswort
vgl. Adjektiv

Eigenname (sustantivo propio)
Substantive, die Sachen und Personen bezeichnen, die einmalig sind

Einzahl
vgl. Singular

Elativ (elativo)
Form des Adjektivs, die einen sehr hohen Grad ausdrückt, die nicht zum Ausdruck des Vergleichs verwendet werden kann; *absoluter Superlativ*

Entscheidungsfrage (oración interrogativa general) Fragesatz, der als Antwort eine Entscheidung erwartet; *Satzfrage*

Ergänzung, prädikative (complemento predicativo)
Substantiv oder Adjektiv, das sich entweder auf das Subjekt oder Objekt bezieht

F

Fall
vgl. Kasus

Feminin(um) (femenino)
das weibliche der drei Genera (Geschlechter)

Finalsatz (oración final)
Nebensatz, der einen Zweck, eine Absicht ausdrückt und durch eine finale Konjunktion eingeleitet wird

Finitium (forma personal del verbo)
Verbform, die nach Person, Numerus, Modus und Tempus bestimmt ist; *finite Verbform, Personalform*

Flexion (flexión)
zusammenfassende Bezeichnung für Deklination und Konjugation; *Beugung*

Frage, direkte (oración interrogativa directa)
Frage, die selbst den Hauptsatz bildet

Frage, indirekte (oración interrogativa indirecta)
Frage, die in einem Nebensatz, der von einem Verb des Sagens und Denkens eingeleitet wird, eingebettet ist

Fragefürwort
vgl. Interrogativpronomen

Fragesatz (oración interrogativa)
Satz, in dem eine Frage formuliert wird

Fragewort (partícula interrogativa)
Wort, mit dem eine Frage eingeleitet wird (z. B. Interrogativpronomen, Adverb)

Fürwort
vgl. Pronomen

Fürwort, besitzanzeigendes
vgl. Possessivpronomen

Füwort, bezügliches
vgl. Relativpronomen

Fürwort, fragendes
vgl. Interrogativpronomen

Fürwort der Gegenseitigkeit
vgl. Reziprokpronomen

Fürwort, hinweisendes
vgl. Demonstrativpronomen

Fürwort, persönliches
vgl. Personalpronomen

Fürwort, rückbezügliches
vgl. Reflexivpronomen

Fürwort, unbestimmtes
vgl. Indefinitpronomen

Futur I
Zeit, die die Zukunft ausdrückt; *unvollendete Zukunft*

Futur II
Zeit, die ausdrückt, dass zu einem bestimmten Zeitpunkt in der Zukunft eine Handlung abgeschlossen sein wird; *vollendete Zukunft*

Futuro
spanische Zeitform zur Bezeichnung von Vorgängen, die von der Gegenwart aus gesehen in der Zukunft liegen

Futuro perfecto
spanische Zeitform zur Bezeichnung von Vorgängen, die an einem Zeitpunkt der Zukunft abgeschlossen sein werden

G

Gattungsname
vgl. Appelativum

Gegenstandswort
vgl. Konkretum

Gegenwart
vgl. Präsens

Gegen(satz)wort
vgl. Antonym

Genitiv (genitivo)
der zweite der vier Kasus; *wessen-Fall*

Genitivobjekt (objeto genitivo)
Satzteil, der im Genitiv steht

Genus (Plural: Genera) (género)
das grammatische Geschlecht eines Substantivs, Artikels, Adjektivs oder Pronomens

Gerundio
Verbform, mit der ein Vorgang ausgedrückt wird, der im Moment des Sprechens stattfindet

Geschlecht
vgl. Genus

Geschlechtswort
vgl. Artikel

Gliedsatz
Nebensatz

Grundform
vgl. Infinitiv

Grundstufe
vgl. Positiv

Grundzahl (número cardinal)
eins, zwei, drei, dreißig, hundert etc; *Kardinalzahl*

H

Hauptsatz (oración principal) übergeordneter Teilsatz in einem Satzgefüge, der alleine stehen kann

Hauptwort
vgl. Substantiv

Hilfsverb (verbo auxiliar)
Verb, das zur Bildung der zusammengesetzten Zeiten und des Passivs gebraucht wird *(haben, sein, werden* bzw. haber, estar, ser)

Homonym (homónimo)
gleichlautendes Wort

I

Imperativ (imperativo)
Modus, der eine Aufforderung, einen Befehl ausdrückt; *Befehlsform*

Imperfekt
vgl. Präteritum

Indefinitpronomen (pronombre indefinido)
Pronomen, das eine unbestimmte Person, Sache bezeichnet; *unbestimmtes Fürwort*

Indikativ (indicativo)
Modus, der einen Vorgang, Zustand als tatsächlich darstellt; *Wirklichkeitsform*

Indirekte Rede (estilo indirecto)
Aussagen einer Person A werden durch eine Person B an eine dritte Person C weitergegeben

Indirektes Objekt (objeto indirecto)

Satzglied, das im Spanischen mit a an das Verb angeschlossen wird

Infinitiv (infinitivo)
Grund-, Nennform des Verbs

Interjektion (interjección)
Ausrufewort

Interpunktion (puntuación)
Zeichensetzung

Interpunktionszeichen (signos de puntuación)
Satzzeichen

Interrogativpronomen (pronombre interrogativo)
Pronomen, das Fragesätze einleitet; *Fragefürwort*

Intonationsfrage (oración interrogativa con el verbo pospuesto)
Frage, in der die Satzmelodie am Satzende nach oben geht

intransitiv (intransitivo)
Verben, die kein Objekt nach sich ziehen

Inversionsfrage (oración interrogativa con el verbo antepuesto)
Frage, bei der das Subjekt hinter das Prädikat tritt

Irrealis der Gegenwart
die Erfüllung der Bedingung ist unwahrscheinlich

Irrealis der Vergangenheit
die Bedingung bleibt unerfüllt

K

Kardinalzahl (número cardinal)
Grundzahl

Kasus (caso)
der Fall, in dem ein deklinierbares Wort steht (Nominativ, Genitiv, Dativ und Akkusativ); *Fall*

Kausalsatz (oración causal)
Nebensatz, der den Grund, die Ursache ausdrückt

Kollektivum (Plural: Kollektiva) (sustantivo colectivo)
Substantiv, das eine Gruppe gleichartiger Lebewesen oder Dinge bezeichnet; *Sammelname*

Komparation (comparación)
Steigerung (eines Adjektivs oder Adverbs)

Komparativ (comparativo)
Steigerungsform eines Adjektivs oder Adverbs, die den ungleichen (höheren) Grad ausdrückt

Kompositum (palabra compuesta)
zusammengesetzes Wort

Konditional (condicional)
als Modus drückt es eine Bedingung aus, als Tempus beschreibt es einen Vorgang, der auf die Gegenwart, Zukunft weist

Konditionalsatz (oración condicional)
Nebensatz, der eine Voraussetzung, Bedingung ausdrückt; *Bedingungssatz*

Kongruenz (congruencia)
Übereinstimmung von Satzgliedern in Person, Numerus, Genus und Kasus

Konjugation (conjugación)
Abwandlung der Grundform von Verben; *Beugung*

Konjunktion (conjunción)
Wort, das zur Verbindung von zwei Satzteilen dient; *Bindewort*

Konjunktion, adversative (conjunción adversativa)
Konjunktion, die den Gegensatz ausdrückt

Konjunktion, anreihende (conjunción copulativa)
Konjunktion zur Verbindung zweier Sätze oder Satzteile

Konjunktion beiordnende (conjunción de coordinación)
Konjunktion, die gleichartige Sätze (z. B. Hauptsatz und Hauptsatz) verbindet

Konjunktion finale (conjunción final)
Konjunktion, die eine Absicht, einen Zweck ausdrückt

Konjunktion, kausale (conjunción causal)

Konjunktion, die den Grund, die Ursache angibt

Konjunktion, konsekutive (conjunción consecutiva)
Konjunktion, die die Folge, die Wirkung ausdrückt

Konjunktion, konzessive (conjunción concesiva)
Konjunktion, die eine Einräumung oder ein Zugeständnis ausdrückt

Konjunktion, konditionale (conjunción condicional)
Konjunktion, die die Bedingung ausdrückt

Konjunktion, nebenordnende (conjunción de coordinación)
Konjunktion, die gleichartige Sätze verbindet

Konjunktion, temporale (conjunción temporal)
Konjunktion, die einen Zeitpunkt, Zeitraum angibt

Konjunktion, unterordnende (conjunción de subordinación)
Konjunktion, die Nebensätze einleitet

Konjunktion, vergleichende (conjunción comparativa)
Konjunktion, die einen Vergleich ausdrückt

Konjunktiv (subjuntivo)
Modus, der einen Vorgang als nicht wirklich darstellt; *Möglichkeitsform*

Konkretum (Plural: Konkreta) (sustantivo concreto)
Substantiv, mit dem etwas Gegenständliches bezeichnet wird; *Gegenstandswort*

Konsekutivsatz (oración consecutiva)
Nebensatz, der die Folge, die Wirkung ausdrückt

Konsonant (consonante)
alle Laute (Buchstaben) (b, c, d etc.) außer den Vokalen; *Mitlaut*

Konzessivsatz (oración concesiva)
Nebensatz, der eine Einräumung ausdrückt

L

Leideform
vgl. Passiv

Lehnwort
ein aus einer anderen Sprache „entlehntes" Wort

M

männlich
vgl. maskulin

maskulin (masculino)
das männliche der drei Genera; *männliches Geschlecht*

Mehrzahl
vgl. Plural

Mitlaut
vgl. Konsonant

Mittelwort der Gegenwart
vgl. Partizip Präsens

Mittelwort der Vergangenheit
vgl. Partizip Perfekt

modal
die Art und Weise eines Geschehens bezeichnend

Modalsatz
Nebensatz, der die Mittel, Umstände angibt

Modalverb (verbo modal)
Verb, das den Inhalt eines anderen Verbs abwandelt und mit dem Infinitiv eines anderen Verbs verbunden ist

Modus (modo)
Aussageweise. Zu den Modi zählen *Indikativ, Imperativ, Konditional* und *Konjunktiv*

Möglichkeitsform
vgl. Konjunktiv

N

Nachsilbe
vgl. Suffix

Nebensatz (oración subordinada)
untergeordneter Teilsatz in einem Satzgefüge, der nicht alleine stehen kann; *Gliedsatz*

Negation (negación)

Verneinung einer Aussage

Nennform
vgl. Infinitiv

Nennwort
vgl. Substantiv

Neutrum (neutro)
das sächliche der drei Genera; *sächliches Geschlecht*

Nomen
vgl. Substantiv

Nominativ (nominativo)
der erste der vier Kasus; *wer-Fall*

Numerale (adjetivo numeral)
vgl. Zahlwort

Numerus (número)
Singular oder Plural eines Verbs oder Substantivs; *(An)Zahl*

O

Objekt (objeto)
Satzglied im Genitiv, Dativ oder Akkusativ

Objekt, direktes (objeto directo)
vgl. direktes Objekt

Objekt, indirektes (objeto indirecto)
vgl. indirektes Objekt

Objekt, präpositionales (objeto con preposición)
Objekt mit einer Präposition

Objektsatz (oración de objeto)
Nebensatz anstelle eines Objekts

Ordinalzahl (número ordinal)
der erste, der zweite, der dritte etc.; *Ordinalzahl*

Ordnungszahl
vgl. Ordinalzahl

P

Partizip (participio)
Verbform, die zur Bildung der zusammengesetzten Zeiten und des Passivs benötigt wird

Partizip Präsens
Partizip, das im Deutschen an der Endung -end zu erkennen ist *(gehend, sitzend)*

Partizip Perfekt
abgewandelte Form des Vollverbs, das zur Bildung der zusammengesetzten Zeiten benötigt wird *(gegangen, geliebt)*; *Mittelwort der Vergangenheit*

Passiv (voz pasiva)
im Passiv wird eine Handlung nicht selbst vom Subjekt ausgeführt (vgl. Aktiv); *Leideform*

Passiv, unpersönliches (pasiva impersonal)
Passiv, das mit dem unpersönlichen Subjekt gebildet wird

Perfekt
Zeitform, das den Vollzug, Abschluss eines Vorgangs ausdrückt; *Vorgegenwart, vollendete Gegenwart*

Personalform
vgl. Finitum

Personalpronomen (pronombre personal)
Pronomen, das eine Person bezeichnet; *persönliches Fürwort*

Personenobjekt (objeto personal)
das Objekt bezeichnet eine Person

Personensubjekt (sujeto personal)
das Subjekt bezeichnet eine Person

Plural (plural)
Mehrzahl eines Wortes (vgl. Singular)

Plusquamperfekt
Zeitform zur Bezeichnung eines Vorgangs der Vergangenheit, der beendet war, bevor ein anderer einsetzte
Vorvergangenheit

Pluscuamperfecto
spanische Zeitform zur Bezeichnung eines Vorgangs der Vergangenheit, der beendet war, bevor ein anderer einsetzte

Positiv (positivo)
Vergleichsform des Adjektivs oder Adverbs zum Ausdruck des gleichen Grades; *Grundstufe*

Possessivpronomen (pronombre posesivo)
Pronomen, das ein Besitzverhältnis be-

zeichnet; *besitzanzeigendes Fürwort*

Prädikat (predicado)
Verb des Satzes. Es kann aus dem Vollverb oder aus dem Hilfs- und Vollverb bestehen; *Satzaussage*

Präfix (prefijo)
Vorsilbe

Präposition (preposición)
bezeichnet die Beziehung, das Verhältnis zwischen Wörtern; *Verhältniswort*

Präsens
Zeitform, die den Ablauf eines Vorgangs in der Gegenwart ausdrückt; *Gegenwart*

Präteritum
Zeitform, die ausdrückt, dass ein Vorgang abgeschlossen, beendet ist; *1. Vergangenheit*

Presente
spanische Zeitform, die die Gegenwart bezeichnet

Pretérito anterior
spanische Zeitform, die einen Vorgang der Vergangenheit bezeichnet, der beendet war, bevor ein anderer einsetzte

Pretérito imperfecto
spanische Zeitform, die einen nicht abgeschlossenen Vorgang der Vergangenheit bezeichnet

Pretérito indefinido
spanische Zeitform, die einen abgeschlossenen Vorgang der Vergangenheit bezeichnet

Pretérito perfecto
spanische Zeitform, die einen Vorgang der Vergangenheit bezeichnet, dessen Folgen für die Gegenwart noch von Bedeutung sind

Pronomen (pronombre)
Begleiter oder Stellvertreter des Substantivs; *Fürwort*

Pronomen, attributives (pronombre atributivo)
Pronomen, das nicht ohne Substantiv stehen kann. Es ist der Begleiter des Substantivs

Pronomen, besitzanzeigendes
vgl. Possessivpronomen

Pronomen, bezügliches
vgl. Relativpronomen

Pronomen, fragendes
vgl. Interrogativpronomen

Pronomen, hinweisendes
vgl. Demonstrativpronomen

Pronomen, persönliches
vgl. Personalpronomen

Pronomen, rückbezügliches
vgl. Reflexivpronomen

Pronomen, substantivisches (pronombre)
Pronomen, das ohne Substantiv stehen kann Es ist der Stellvertreter des Substantivs

Pronomen, unbestimmtes
vgl. Indefinitpronomen

R

Realis
Bedingungssatz, der eine erfüllbare Bedingung ausdrückt

Reflexivpronomen (pronombre reflexivo)
Pronomen, das dieselbe Person wie das Subjekt bezeichnet; *rückbezügliches Fürwort*

Relativpronomen (pronombre relativo)
Pronomen, das sich auf ein vorausgehendes Substantiv bezieht; *bezügliches Fürwort*

Relativsatz (oración de relativo)
Nebensatz, der durch ein Relativpronomen eingeleitet wird

Relativsatz, ausmalender (oración de relativo explicativa)
Relativsatz, der zum Verständnis des Satzes nicht notwendig ist

Relativsatz, notwendiger (oración de relativo especificativa)
Relativsatz, der zum Verständnis des Satzes notwendig ist

Reziprokpronomen (pronombre recíproco)
Pronomen, das die Gegenseitigkeit, eine Wechselbeziehung ausdrückt

S

Sachobjekt
Objekt, das eine Sache ist

Sachsubjekt
Subjekt, das eine Sache ist

sächlich
vgl. neutrum

Sammelname
vgl. Kollektivum

Satzaussage
vgl. Prädikat

Satzfrage
vgl. Entscheidungsfrage

Satzgefüge (período claúsula)
Satz, der aus mindestens einem Hauptsatz und einem Nebensatz besteht

Satzgegegenstand
vgl. Subjekt

Sein-Passiv
vgl. Zustandspassiv

Selbstlaut
vgl. Vokal

Semantik (semántica)
Bedeutungslehre

Semasiologie (semasiología)
Wortbedeutungslehre

Semiotik (semiología)
allgemeine Zeichenlehre

Singular (singular)
Einzahl (vgl. Plural)

Steigerung
vgl. Komparation

Stoffname (sustantivo material)
Masse- und Materialbezeichnung

Subjekt (sujeto)
Satzglied im Nominativ, das eine Handlung ausführt (wer tut etwas?); *Satzgegenstand*

Subjekt, grammatisches, unbestimmtes (sujeto gramatical)
Subjekt, das keine Per son bezeichnet (*es*).

Subjektsatz (oración de sujeto)
Nebensatz anstelle eines Subjekts

Substantiv (sustantivo)
Wort, das ein Lebewesen eine Pflanze oder einen Gegenstand bezeichnet *Nomen, Nenn-, Ding-, Hauptwort*

Substantiv, abgeleitetes (sustantivo derivado)
von einer anderen Wortart (z. B. Verb, Adjektiv etc.) abgeleitetes Substantiv

Substantiv, abgewandeltes (sustantivo modificado)
durch ein Suffix oder Präfix abgewandeltes Substantiv

Substantiv, zusammengesetztes (sustantivo compuesto)
Substantiv, das aus verschiedenen Wortarten zusammengesetzt ist

Suffix (sufijo)
Nachsilbe

Superlativ (superlativo)
Steigerungsform des Adjektivs oder Adverbs, die den höchsten Grad ausdrückt

Synonym (sinónimo)
(annähernde) Bedeutungsgleichheit von Wörtern

Syntax (sintaxis)
(Lehre vom) Satzbau

T

Tatform
vgl. Aktiv

Tätigkeitsform
vgl. Aktiv

Tätigkeitswort
vgl. Verb

Temporalsatz (oración temporal)
Nebensatz, der einen Zeitpunkt, Zeitraum ausdrückt

Tempus (Plural: Tempora) (tiempo)
Zeit(form)

transitiv (transitivo)
Verb, das ein direktes Objekt nach sich zieht

Trema (crema)
-u nach -g bleibt stumm. Soll es ausgesprochen werden wird es zu ü

Tunwort
vgl. Verb

U

Umlaut
bezeichnet die Vokale *ä, ö, ü*

Umstandsbestimmung
vgl. adverbiale Bestimmung

Umstandswort
vgl. Adverb

Ursubstantiv (sustantivo originario)
nicht durch ein Suffix oder Präfix abgewandeltes Substantiv

V

Verb (verbo)
bezeichnet einen Zustand oder Vorgang, eine Tätigkeit oder Handlung; *Zeit-, Tätigkeits-, Tunwort*

Verb, finites (forma personal del verbo)
Verbform bei der Person, Zahl, Zeit und Modus (durch die Endung) gekennzeichnet sind

Verb, infinites (forma impersonal del verbo)
Verbform bei der Person, Zahl, Zeit und Modus nicht gekennzeichnet sind

Verb, intransitives (verbo intransitivo)
Verb ohne Objektergänzung

Verb, reflexives (verbo reflexivo)
Verb mit einem Reflexivpronomen

Verb, reziprokes (verbo recíproco)
Verb, dessen Reflexivpronomen ein wechselseitiges Verhältnis ausdrückt *(einander)*

Verb, transitives (verbo transitivo)
Verb mit einem direkten Objekt

Verb, unpersönliches (verbo impersonal)
Verb, das nur in der 3. Person Singular verwendet werden kann

Vergangenheit
vgl. Präteritum

Verhältnissatz
Nebensatz, zu dem die Adverbialsätze gehören

Verhältniswort
vgl. Präposition

Vervielfältigungszahlwort (número proporcional)
Zahlwort, das angibt, wie oft etwas vorhanden ist

Vokal (vocal)
Laut (Buchstabe), für dessen Aussprache kein anderer Buchstabe benötigt wird. Vokale sind *a, e, i, o, u*; *Selbstlaut* (vgl. Mitlaut)

Vollverb (verbo)
Verb, das das Prädikat alleine bilden kann, ohne Hilfsverb

Vorgangspassiv (pasiva con ser)
Passiv, das eine Handlung, einen Vorgang ausdrückt und mit *werden* gebildet wird; *werden-Passiv*

Vorgegenwart
vgl. Perfekt

Vorsilbe (prefijo)
vgl. Präfix

Vorvergangenheit
vgl. Plusquamperfekt

W

weiblich (femenino)
vgl. feminin(um)

Wemfall
vgl. Dativ

Wenfall
vgl. Akkusativ

Werden-Passiv
vgl. Vorgangspassiv

Werfall
vgl. Nominativ

Wes(sen)fall
vgl. Genitiv

Wiederholungszahlwort
vgl. Vervielfältigungszahlwort

Wiewort
vgl. Adjektiv

Wirklichkeitsform
vgl. Indikativ

Z

Zahladjektiv
vgl. Zahlwort

Zahlwort (adjetivo numeral)
Adjektiv, das eine Zahl bezeichnet; *Zahlwort*

Zeichensetzung
vgl. Interpunktion

Zeit, einfache (tiempo simple)
ohne Hilfsverb gebildete Zeit

Zeit, zusammengesetzte (tiempo compuesto)
mit einem Hilfsverb gebildete Zeit

Zeitwort
vgl. Verb

Zukunft
vgl. Futur

Zukunft, unvollendete
vgl. Futur I

Zukunft, vollendete
vgl. Futur II

Zustandspassiv (pasiva con estar)
Passiv, das einen Zustand ausdrückt und im Deutschen mit *sein* und im Spanischen mit estar gebildet wird; *sein-Passiv*

Lösungen

Lösungen zu den Übungen auf Seite 54 - 57

Übung 1

Infinitivo	Presente	Imperfecto	Pret. Indef.	Futuro
1. criticar	yo critico	yo criticaba	yo critiqué	yo criticaré
2. cargar	yo cargo	yo cargaba	yo cargué	yo cargaré
3. cazar	yo cazo	yo cazaba	yo cacé	yo cazaré
4. sentar	tú sientas	tú sentabas	tú sentaste	tú sentarás
5. consolar	yo consuelo	yo consolaba	yo consolé	yo consolaré
6. confiar	él confía	él confiaba	él confió	él confiará
7. empezar	yo empiezo	yo empezaba	yo empecé	yo empezaré
8. almozar	yo almuerzo	yo almorzaba	yo almorcé	yo almorzaré
9. jugar	yo juego	yo jugaba	yo jugué	yo jugaré
10. dar	yo doy	yo daba	yo di	yo daré
11. escribir	tú escribes	tú escribías	tú escribiste	tú escribirás
12. aparecer	yo aparezco	yo aparecía	yo aparecí	yo apareceré
13. escoger	yo escojo	yo escogía	yo escogí	yo escogeré
14. entender	él entiende	él entendía	él entendió	él entenderá
15. demoler	tú demueles	tú demolías	tú demoliste	tú demolerás
16. resolver	yo resuelvo	yo resolvía	yo resolví	yo resolveré
17. oler	tú hueles	tú olías	tú oliste	tú olerás
18. leer	él lee	él leía	él leyó	él leerá
19. caer	tú caes	tú caías	tú caíste	tú caerás
20. traer	tú traes	tú traías	tú trajiste	tú traerás
21. hacer	yo hago	yo hacía	yo hice	yo haré
22. poder	yo puedo	yo podía	yo pude	yo podré
23. poner	yo pongo	yo ponía	yo puse	yo pondré
24. querer	él quiere	él quería	él quiso	él querrá
25. saber	yo sé	yo sabía	yo supe	yo sabré
26. tener	tú tienes	tú tenías	tú tuviste	tú tendrás
27. rever	yo reveo	yo reveía	yo reví	yo reveré
28. introducir	él introduce	él introducía	él introdujo	él introducirá
29. exigir	yo exijo	yo exigía	yo exigí	yo exigiré
30. mentir	él miente	él mentía	él mintió	él mentirá
31. medir	yo mido	yo medía	yo medí	yo mediré
32. prohibir	yo prohíbo	yo prohibía	yo prohibí	yo prohibiré
33. reír	tú ríes	tú reías	tú reíste	tú reirás
34. dormir	él duerme	él dormía	él durmió	él dormirá
35. salir	yo salgo	yo salía	yo salí	yo saldré
36. oír	tú oyes	tú oías	tú oíste	tú oirás
37. destruir	él destruye	él destruía	él destruyó	él destruirá
38. decir	yo digo	yo decía	yo dije	yo diré
39. ir	yo voy	yo iba	yo fui	yo iré
40. venir	él viene	él venía	él vino	él vendrá

Condicional	Sub. Pres.	Imperativo	Participio	Gerundio
yo criticaría	yo critique	-	criticado	criticando
yo cargaría	yo cargue	-	cargado	cargando
yo cazaría	yo cace	-	cazado	cazando
tú sentarías	tú sientes	sienta	sentado	sentando
yo consolaría	yo consuele	-	consolado	consolando
él confiaría	él confíe	confíe	confiado	confiando
yo empezaría	yo empiece	-	empezado	empezando
yo almorzaría	yo almuerce	-	almorzado	almorzando
yo jugaría	yo juegue	-	jugado	jugando
yo daría	yo dé	-	dado	dando
tú escribirías	tú escribas	escribe	escrito	escribiendo
yo aparecería	yo aparezca	-	aparecido	apareciendo
yo escogería	yo escoja	-	escogido	escogiendo
él entendería	él entienda	entienda	entendido	entendiendo
tú demolerías	tú demuelas	demuele	demolido	demoliendo
yo resolvería	yo resuelva	-	resuelto	resolviendo
tú olerías	tú huelas	huele	olido	oliendo
él leería	él lea	lea	leído	leyendo
tú caerías	tú caigas	cae	caído	cayendo
tú traerías	tú traigas	trae	traído	trayendo
yo haría	yo haga	-	hecho	haciendo
yo podría	yo pueda	-	podido	pudiendo
yo pondría	yo ponga	-	puesto	poniendo
él querría	él quiera	quiera	querido	queriendo
yo sabría	yo sepa	-	sabido	sabiendo
tú tendrías	tú tengas	ten	tenido	teniendo
yo revería	yo revea	-	revisto	reviendo
él introduciría	él introduzca	introduzca	introducido	introduciendo
yo exigiría	yo exija	-	exigido	exigiendo
él mentiría	él mienta	mienta	mentido	mentiendo
yo mediría	yo mida	-	medido	midiendo
yo prohibiría	yo prohíba	-	prohibido	prohibiendo
tú reirías	tú rías	ríe	reído	riendo
él dormiría	él duerma	duerma	dormido	durmiendo
yo saldría	yo salga	-	salido	saliendo
tú oirías	tú oigas	oye	oído	oyendo
él destruiría	él destruya	destruya	destruido	destruyendo
yo diría	yo diga	-	dicho	diciendo
yo iría	yo vaya	-	ido	yendo
él vendría	él venga	venga	venido	viniendo

Lösungen zu den Übungen auf Seite 62 - 63

Übung 1

1. es 2. son 3. es 4. Estoy 5. es 6. ser 7. son 8. es 9. es 10. son 11. será 12. está 13. es 14. es 15. estaría

Übung 2

1. es, está 2. es, era 3. está 4. era 5. es 6. es 7. sea 8. es 9. es 10. estaba 11. es 12. son 13. es 14. ser 15. es

Lösungen zu den Übungen auf Seite 66 - 67

Übung 1

1. tengo que 2. tiene que 3. hay que 4. han de 5. deben 6. he tenido que 7. hubo de 8. habrá de 9. hay que 10. Hay que

Übung 2

1. querido 2. Quiero 3. puede 4. podido 5. podemos 6. podía 7. se puede 8. quiere 9. quiero 10. quiere

Übung 3

1. va a 2. fueron a 3. hace 4. hace 5. hacemos 6. va a 7. van a 8. van a 9. hacer 10. hacen

Lösungen zu den Übungen auf Seite 72 - 73

Übung 1

1. me 2. te 3. se 4. te 5. se 6. se 7. se 8. os 9. nos 10. nos

Übung 2

1. me 2. - 3.- 4. Te 5. (citar)se 6. - 7. se 8. - 9. - 10. se 11. - 12. se 13. - 14. se 15. se 16. - 17. se 18. Me 19. se 20. -

Übung 3

1.Los aplausos estallan antes de que se anuncie el resultado.
2. Eso se entiende por sí mismo.
3. Es una ocasión única para contemplar esta colección que se exhibe en el CAC Málaga.
4. Las dos calles no se pueden cortar al mismo tiempo.
5. El autobús turístico llega al muelle de Belfast donde se construyó el Titanic.

Lösungen zu den Übungen auf Seite 77 - 78

Übung 1

1. a, a 2. a 3. a 4. a 5. a, - 6. a 7. a 8. - 9. a 10. a 11. a 12. a 13. a 14. - 15. - 16. a, - 17. - 18. - 19. a 20. -

Lösungen zu den Übungen auf Seite 87 - 94

Übung 1

1. tiene 2. pierdes, puedes 3. sé 4.pueden, se presentan, eligen, convence 5. repite, es 6. hacemos 7. van 8. cierra, abre 9. supera, son 10. se sitúa

Übung 2

1. tenía 2. podía 3. oían, decían 4. estaba 5. había, era 6. moría 7. debía, decía 8. servía 9. preguntaba, respondía 10. dejaba

Übung 3

1. nació 2. recibió 3. anduvimos 4. entró 5. acordó 6. concluyó 7. murieron 8. pidieron 9. produjo 10. situó

Übung 4

1. he entendido 2. ha hecho 3. hemos comido 4. ha puesto 5. ha dicho 6. he traído 7. han oído, ha dicho 8. han surgido 9. ha dejado 10. ha levantado, ha remitido

Übung 5

1. había decidido 2. había ido 3. había terminado 4. había herido, había curado 5. había llegado 6. había visto 7. había comido 8. había dicho, había comido 9. había vuelto 10. habíamos hecho

Übung 6

1. hubo ido 2. hubo acabado 3. hubo ido 4. hubo bebido 5. hubo hablado

Übung 7

1. encontraré 2. pasará 3. llegará 4. robará 5. estará 6. depositaremos 7. haré 8. contaré 9. tendrán 10. impondrá, será

Übung 8

1. habrán hablado 2. habrá estado, habrá encontrado, habrá supuesto 3. habrá sido 4. habré hecho 5. habré resfriado 6. habrá comprendido 7. habrá engañado

8. habrán desvelado 9. habré terminado 10. habrá elegido

Übung 9

1. podría 2. haría 3. pensaría 4. daría 5. querría 6. diría 7. abría 8. descorría 9. ocurría 10. vería, desearía

Übung 10

1. habría sucedido 2. habría querido 3. habría debido 4. habría reconocido 5. habría sido 6. habría procedido 7. habría acompañado 8. habría creído 9. habríamos sido 10. habría sabido

Übung 11

1. levantó, cogió 2. has oído, ha dicho 3. han hecho 4. he esperado, vi, comí 5. anduvieron, inspeccionaron, encontraron, he contado 6. han traído 7. anunció 8. fue, tomé 9. he callado 10. han surgido

Übung 12

1. comencé, traía, abrí 2. tomaba, daba, comía 3. era, pasaba, entraba 4. preguntó, tenía 5. fui, reposé, dormí 6. podía, tenía 7. se quitó, tenía 8. bombardearon, rodeaban 9. conocí, venía 10. supe, hizo, ocupé

Übung 13

1. había dejado 2. había ido, lavé 3. preguntó, era, había llegado 4. hubo averiguado, vivían, se dirigió, creía 5. apareció, hubo acercado 6. saqué, habían dado 7. hubo hablado, tomó 8. hubo acostado, se retiró 9. hubo llegado, llegó 10. hubo llegado, bajaron

Übung 14

1. vamos a ver 2. encontraré 3. pensará 4. pasará 5. llegará 6. robará 7. voy a 8. voy a 9. hace 10. devolveré/devuelvo

Übung 15

1. habrá 2. habré hecho 3. habrá 4. habrá 5. habrán aumentado 6. habré resfriado, Tendré 7. habrá 8. terminarán, habrá 9. habrá expuesto 10. aprobará

Lösungen zu den Übungen auf Seite 104 - 109

Übung 1

1. está editado/es editado 2. es captada 3. es utilizado 4. es transformado 5. está imputado 6. es corroborada 7. es nombrado 8. están vacunados 9. están agotadas 10. están/son pintados

Übung 2

1.estaba/era cerrada 2. estaba formado 3. estaba/era propulsado 4. estaba/era flanqueado 5. eran consideradas 6. era engañado 7. estaba/era adornada 8. era presentada 9. estaba situada 10. estaban cubiertas, estaba iluminado

Übung 3

1. fueron dispersados 2. fueron detenidas, fueron arrestadas 3. estuvo terminado 4. fue trasladada 5. fue ingresado 6. fui entregada 7. estuvo/fue acompañado 8. estuvo/fue marcado 9. fue dado 10. fue presentado

Übung 4

1. ha estado/sido afectado 2. ha estado/sido presidido 3. ha estado abandonado 4. han estado/sido invitados 5. han estado/sido encerradas

Übung 5

1. estará/será elaborada 2. sería consultado 3. será presentado 4. estaría/sería representada 5. será lanzado 6. estará/será diseñada 7. serán provocados 8. será exhibida 9. estará/será garantizada 10. estará/será iluminado

Übung 6

1. sean derrotados 2. estén motivados 3. sea llevada 4. esté/sea preparado 5. esté/sea recostado 6. sean retirados 7. sean sancionados 8. fuera asesinado 9. estuviera cargada 10. fuese castigado

Übung 7

1. ser tomado 2. ser consultado 3. ser redactado 4. ser ingresado 5. ser trasladado 6. estar rodeado 7. ser observada 8. siendo criticado 9. estar destinado 10. ser ayudado

Übung 8

1. La petición es apoyada por el Partido Demócrata.
2. São Paulo es llamada la ciudad de los mil pueblos.
3. Sólo un 4 por ciento de las sentencias son anuladas tras recurso de apelación.
4. Leonardo da Vinci está/es considerado uno de los personajes más populares de todos los tiempos.
5. El contrato está valorado en unos 3.100 millones de euros.
6. El Queen Mary 2, el barco de crucero más grande del mundo, está/es equipado con motores de 140.000 caballos.
7. Los coches estaban ocupados por una sola persona.
8. Mercedes era/estaba estimada por su buen carácter y su amabilidad.
9. El herido fue ingresado en la UCI del hospital Clínico.
10. La ley fue presentada por el presidente en la legislatura pasada.

Übung 9

1. Ellos acusan al presidente de crímenes contra la humanidad.
2. Los miembros investigadores interrogan a los ministros de Asuntos Exteriores.
3. La Fundació FC Barcelona, Médicos Sin Fronteras, Televisió de Catalunya y SPORT organizan la acción.
4. Encerraba toda la información en un pequeño bote de seis centímetros de ancho y cinco de altura.
5. La policía arrestó a los otros dos miembros del grupo en Cádiz.
6. Todos los españoles admiran al rey hasta hoy día.
7. Los jueces discuten el proceso en la corte.
8. Los medios de comunicación internacionales difunden la noticia.
9. Numerosas personas visitan el nuevo museo.
10. Ellos presentarán el informe de la comisión disciplinaria al ejecutivo del COI.

Lösungen zu den Übungen auf Seite 115 - 126

Übung 1

1. estaba, era 2. visitaba, tenía, necesitaba, veía 3. tenía 4. podía, tenia 5. hacía, vivía, venía 6. quería 7. veía, estaban 8. conducía, ponía
9. celebraba 10. encontraba, quedaría

Übung 2

1. estaba 2. estaba, ganaba 3. estaba 4. sabía 5. sentía 6. leía 7. empezaba
8. bailaba 9. comía 10. compraba

Übung 3

1. había vivido 2. había buscado 3. había robado 4. había ido, había encontrado
5. había escrito, había vuelto 6. había trabajado 7. había estado 8. había asistido
9. había divertido 10. había ido, había encontrado

Übung 4

1. había ido 2. habían sido 3. había comido 4. había reunido, habían tomado
5. había acostado 6. había trabajado 7. habían capturado 8. habían decidido
9. había esperado 10. habían finalizado

Übung 5

1. había tenido 2. había vivido 3. había hablado, había dicho 4. había terminado
5. había estado 6. habían vivido, habían mudado 7. había sido, había llegado
8. había llamado, había encontrado 9. había comprado, había costado
10. había esperado

Übung 6

1. hubo llegado 2. hubo hablado 3. hubo sabido 4. hubo llegado 5. hubo llegado

Übung 7

1. llovería 2. tomaría 3. hablaría 4. mudaría 5. estudiaría 6. haría 7. trabajaría 8. diría 9. comenzaría 10. compraría

Übung 8

1. habría llegado 2. habría estado 3. habría llegado 4. habría escrito 5. habría ido

Übung 9

1. firmaría 2. diría 3. visitaría 4. saldría 5. comería

Übung 10

1. habría ido 2. habría aburrido 3. habría entendido 4. habría dicho 5. habría dicho

Übung 11

1. dieran/diesen 2. fueras/fueses 3. quedara/quedase 4. viniera/viniese 5. escribieras/escribieses

Übung 12

1. hubiese/hubiera 2. volviera/volviese 3. firmaras/firmases 4. molestara/molestase 5. fumara/fumase

Übung 13

1. hubieras/hubieses hecho 2. hubiera/hubiese llegado 3. hubieras/hubieses terminado 4. hubiera/hubiese tenido 5. hubieras/hubieses dicho

Übung 14

1. hubieran/hubiesen comprendido 2. hubieras/hubieses aprobado 3. hubiera/ hubiese dicho 4. hubiera mudado 5. hubiera/hubiese vivido

Übung 15

1. cuides 2. escribas 3. escuches 4. llames 5. expliques 6. agite 7. fumes 8. veas 9. acuestes 10. pidas

Übung 16

1. me 2. tú 3. Juan 4. me 5. él 6. ellos 7. te 8. Juan 9. les 10. le

Übung 17

1. el día siguiente 2. el año siguiente 3. el año anterior 4. el día anterior 5. aquel día 6. dos días antes 7. entonces 8. allí 9. el verano siguiente 10. el lunes siguiente

Übung 18

1. El camarero me preguntó si quería lo mismo de siempre.
2. El jefe me preguntó si tenía experiencia en este trabajo.
3. Me preguntó si me gustaba viajar.
4. Juan me preguntó si lo podía llamar a las ocho.
5. Me preguntó si yo estaba seguro que mañana tendría la información.
6. Me preguntó si sabía donde estaba la estación central.
7. Me preguntó si había ido a Sudamérica.
8. Me preguntó si quería beber algo.
9. Me preguntó si era española.
10. Me preguntó si ya había leído el último libro de García Márquez.

Übung 19

1. Me preguntó cuántos años tenía.
2. Me preguntó qué quería tomar.
3. Me preguntó quiénes éramos nosotros.
4. Me preguntó qué me parecían los nuevos colegas.
5. Quería saber de dónde soy yo.
6. Me preguntó cuántos idiomas hablaba.
7. Me preguntó en qué países había estado.
8. Le preguntó dónde ha nacido.
9. Le preguntó qué había hecho en sus vacaciones.
10. Me preguntó cómo me sentía en mi nuevo trabajo.

Übung 20

1. Ana dice que no tiene dinero.
2. Estaba tan oscuro que no veía nada.
3. Dice que se encontró con Ernesto en la ciudad.
4. Dijo que había venido a este país para estudiar.
5. Dijo que no había visto a Inés durante diez años.
6. Dijo que en cuanto hubo sabido la noticia, había viajado.
7. Dijo que firmaría el contrato mañana.
8. Dijo que a las siete Ana ya habría tomado el tren.
9. Dijo que te acompañaría, porque tenía tiempo
10. Dijo que Pablo no habría dicho esto.

Lösungen zu den Übungen auf Seite 140 - 146

Übung 1

1. tiene 2. prohíbe 3. acompañe 4. tomes 5. apruebo 6. consulten 7. hay que 8. tienes 9. fume 10. use

Übung 2

1. sea 2. presente 3. se presente 4. vuelva 5. sepa 6. olvides, perdones 7. tengas 8. disponga 9. des 10. seas

Übung 3

1. tengas 2. está 3. estás 4. Estoy 5. debe 6. pido 7. está 8. se acuesta 9. se encuentra 10. sean

Übung 4

1. tenga 2. espere 3. comas 4. sea 5. siente 6. llevo 7. vaya 8. se inicie, presenten 9. se encuentre 10. viajes

Übung 5

1. traiga 2. sea 3. sepa 4. dice 5. sea 6. ayude 7. inicia 8. es 9. tengas 10. cabe

Übung 6

1. diga 2. tenga 3. veamos 4. prohíba 5. asista 6. radica 7. ayude 8. asista 9. nos encontramos 10. siga

Übung 7

1. caigan 2. disfruten 3. sean 4. se aperciban 5. viene 6. sé 7. sepa 8. llegue 9. llame 10. obtenga

Übung 8

1. jugasen/jugaran 2. intentase/intentara, torturase/torturara 3. invitase/invitara 4. buscase/buscara 5. dudase/dudara 6. sirviesen/sirvieran 7. conversase/conversara 8. ayudases/ayudaras 9. acabase/acabara 10. mostrase/mostrara

Übung 9

1. hayas estado 2. hayas venido 3. haya ido 4. hayamos podido 5. hayas aprobado 6. haya tomado 7. haya invitado 8. haya dicho 9. haya afligido 10. hayan podido

Übung 10

1. hubieras/hubieses equivocado, hubiéramos/hubiésemos llegado 2. Hubiera/hubiese querido 3. hubiera/hubiese perdido 4. hubiera/hubiese rogado 5. hubiera/hubiese creído 6. hubiera/hubiese supuesto 7. hubieras/hubieses venido 8. hubiera/hubiese visto, hubiera/hubiese pensado 9. hubieran/hubiesen condenado 10. hubiera/hubiese pensado

Übung 11

1. insultare 2. faltare 3. viniere 4. fuere 5. supiere

Übung 12

1. hubiere vuelto 2. hubieren presentado 3. hubieres escuchado 4. hubieres querido 5. hubiere sido

Lösungen zu den Übungen auf Seite 149 - 151

Übung 1

1. pregunta, diré 2. regreso, llamaré 3. puedo, iré 4. interesa, regalaré 5. se lleva, tendrá 6. recibes, aprobarás 7. vas, iré 8. deseas, partiré 9. está, daré 10. es, aceptaré

Übung 2

1. diría, esperases/esperaras 2. iría, vinieses/vinieras 3. daría, estuviera/estuviese 4. supieras/supieses, harías 5. tuviese/tuviera, compraría 6. tuviese/tuviera, dejaría 7. estaría, tuviese/tuviera 8. existiera/existiese, estaríamos 9. tuviera/ tuviese, quedaría 10. escuchases/escucharas, daría

Übung 3

1. hubiera/hubiese recibido, habría sido 2. hubiera/hubiese obrado, habría tenido 3. hubiera/hubiese sabido, habría muerto 4. hubieras/hubieses llegado, habría ido 5. hubiera/hubiese visto, habría pedido 6. Habría ido, hubiera/hubiese sido 7. habría sido, hubiera/hubiese encontrado 8. hubiera/hubiese tenido, habría ido 9. hubiera/hubiese vivido, habría creído 10. hubiera/hubiese tenido, habríamos visto

Übung 4

1. tomaría, existiese/existiera; habría tomado, hubiera/hubiese existido 2. conviene, tomaremos; conviniera/conviniese, tomaríamos; hubiera/hubiese convenido, habríamos tomado 3. planteamos, será; planteáramos/planteásemos, sería; hubiéramos/hubiésemos planteado, habría sido 4. tienen, tendremos; tuvieran/ tuviesen, tendríamos; hubieran/hubiesen tenido, habríamos tenido 5. es, asistiré; fuera/fuese, asistiría; hubiera/hubiese sido, habría asistido 6. está, será; estuviera/ estuviese, sería; hubiera/hubiese estado, habría sido 7. tienes, iré; tuvieras/ tuvieses, iría; hubieras/hubieses tenido, habría ido 8. sigue, tendrá; siguiera/ siguiese, tendría; hubiera/hubiese seguido, habría tenido 9. autoriza, contestaré; autorizara/autorizase, contestaría; hubiera/hubiese autorizado, habría contestado 10. permite, hablaremos; permitiera/permitiese, hablaríamos; hubiera/hubiese permitido, habríamos hablado 11. quisiera, estaría; hubiera/hubiese querido, habría estado 12. soy, ocurren; sería, ocurrieran/ocurriesen; habría sido, hubieran/ hubiesen ocurrido 13. veré, es; vería, fuera/fuese; habría visto, hubiera/hubiese. sido 14. ayudaré, cambias; ayudaría, cambiases/cambiaras; habría ayudado, hubieras/hubieses cambiado 15. invitaremos, viene; invitaríamos, viniese/viniera; habríamos invitado, hubiera/hubiese venido

Lösungen zu den Übungen auf Seite 156 - 161

Übung 1

1. - 2. - 3. - 4. - 5. de 6. a 7. a 8. a 9. de 10. de 11. a 12. de, a 13. - 14. - 15. de 16. - 17. - 18. a 19. de 20. -

Übung 2

1. - 2. - 3. de 4. - 5. - 6. - 7. - 8. - 9. -, - 10. - 11. - 12. de 13. de 14. - 15. -

Übung 3

1. a 2. a 3. a 4. a 5. a, a 6. a 7. a 8. a 9. - 10. de

Übung 4

1. Aun siendo profesor de lenguas, no sabe mucho de español.
2. Por no tener una especialización, no le ascendieron.
3. Al encontrar un empleo en Alemania, se estableció definitivamente en ese país.
4. Por ser tan amable y simpática, le dieron el trabajo como camarera.
5. Al fumar tanto, arruina su salud.
6. Con no ir a la citación, no solucionarás nada.
7. Al trabajar de noche gana más dinero.
8. Al ver a Felipe, Ana se sorprendió.
9. Al ganar el premio mayor de la lotería, se puso feliz.
10. Por tener tan buen rendimiento académico, ganó la beca de estudios.
11. Al ver a Ana, Felipe se llenó de felicidad.
12. De ser tan necesario viajaré hoy mismo a Barcelona.
13. Por ser un hombre tan atractivo, siempre llama la atención a las chicas.
14. Al nacer el bebé, se mudaron de casa.
15. De llegar a las seis, la encontraremos.

Übung 5

1. haber terminado 2. haberle visto 3. habernos despedido 4. haber tenido 5. Haber hecho 6. haberse estropeado 7. haber firmado 8. Haber trabajado 9. haber criticado 10. Haber visto

Übung 6

1. Haberte visitado 2. haber visitado/visitar 3. tomar 4. haber compartido 5. visitar 6. haber esperado 7. escoger 8. haber estado 9. haber ingerido 10. haber dormido

Übung 7

1. ser reformada 2. ser consideradas 3. ser discutidas 4. ser apoyado y alentado 5. ser examinado

Übung 8

1. haber sido firmados 2. haber sido cancelado 3. haber sido alquilado 4. haber

sido entregado 5. haber sido practicado

Übung 9

1. concertar 2. tomar 3. ser recibido 4. andar 5. ser redactado 6. ser trasladado 7. cantar 8. estar destinado 9. estar rodeado 10. ser comprendido 11. pensar 12. ser asistido 13. ser atropellado 14. llorar 15. estar concluidas

Lösungen zu den Übungen auf Seite 163

1. Una vez discutido el problema, llegamos a un acuerdo.
2. Una vez finalizados mis estudios, regresaré a mi país.
3. Una vez terminada la clase, tomaremos un café.
4. Una vez culminado el proyecto, Luis partirá a su país de origen.
5. Después de terminada la fiesta, los niños se irán a la cama.
6. Una vez reconstruidas, las casas serán entregadas a los damnificados.
7. Una vez culminado el trabajo, pediré vacaciones.
8. Después de presentadas las personas, se continuará con el protocolo.
9. Una vez iniciada la función, no se permite más la entrada al público.
10. Apenas conocida la noticia, se marchó.

Lösungen zu den Übungen auf Seite 166 - 167

Übung 1

1. pasar 2. visitar 3. llegar 4. esperando 5. abotonar 6. probar 7. lloviendo 8. comer 9. buscar 10. cantar 11. haciendo 12. invirtiendo 13. tener 14. complicándose 15. siendo 16. fumar 17. mintiéndole 18. volver 19. estudiando 20. vivir 21. explicar 22. mintiendo 23. conseguir 24. leyendo 25. comer

Übung 2

1. Esperando el autobús, me robaron la cartera.
2. Siendo de una familia humilde, Antonio posee muy buena educación.
3. Estando contigo, me divierto mucho.
4. Sabiendo todo, ella guardó silencio.
5. Oyendo el rumor de pasos al otro lado de la puerta, Mercedes intuyó la llegada de Ana.
6. María ordenó, bajando las escaleras, que se marcharan todos de su casa.
7. Entonces aparece un señor, declarando que allí no viven más su mujer y sus hijos.
8. Nunca es demasiado tarde para corregirse, sentenció el diplomático, citando un proverbio inglés.
9. Sabiendo más idiomas, se tiene más alternativas laborales.
10. Teniendo Pablo tan buenos contactos, le será más fácil encontrar un trabajo.

Lösungen zu den Übungen auf Seite 179 - 184

Übung 1

1. las, las 2. las 3. El, el 4. El, un 5. El 6. El 7. El 8. - 9. - 10. un

Übung 2

1. unas 2. La 3. La, la 4. La 5. La 6. el, el, el, el, el 7. Los, un, la 8. Los 9. Los, - 10. Los, las 11. las 12. - 13. la, la 14. - 15. - 16. - 17. - 18. - 19. la 20. la

Übung 3

1. El 2. El, el 3. La 4. los 5. El 6. El 7. los, -, - 8. Los 9. La 10. un, una 11. -, un 12. La, una 13. -, una, - 14. El, una 15. -

Übung 4

1. el, - 2. - 3. el 4. al (a + el) 5. la 6. - 7. las, la 8. La, -, - 9. La 10. La, -, - 11. los, -, -, - 12. los 13. Los 14. los 15. el, el 16. las 17. -, un, el 18. -, - 19. - 20. -

Übung 5

1. las 2. El 3. el, el 4. las, las, del (de + el) 5. los, el 6. el 7. los, la 8. -, -, - 9. del (de + el) 10. -11. - 12. -, del (de + el) 13. - 14. -, la 15. -

Übung 6

1. Lo 2. lo 3. Lo 4. lo 5. el 6. lo 7. lo 8. Lo 9. el 10. lo 11. lo 12. el 13. lo 14. lo 15. El 16. lo 17. lo 18. Lo 19. el 20. Lo

Lösungen zu den Übungen auf Seite 198

Übung 1

1. abuela 2. La madre 3. la estudiante 4. La intérprete 5. Las mujeres 6. esa actriz fue la más galardonada 7. Las heroínas 8. La princesa 9. la reina 10. La mejor vaca que se encuentra en el campo, va a ser vendida hoy. 11. La yegua va a ser trasladada a otra finca. 12. La abogado 13. La artista fue invitada 14. La guía turistica 15. hija

Lösungen zu den Übungen auf Seite 202

Übung 1

1. camisas 2. meses 3. cafés 4. menús 5. reyes 6. lápices 7. jóvenes 8. israelíes, israelís 9. caracteres 10. crisis

Lösungen zu den Übungen auf Seite 208

Übung 1

1. pequeño 2. barato 3. poco 4. agradable, atractivo 5. alto 6. pobre 7. viejo, atractivo 8. sencillas, cortas 9. nuevo, bonito 10. pequeña 11. insegura, peligrosa 12. mala 13. interesante, bonita 14. encantador 15. objetiva 16. corto 17. deliciosa 18. dulce 19. precisa 20. mejor

Lösungen zu den Übungen auf Seite 212 - 214

Übung 1

1. más grande 2. peor 3. más peligrosa 4. mayor/más grande 5. más bonito 6. mejores 7. más pobre 8. más 9. mejor 10. más alta

Übung 2

1. menos peligroso 2. menos simpática 3. menos comprensiva 4. menos 5. menor 6. menos complicada 7. menos 8. menos bajas 9. menor 10. menos interesante

Übung 3

1. el más interesante 2. el más caro 3. el más bonito 4. lo más sorprendente 5. la más violenta 6. el más listo 7. la mejor 8. el mayor/el más grande 9. más 10. la más amable

Übung 4

1. las menos viejas 2. el menos alto 3. el menos difícil 4. el menos amable 5. la menos interesante 6. el menos viejo 7. el menos pulcro 8. el menos simpático 9. la menos pequeña 10. el menos barato

Übung 5

1. facilísimo 2. gravísimo 3. altísimo 4. amabilísima 5. antiquísimo 6. muchísimo 7. riquísima 8. comodísima 9. malísima 10. amiguísimo

Lösungen zu den Übungen auf Seite 217 - 219

Übung 1

1. perro pequeño/pequeño perro 2. hotel barato 3. conversación agradable 4. gran duda 5. camisa nueva/nueva camisa 6. queso francés 7. hombre viejo 8. arte moderno 9. poco dinero 10. trabajo interesante 11. mujer encantadora 12. mala señal 13. cara triste 14. triste vida 15. mejor amiga

Übung 2

1. buen libro 2. cabaña pequeña/pequeña cabaña 3. sector barato 4. gran ilusión 5. nuevo coche/coche nuevo 6. vinos viejos 7. zapato roto 8. poco tiempo 9. país encantador 10. declaración objetiva 11. corto tiempo/tiempo corto 12. dulce miel 13. deliciosa paella 14. felices novios 15. país católico

Übung 3

1. gran concierto 2. casa grande 3. pobre anciano 4. hombre pobre 5. cierto tiempo 6. libro solo 7. alto cargo 8. alto edificio 9. nuevo ordenador/ordenador nuevo 10. famoso escritor/escritor famoso

Übung 4

1. muchacho encantador y alegre 2. casa grande, cara y bonita 3. libro interesante, claro y fácil 4. invitados importantes y conocidos 5. gran y conocido escritor 6. bebé paciente, calmado y tranquilo 7. jersey viejo y barato 8. casa grande, bonita y barata 9. nuevo y atractivo tren 10. vacaciones baratas, divertidas y amenas

Lösungen zu den Übungen auf Seite 222

Übung 1

1. de lo que 2. como 3. del que 4. de lo que 5. de lo que 6. como 7. del que 8. que 9. de lo que 10. de 11. de 12. de lo que 13. de 14. como 15. que 16. que 17. de 18. como 19. de lo 20. que

Lösungen zu den Übungen auf Seite 227 - 229

Übung 1

1. más rápidamente 2. más temprano 3. más armónicamente 4. más fácilmente 5. mejor 6. peor 7. mejor 8. más feliz 9. más tranquilamente 10. más frecuentemente

Übung 2

1. menos 2. menos rápidamente 3. peor 4. menos 5. menos lentamente 6. menos puntualmente 7. menos fluidamente 8. menos atentamente 9. menos tranquilamente 10. menos lentamente

Übung 3

1. el que toca mejor 2. el que aprende más lentamente 3. el que corre más rápidamente 4. la que llega más puntualmente 5. la que conduce más rápidamente 6. la que explica mas claramente 7. la que habla mejor 8. el invitado que llega más tarde 9. el que funciona peor 10. los que se divierten más

Übung 4

1. el que va menos lentamente 2. el que habla menos alto y directo 3. el que des-

pega menos retrasadamente 4. la que trabaja menos efectivamente 5. la persona que menos tranquilamente asume 6. la persona que menos divertidamente toca 7. el familiar que menos frecuentemente me visita 8. el ejercicio que menos fácilmente se resuelve 9. la que se vende menos cara 10. el que me visita menos frecuentemente

Lösungen zu den Übungen auf Seite 233 - 236

Übung 1

1. veo poco 2. trabaja demasiado 3. siempre llega 4. normalmente se queda 5. nunca se sintieron 6. habla perfectamente 7. ya volvió 8. explica claramente 9. llegaron puntualmente 10. habla lentamente 11. Me encontré casualmente 12. vendrá luego 13. lentamente solucionaremos 14. tardes tanto 15. sólo estuvo/ estuvo sólo 16. Hoy te esperaré 17. quiero mucho 18. siento mejor 19. también estoy 20. tampoco estudié

Übung 2

1. muy tranquila 2. muy activo 3. enormemente complicado 4. muy frecuentemente 5. muy bien 6. altamente peligroso 7. demasiado difícil 8. muy alta 9. muy buena 10. muy seria 11. tan grave 12. increíblemente bien 13. muy duramente 14. demasiado orgullosa 15. muy cortésmente 16. poco insegura 17. muy ocasionalmente 18. muy lenta y cautelosamente 19. muy tranquilamente 20. muy afectada

Übung 3

1. ... usted antes 2. ... nada bien 3. ... cómodos allá 4. ... examen impacientemente 5. Pacientemente esperó ...6. Claramente expresó ... 7. ...e inglés perfectamente 8. Quizás iré ...9. Ocasionalmente leo ... 10. Seguramente llego ... 11. Afortunadamente llegué ... 12. Generalmente me levanto ... 13. ... ha bebido mucho 14. En seguida regreso ... 15. Amablemente saludó ... 16. ... llega tarde 17. Aquí traigo ... 18. Posiblemente viajaré ... 19. ... mi abuela frecuentemente 20. ... a mí cautelosamente

Übung 4

1. ... haces aquí 2. Ahora voy ... 3. muy preocupada 4. ... la noticia tranquilamente 5. muy poco, muy bien 6. bastante bueno 7. fuma demasiado 8. altamente peligroso 9. muy meticulosamente 10. habla alto

Lösungen zu den Übungen auf Seite 256 - 260

Übung 1

1. él/ella 2. ellos/ellas 3. mí 4. vosotros 5. él/ella 6. tí 7. ellas 8. nosotros 9. ella 10. él

Übung 2

1. le 2. le 3. Les 4. les 5. les 6. le 7. le 8. le 9. les 10. les

Übung 3

1. las 2. la 3. las 4. Las 5. los 6. lo 7. los 8. los/les 9. los/les 10. las 11. lo 12. lo/le 13. la 14. la 15. la

Übung 4

1. Se los 2. se los 3. se la 4. les 5. se lo 6. se los 7. les 8. hacérselo 9. se los 10. se lo

Übung 5

1. tí, te 2. lo 3. las 4. Las 5. la 6. Los 7. lo 8. los/les 9. os 10. la 11. les 12. lo 13. ella 14. le 15. le 16. los/les 17. les 18. me 19. las 20. lo/le

Übung 6

1. Les 2. Le 3. Les 4. Les 5. les 6. lo 7. les 8. les 9. les 10. les 11. le 12. le 13. - 14. lo 15. lo 16. les 17. les 18. le 19. les 20. le 21. le 22. le 23. le 24. le 25. le

Lösungen zu den Übungen auf Seite 262

Übung 1

1. Me 2. Se 3. Te 4. Se 5. Se 6. Se 7. me 8. nos 9. os 10. nos

Übung 2

1. se, sí 2. sí 3. sí 4. Se, sí 5. consigo 6. se, sí 7. sí 8. sí 9. sí 10. sí

Lösungen zu den Übungen auf Seite 265 - 267

Übung 1

1. su 2. tus 3. su 4. sus 5. Vuestro 6. sus, sus 7. nuestros 8. sus 9. mi 10. su 11. Vuestras 12. su 13. nuestro 14. mis, mi 15. vuestros/sus, vuestra/su

Übung 2

1. mío 2. tuyo 3. tuyas 4. mías 5. suya 6. suyas 7. suyos 8. tuya 9. míos 10. suyo

Übung 3

1. Vuestro 2. mi 3. su 4. tus 5. suyos 6. suyo 7. mío 8. sus 9. tuya 10. vuestras 11. nuestros 12. mías 13. nuestra 14. tu 15. mis

Lösungen zu den Übungen auf Seite 270 - 272

Übung 1

1. Ésta 2. Estas 3. Esta 4. Estos 5. Esta 6. Esto 7. este 8. estas 9. esto 10. ésta 11. éstas 12. esto 13. éste 14. éstas 15. éstos

Übung 2

1. Esos 2. Ese 3. Esos 4. Esa 5. Ese 6. Eso 7. Esos 8. ésa 9. ése 10. ésa11. ésas 12. ésas 13. ésos 14. ése 15. eso 16. ésa 17. esa 18. ese 19. ése 20. esa

Übung 3

1. Aquel 2. Aquellos 3. aquélla 4. aquéllas 5. aquel 6. aquél 7. aquéllos 8. aquél 9. aquel 10. aquéllas 11. aquello 12. aquellas 13. aquellas 14. aquello 15. aquello

Lösungen zu den Übungen auf Seite 278 - 281

Übung 1

1. Quien 2. la que 3. los cuales 4. lo cual 5. el cual 6. que 7. el que 8. a las cuales 9. lo cual 10. lo cual 11. lo que 12. quienes 13. quien 14. que 15. la cual 16. que 17. quien 18. que 19. los que 20. quien

Übung 2

1. que 2. lo cual 3. el cual 4. quien 5. que 6. lo cual 7. quien 8. quienes 9. que 10. los que 11. que 12. la que 13. que 14. lo cual 15. quien 16. las cuales 17. que 18. la cual 19. lo que 20. lo que

Übung 3

1. de los cuales 2. cuyo 3. de los cuales 4. cuyos 5. cuyos 6. cuyas 7. cuya 8. cuyos 9. cuyos 10. cuyo 11. cuya 12. cuyas 13. cuya 14. cuyas 15. de los cuales

Übung 4

1. que 2. Cuantas 3. Cuantos 4. cuando 5. cuando 6. donde 7. donde 8. cuanta 9. donde 10. donde

Lösungen zu den Übungen auf Seite 285 - 287

Übung 1

1. Cuál 2. Quiénes 3. Cuál 4. Qué 5. Cuál 6. Qué 7. Quién 8. Cuáles 9. Cuáles 10. Quiénes 11. Quién 12. qué 13. Cuál 14. Qué 15. Qué 16. Cuál 17. Qué 18. quién 19. qué 20. quién 21. quién 22. quién 23. qué 24. qué 25. qué

Übung 2

1. Cuándo 2. Cuándo 3. Cuándo 4. Dónde/Cómo 5. Dónde 6. Cuándo 7. Cómo 8. Cuándo 9. Cuándo 10. Cuántos 11. Cómo 12. Cuándo 13. Cuándo 14. Cuándo, dónde 15. Cuántos 16. Cuánto 17. Cómo 18. Cómo 19. Cuánta 20. Cómo 21. Cómo 22. Cómo 23. Cuánta 24. Cuántos 25. Cuántas

Lösungen zu den Übungen auf Seite 296 - 299

Übung 1

1. Alguno 2. Algunas 3. Algunas 4. Algunos 5. Cualquiera 6. Alguien 7. Alguno 8. alguna 9. alguien 10. alguien 11. algún 12. alguien 13. cualquier 14. alguien 15. alguien 16. alguien 17. cualquier 18. alguna 19. algunos 20. cualquiera

Übung 2

1. Nadie 2. Ninguno 3. Ninguna 4. Ninguno 5. Ningún 6. Nadie 7. Ninguna 8. Nadie 9. Nadie 10. ninguna 11. nadie 12. nadie, nadie 13. nadie 14. ningún 15. ninguna

Übung 3

1. algo 2. algo 3. algo 4. nada 5. nada 6. algo 7. nada 8. nada 9. nada 10. algo

Übung 4

1. Cada uno 2. Cada uno 3. Cada uno 4. cada 5. Cada 6. Cado uno, cada 7. cada uno 8. cada 9. cada uno 10. cada

Übung 5

1. Todos 2. Todo 3. todas 4. todo 5. todas 6. toda 7. toda 8. todo 9. todos 10. toda

Lösungen zu den Übungen auf Seite 306 - 312

Übung 1

1. entre 2. hacia 3. A 4. frente a 5. por detrás 6. de 7. encima de 8. De 9. fuera 10. Delante 11. Dentro 12. Detrás 13. por 14. por 15. por, hacia 16. En 17. para, después de 18. frente a 19. a 20. sobre 21. desde, hasta 22. a 23. en 24. ante 25. bajo 26. debajo 27. en 28. Por 29. a, en 30. hasta, hasta

Übung 2

1. A 2. Para 3. A, de 4. A 5. antes 6. en 7. En 8. Desde 9. Después 10. Durante 11. hasta 12. En 13. de, de 14. En 15. dentro 16. desde 17. antes 18. para 19. de, a 20. entre 21. antes 22. a 23. antes 24. por 25. hacia 26. entre 27. a, antes 28. dentro, a 29. después de 30. desde hace

Übung 3

1. por 2. Para 3. sin/con 4. con 5. De 6. de 7. de 8. de 9. de 10. frente al 11. Entre 12. de 13. por 14. con 15. para 16. de 17. para 18. detrás 19. Sobre 20. entre

Übung 4

1. a 2. entre, con 3. Con, al, al, con 4. en 5. a 6. con 7. al, de, a 8. en 9. en 10. en 11. delante 12. a 13. ante 14. de 15. encima 16. hacia 17. hacia 18. hacia 19. por 20. por

Übung 5

1. ante 2. por 3. por 4. hacia 5. sobre 6. encima de 7. Bajo 8. por 9. fuera de 10. de 11. de 12. de 13. En 14. entre 15. con 16. a 17. en 18. en 19. bajo 20. hacia 21. debajo de 22. con 23. entre 24. por 25. Por 26. en 27. por 28. con, al 29. en 30. sobre

Übung 6

1. por 2. En 3. ante 4. por 5. en 6. a 7. por 8. ante 9. de 10. de

Lösungen zu den Übungen auf Seite 321

Übung 1

1. Paula no lo sabe. 2. Ellos no son españoles. 3. Esteban no ha creído en mis palabras. 4. No puedo imaginármelo. 5. Su teoría no me llama la atención. 6. Juan no quiere comprar un coche. 7. María no lo compró a tiempo. 8. Luis lamenta no estar en su país. 9. Luis espera no haber preocupado a Jorge. 10. Espera no verlo pronto de regreso. 11. No me lo puedo imaginar. 12. Juan y yo no nos vemos con frecuencia. 13. A Miguel no le preocupa su futuro profesional. 14. Luisa no le ha pedido perdón a Carlos. 15. Ese congreso no ha sido organizado por la asociación de escritores. 16. Los secuestradores no fueron capturados por la policía. 17. No me lo pudieron decir. 18. Juan no me prestó su libro de español. 19. Antonio no lo ha comprado. 20. Espero no haber inquietado al señor González.

Lösungen zu den Übungen auf Seite 324 - 326

Übung 1

1. ¿Está Luis cansado? 2. ¿Te gusta la película? 3. ¿Ha cocinado la señora García paella? 4. ¿Conoce Luis algunas ciudades suramericanas? 5. ¿Sabe Paula a qué horas se inicia el concierto? 6. ¿Habla Luis francés? 7. ¿Es español? 8. ¿Le gusta viajar a María? 9. ¿Se divirtió Pedro en la fiesta? 10. ¿Le gusta a Laura mucho España? 11. ¿Te ha escrito Carlos? 12. ¿Sabe Lina algo de ese tema? 13. ¿Está Luisa bien? 14. ¿Le gusta a Sebastián su nuevo trabajo? 15. ¿Se siente segura Gloria en esta ciudad? 16. ¿Le agrada viajar a Ana? 17. ¿Tiene Luis hijos? 18. ¿Es María soltera? 19. ¿Está Felipe en el jardín? 20. ¿Mercedes ha encontrado a tu hermana?

Übung 2

1. ¿Cómo te/se llamas/llama? 2. ¿Dónde vives/vive (usted)? 3. ¿Cuál es tu/su profesión? 4. ¿Cuánto cuesta el libro de gramática? 5. ¿Dónde vive actualmente Sofía? 6. ¿Dónde estudia Juan? 7. ¿Cuándo partís/parten de viaje? 8. ¿Cuándo naciste/nació? 9. ¿Cuáles son tus/sus hobbys? 10. ¿Dónde trabaja Miguel? 11. ¿Cuál es la fecha de tu/su viaje?/ ¿Cuándo viajas/viaja tú/usted? 12. ¿Dónde estarás/estará el fin de semana? 13. ¿Cómo fue el seminario? 14. ¿Dónde estarás/estará hoy por la tarde? 15. ¿Cuándo os vais/van ustedes para Argentina? 16. ¿Cuál es tu/su idioma materno? 17. ¿Dónde vive tu/su familia? 18. ¿Quiénes son ellos? 19. ¿A dónde viajará Juan el viernes? 20. ¿Cuántos empleados trabajan en esa compañía? 21. ¿Cuándo será la junta de socios? 22. ¿Cuál es la comida preferida de Luisa? 23. ¿Cuáles fueron las ciudades de España que más bonitas le parecieron a Lina? 24. ¿Quiénes quieren ir a la exposición del pintor Fernando Botero? 25. ¿Con quién necesita hablar Carlos, ahora mismo? 26. ¿Qué le gusta hacer a Luis en su tiempo libre? 27. ¿Qué estudia María en la Universidad de Valencia? 28. ¿A cuál museo os acompañará el profesor Domínguez? 29. ¿Quién sabe las respuestas de ese cuestionario? 30. ¿Qué tren toma Juan? 31. ¿Cuánto durará la reunión? 32. ¿Cuántas personas asistieron al evento? 33. ¿Qué opina Ana del libro? 34. ¿Quién es ella, cuándo y dónde nació? 35. ¿Cómo fue el viaje a París?

INDEX

D

E